D0997745

PIERRE DESRUISSEAUX

Pierre DesRuisseaux est né en 1945 à Sherbrooke, au Québec. Poète, il a publié une douzaine de recueils, dont *Monème* (Prix du Gouverneur général) et *Journal du dedans*. Traducteur, anthologiste et spécialiste des traditions populaires, il est l'auteur de plusieurs ouvrages consacrés à la culture vivante du Québec, dont le *Dictionnaire des proverbes québécois*. À son *Dictionnaire des expressions québécoises*, qui figure au catalogue de BQ depuis plus de dix ans, s'est ajouté *Le petit proverbier*, choisi par l'Association pour l'éducation interculturelle du Québec comme l'un des ouvrages les plus représentatifs de l'identité collective québécoise. Pierre DesRuisseaux a également publié une anthologie de trente et un poètes anglo-québécois, *Co-incidences : poètes anglophones du Québec*, et *Hymnes à la Grande Terre*, une anthologie raisonnée de la poésie traditionnelle amérindienne du nord-est de l'Amérique.

TRÉSOR DES EXPRESSIONS POPULAIRES

*Petit dictionnaire de la langue imagée
dans la littérature québécoise*

D'abord paru en édition courante chez Fides, le *Trésor des expressions populaires*, qui jouit d'un succès considérable auprès des lecteurs, est, pour la première fois, publié intégralement en format de poche. À la fois divertissant et instructif, il présente un ensemble large et diversifié d'expressions québécoises usuelles associées à de courts extraits d'œuvres littéraires qui les mettent en relief. Illustrant l'influence persistante et le rayonnement incontestable de la langue populaire dans la littérature québécoise, cet ouvrage de référence et de récréation se veut aussi un outil de consultation à l'usage des professeurs, des étudiants et, en général, de tous les amateurs du parler vernaculaire. On y trouvera recensées les œuvres marquantes de la littérature nationale, mais également des textes significatifs, autant anciens que modernes, qui ont jalonné le développement social et culturel du Québec.

TRÉSOR DES EXPRESSIONS POPULAIRES

PIERRE DesRUISSEAUX

Trésor des expressions populaires

Petit dictionnaire de la langue imagée
dans la littérature québécoise

BIBLIOTHÈQUE QUÉBÉCOISE

BIBLIOTHÈQUE QUÉBÉCOISE est une société d'édition administrée conjointement par les Éditions Fides, les Éditions Hurtubise HMH et Leméac Éditeur. BIBLIOTHÈQUE QUÉBÉCOISE remercie le ministère du Patrimoine canadien du soutien qui lui est accordé dans le cadre du Programme d'aide au développement de l'industrie de l'édition. BQ remercie également le Conseil des Arts du Canada et la Société de développement des entreprises culturelles du Québec (SODEC).

BIBLIOTHÈQUE QUÉBÉCOISE bénéficie du Programme de crédit d'impôt pour l'édition de livres du Gouvernement du Québec, géré par la SODEC.

Illustration : Philippe Beha
Conception graphique : Gianni Caccia

Catalogage avant publication de Bibliothèque et Archives Canada

DesRuisseaux, Pierre, 1945-

Trésor des expressions populaires : petit dictionnaire de la langue imagée dans la littérature québécoise

ISBN 978-2-89406-255-5

1. Français (Langue) – Québec (Province) – Mots et locutions.
2. Français (Langue) – Français parlé – Québec (Province) – Dictionnaires.
3. Français (Langue) – Québec (Province) – Idiotismes – Dictionnaires.
4. Littérature québécoise. I. Titre.

PC3639.D47 2005   447'.9714'03   C2005-941231-3

Dépôt légal : 3e trimestre 2005
Bibliothèque nationale du Québec

© Éditions Fides et Pierre DesRuisseaux, 1998
© Bibliothèque québécoise, 2005, pour la présente édition

IMPRIMÉ AU CANADA EN JUILLET 2008

INTRODUCTION

Les expressions populaires nous paraissent d'autant plus naturelles que nous en usons quotidiennement pour enjoliver ou mettre en relief certaines idées ou sentiments que nous voulons communiquer. Traduites et adaptées à l'usage d'aujourd'hui, elles constituent, pour l'ensemble des membres de la collectivité, une façon de s'exprimer et de comprendre appartenant indistinctement à toutes les classes de la collectivité.

La nôtre n'y échappe pas, intégrant, dans un registre hardi et coloré, un nombre remarquablement élevé d'expressions et de locutions familières au sein desquelles ont puisé à différentes époques écrivains et littérateurs de tous crins et de tous horizons. Car si notre littérature a été édifiée en bonne partie par une élite se préoccupant jadis fort peu des classes populaires et de la langue utilisée par la majorité de la population, certains romanciers, poètes et littérateurs, pour peu nombreux qu'ils furent à une époque pas très lointaine de notre histoire, n'en intègrent pas moins dans leurs œuvres une multiplicité de mots, expressions et locutions typiques de la langue parlée dans notre société.

D'abord mus par un souci normatif, nos littérateurs font paraître, surtout à partir du début du siècle, nombre de dictionnaires et d'ouvrages correctifs fustigeant le langage incorrect et faisant l'apologie d'une certaine « rectitude linguistique ». D'autres, par exemple des romanciers comme Rodolphe Girard et Pamphile Lemay, intégreront dans leurs œuvres des personnages populaires s'exprimant dans une langue riche et variée, où se retrouvent maintes expressions pittoresques. Suivront peu après les «romanciers de la terre» et de la vie paysanne tels Claude-Henri Grignon, Félix-Antoine Savard et Ringuet, dont les personnages, tout droit issus des classes populaires, tendront à fonder une véritable langue imagée transcrivant les préoccupations du milieu rural et de la vie des gens ordinaires.

Parallèlement aux romanciers et nouvellistes, des poètes comme Jean Narrache et, plus près de nous, Gérald Godin, des théoriciens et chercheurs contemporains de la langue, notamment Léandre Bergeron, des monologuistes comme Yvon Deschamps et nombre de dramaturges de chez nous comme Michel Tremblay, Jean Barbeau, pour ne nommer que ceux-là, chercheront à faire de la langue française d'Amérique un véhicule d'expression et de communication à part entière.

Le présent ouvrage se propose d'offrir un portrait représentatif des expressions imagées contenues dans une partie significative du domaine littéraire. Pour ce faire, une centaine d'œuvres de la littérature écrite ont été dépouillées dans le champ littéraire proprement dit, romans, nouvelles, récits, poèmes, mais aussi théâtre, essais, scénarios, monologues, etc. Principalement axé sur des œuvres modernes et contemporaines, il ne dédaigne pas, à l'occasion, de s'arrêter à des textes moins récents mais dont l'importance historique et l'incidence actuelle sur le plan linguistique ne font pas de doute.

Le panorama des publications répertoriées est relativement large, de manière à offrir au public lecteur une vue d'ensemble des particularités de l'usage des expressions et locutions dans un domaine où la langue se laisse difficilement cerner par les dictionnaires usuels. Or il se trouve que les expressions imagées croissent en nombre au fur et à mesure que la langue se développe pour répondre à des besoins sans cesse accrus d'expression, de sorte qu'il devient de plus en plus difficile pour l'usager occasionnel ou même le spécialiste aguerri de s'orienter dans ce secteur si particulier mais aussi, en même temps, tellement intégré à la vie de tous les jours.

Un individu à lui seul ne pourrait rendre compte de la très grande variété d'expressions et de locutions en usage dans une communauté donnée. Le présent dictionnaire, qui s'adresse avant tout aux francophones d'Amérique, cherche donc précisément à rendre compte du plus grand nombre possible d'expressions populaires telles qu'elles sont relevées et utilisées par les auteurs de chez nous. Cela ne veut pas dire qu'en soient exclus a priori des énoncés communs à l'ensemble de la francophonie, ou encore des variantes ou des formes revendiquées à la fois par plus d'un pays francophone.

Le propos de l'ouvrage n'étant pas de faire un relevé comparatif des expressions imagées, le lecteur n'y retrouvera donc que très occasionnellement des allusions à des variantes ou versions étrangères, notamment françaises. Le point de vue adopté dans le présent ouvrage étant résolument américain et non provincial, l'énoncé y est traité comme une entité indépendante, à l'égalité de son cousin européen. L'expression y est donc considérée comme faisant partie à part entière de la grande réalité linguistique francophone. Car si on peut constater à la lecture du présent dictionnaire un certain nombre de formes semblables ou identiques à celles que l'on connaît aussi, par exemple, en France, il n'apparaît pas pertinent d'en inférer pour cela que les énoncés québécois constituent une sorte d'excroissance pourrait-on dire *périphérique* des expressions populaires françaises. Participant d'une même culture, certes, et d'une même langue, mais tributaires, chacun, depuis trois cents ans, de réalités, de préoccupations et d'une histoire bien différentes.

La disposition du contenu de l'ouvrage mérite un mot d'explication. Les entrées du corpus sont disposées selon leur ordre alphabétique d'apparition dans le dictionnaire.

L'article correspond au mot significatif de l'expression, qui apparaît tout au long, immédiatement après, en caractères gras. Par ailleurs, on pourra, à l'occasion, présenter l'orthographe correcte, entre crochets, d'un mot dont la graphie diffère dans l'usage. Ainsi, **Être mal amanché** [emmanché]. On pourra aussi proposer la traduction française d'un anglicisme passé dans l'usage : *FAKE* / **C'est (Faire) du** *fake* (*feak*) [*angl.* truqué, faux]. Suit ensuite une définition succincte de l'expression et parfois une explication contextuelle ou, s'il y a lieu, un commentaire explicatif plus ou moins élaboré.

Les mots apparaissant entre parenthèses en caractères gras dans le cours de l'énoncé annoncent une variante usuelle. Ainsi, **Être mal attelé (attelé croche)** signifie qu'on pourra entendre aussi bien **Être attelé croche** qu'**Être mal attelé**. Dans une entrée, le terme *aussi* suivi d'un deux-points indique une ou plusieurs versions parallèles d'une même expression. Ainsi :

AU COTON ◆ Être au coton. Être à bout de force, à l'extrême limite. Aussi : **Être rendu (usé, fatigué, etc.) ; Aller (Courir, Souffrir, etc.) au coton.** Beaucoup, très, à l'extrême, à bout. Aussi, superlatif : très (fatigué, usé, etc.). Coton : tige d'une plante.

D'autre part, un mot apparaissant en italiques dans une expression souligne, comme il est d'habitude, une appellation étrangère, la plupart du temps un anglicisme d'usage, qui peut être suivi, le cas échéant, par une ou plusieurs graphies courantes, en caractères gras, italiques et entre parenthèses : *FAKE* / **C'est (Faire) du** *fake* (*feak*).

Si un énoncé a une signification différente de celui qui le précède au sein d'une même entrée, il en est séparé un losange noir :

Pouvoir arracher la face à qqn. Être en colère contre qqn, détester qqn. « L'homme a haussé les épaules en faisant un bruit moqueur avec sa bouche. Avoir eu des ongles, je lui aurais arraché la face.» (M. TREMBLAY, *Des nouvelles d'Édouard*, p. 291.) ♦ **S'arracher la face pour faire qqch.** Déployer de grands efforts pour accomplir qqch. «À porte, tu suite! — On a beau s'arracher a face pour vous faére plaésir, on se fait traiter comme des chiens!» (A. RICARD, *La gloire des filles à Magloire*, p. 45.)

Quant aux coordonnées des œuvres illustrant les entrées du dictionnaire, qui apparaissent de manière succincte dans le corps de l'ouvrage, on pourra en retrouver la nomenclature détaillée dans la bibliographie, située à la toute fin, juste avant l'index des auteurs ou des œuvres. L'index général permet, d'autre part, à partir d'un mot quelconque, de retrouver, par un jeu de renvois pratique, la ou les expressions correspondantes dans le dictionnaire.

A

À MAIN ◆ **Être à main.** Être aimable, obligeant, serviable.
«Est-il d'avance à l'ouvrage? demanda Angélina, vivement
intéressée. — Des journées il est pas à-main en rien. D'autres
fois, quand il est d'équerre, le sorcier l'emporte et il peut
faire mourir quatre bons hommes rien que d'une bourrée.»
(G. GUÈVREMONT, *Le Survenant*, p. 102.) ◆ **Être à-main.**
Près, pas éloigné. «L'école était à main, et les enfants avaient
du chaud linge, des bonnes bougrines et des bottes de loup
marin que j'leur faisais moi-même dans l'mort de l'hiver
[…].» (Y. THÉRIAULT, *Moi, Pierre Huneau*, p. 51.)

À PIC ◆ **Mourir (Partir, etc.) à pic.** Mourir (partir, etc.) subitement. «Son enfant était mort à pic, sans même laisser
les consolations que laissent presque tous les morts: les
sacrements, les prières, la dernière parole sainte qu'on se
répète, le soir, en famille, et qui, au-dessus du malheur,
fixe les yeux comme sur une aube surnaturelle.» (F.-A.
SAVARD, *Menaud maître-draveur*, p. 87.)

ACHARNÉ ◆ **Être acharné après qqn.** Être attaché à qqn,
tenir de qqn. «Comme nos enfants, comme vos enfants
envers vous… c'est ben votre sang… mais ils sont acharnés
envers vous… ils vous ont tout votre règne. […] Nos enfants
sont acharnés après nous… de notre sang d'abord… pis
toujours nous avoir.» (P. PERRAULT *et al.*, *Le règne du jour*,
p. 144.)

ACQUÊT ♦ **Avoir autant d'acquêt de faire qqch.** Faire (aussi) bien de, avoir avantage à faire qqch. «Continue pas. T'es trop fatigué pour parler longtemps. Entre nous autres, t'as autant d'acquêt d'aller t'coucher… — Au moins, quand j'dors, j'suis tranquille!» (H. BERNARD, *Les jours sont longs*, p. 165.) ♦ **Avoir de l'acquêt de qqch.** Avoir du plaisir, du profit de qqch. «En ce temps-là, on travaillait jusqu'à amen. Sans s'arracher à plein, mais on prenait rarement le temps de carculer. C'était pas à maille et à corde l'année longue, non. Au bon temps de la pêche, on mangeait, on vivait, et même, on avait de l'acquêt de tout ça.» (Y. THÉRIAULT, *Moi, Pierre Huneau*, p. 49.)

ADON ♦ **Être d'adon pour faire qqch.** Connaître la manière, savoir y faire. «J'en ai ben jusqu'à fin du jour à toute organiser ça correque dans ma tête. Vous êtes d'adon pour déranger un homme vous, Marianna.» (M. LABERGE, *C'était avant la guerre…*, p. 21.) ♦ **Guetter l'adon.** Attendre le moment propice. «Puis, on fait halte à la clôture, on allume, on devise, on se passe les nouvelles : c'est la loi. / La femme à Pierre guettait l'adon depuis longtemps. Elle amena son histoire de loin, puis lança : — Marie fait parler d'elle.» (F.-A. SAVARD, *Menaud maître-draveur*, p. 97.) ♦ **Ne pas être d'adon.** Ne pas être de bonne humeur, dans de bonnes dispositions. «Vous savez à c't'heure comme ça pisse beau, une bête puante, quand elle est pas d'adon et qu'a veut pas s'laisser flatter… Mais vous êtes chanceux qu'a vous a pas attrapé dans les yeux, parce que ça chauffe une minute et quart, c'te liquide-là…» (H. BERNARD, *Les jours sont longs*, p. 92.)

ÂGE ♦ **Être en âge.** Être majeur, avoir atteint la majorité légale. «À quinze-seize ans y l'ont mis au Mont Saint-Antoine mais y faisait tellement de trouble que même si y était pas en âge, y l'ont envoyé à Saint-Vincent-de-Paul. Là y est en prison pour une peine de deux ans. » (M. LETELLIER, *On n'est pas des trous-de-cul*, p. 123.)

AIR DE VENT ◆ **Faire un air de vent.** Venter. « En arrivant à la maison, avant de cogner un somme, je dis à ma vieille : Y a pas d'soin, tu peux t'en faire cuire si ça te tente. Pas un vivant va venir sentir par icite aujourd'hui. Y faut vous dire qu'y faisait un air de vent et que l'eau tombait par paquet. Trois gouttes au siau. » (G. GUÈVREMONT, *En pleine terre*, p. 62.) ◆ **Prendre l'air de vent.** Prendre l'air, sentir la brise. « Dès qu'elle avait donné son cœur au bon Dieu, chaque matin, Marie-Amanda, la tête enroulée dans un tablier à carreaux, courait au perron prendre "l'air de vent". Même quand l'hiver était à son mieux, par les froids durs et secs, elle ne manquait pas d'aller au dehors saluer le jour nouveau. » (G. GUÈVREMONT, *En pleine terre*, p. 21.)

ALLÈGE ◆ **Avoir le cœur allège.** Se sentir léger, serein. « On s'sentait gai, pis l'cœur allège / Tandis qu'la gris' filait l'galop. / C'était beau l'z'étoil's, la rout', la neige, / Pis la sonnaillerie des grelots… » (É. CODERRE, *J'parle tout seul quand Jean Narrache*, p. 128.)

ALLURE ◆ **Ne pas avoir d'allure.** Être inconvenant, déraisonnable. Aussi : **Avoir (bien) de l'allure.** Être convenable. Se dit à la fois d'une personne, d'une situation ou d'un événement. « Oké, j'ai la lvée du corps facile… chus faite de même… mais ça pas d'allure pareil… ça pas d'allure d'avoir couru à galipote dans toué pays du monde pis d'm'ête réveillée pareil à toués matins au Camp Maria-Goretti… » (J.-C. GERMAIN, *Les hauts et les bas dla vie d'une diva*, p. 87.)

AMANCHÉ ◆ **Être mal amanché** [emmanché]. En mauvaise posture, dans une situation délicate. « Mon pauvre Tit-Jean. T'es ben mal amanché là ; il est ben raide, mon père, mais toi aussi tu le fus avec lui, tu lui as enlevé ses chevaux, ses bœufs à corne d'or. Tu auras la tâche difficile.» (R. Lalonde, *Contes de la Lièvre*, p. 34.)

AMANDE ♦ **Goûter l'amande.** Être délicieux. «Quand son talon effleura le seuil, il dit : — C'est vrai qu'il goûte l'amande votre rôti de veau. / Il poussa la porte : — Merci d'avoir donné à manger à celui qui a faim ; le bon Dieu vous le rendra.» (R. Carrier, *De l'amour dans la ferraille*, p. 29.)

AMEN ♦ **...jusqu'à amen.** Indéfiniment, très longtemps. Ainsi, supplier, travailler jusqu'à amen. «Et toujours prêt à aller en Cour. Pour deux pailles en croix, il aurait plaidé jusqu'à amen. En moi-même je me demandais parfois si le cœur de cet homme-là était pas semblable à une sorte de terre qu'on vient jamais à bout d'érocher en entier.» (G. Guèvremont, *En pleine terre*, p. 33.) «En ce temps-là, on travaillait jusqu'à amen. Sans s'arracher à plein, mais on prenait rarement le temps de carculer. C'était pas à maille et à corde l'année longue, non. Au bon temps de la pêche, on mangeait, on vivait, et même, on avait de l'acquêt de tout ça.» (Y. Thériault, *Moi, Pierre Huneau*, p. 49.)

ANGUILLE ♦ **Y avoir anguille sous roche.** Y avoir qqch. de suspect, d'ambigu. «Le vieux Crêpu, même s'il est borgne depuis sa plus tendre enfance, n'a quand même pas l'autre œil bouché... du moins pas assez pour ne pas voir qu'il y a anguille sous roche et que ça fortille en saint Sicroche.» (S. Rivière, *La s'maine des quat' jeudis*, p. 154.)

APPARITION ♦ **...comme une apparition.** Soudainement, sans avertir. Ainsi : arriver, entrer comme une apparition. «Casimir Hurteau entra comme une apparition. C'était un pauvre déshérité, laid et barbu, mais doué d'une âme sensible.» (Vieux Doc [E. Grignon], *En guettant les ours*, p. 143.)

APPOINTS ◆ **Attendre les appoints de qqn.** Attendre la décision, le bon vouloir de qqn. «Puis les autobus vont pas où on va. Encore moins le métro. On est obligé de voyager avec tout chacun, d'attendre les appoints de tout chacun.» (J.-J. RICHARD, *Faites-leur boire le fleuve*, p. 50.)

ARGENT ◆ **Viens(-t-en) mon argent, va-t-en ma santé.** Formule que l'on dit en parlant du travail, notamment du travail en forêt. La formule est parfois proférée sur le rythme de la scie qui coupe l'arbre. «[…] comme les lumberjacks qui revenaient des chantiers à Ludger et Paradis, la queue entre les deux jambes, après un hiver de flacatounage sous le signe de "viens mon argent, va-t-en ma santé" miouné par un buck saw ébréché.» (S. RIVIÈRE, *La saison des quêteux*, p. 13.)

AS ◆ **…aux as.** Complètement, totalement. Ainsi: perdu aux as, paqueté aux as, saoul aux as, etc. «La dernière occasion que Clotilde s'est payée une visite à l'église, c'était dans le style du plus pur *Te Deum* […] mais rassurée, certaine qu'a s'était pas mêlée dans ses papiers, ses flûtes pis ses pilules, qu'à s'retrouverait pas engrossée, pleine aux as, le tit mongol qui gigote déjà.» (J.-M. POUPART, *Chère Touffe, c'est plein plein…*, p. 110.)

ATTELÉ ◆ **Être mal attelé (attelé croche).** Être mal marié, être en difficulté. Se dit notamment dans la région de Trois-Rivières. «Il y a aussi "nu bas": quelqu'un qui est nu bas est quelqu'un qui a ses bas et pas de souliers, qui se promène en pieds de bas comme on dit. Il y a encore l'expression locale, les couples "attelés croche".» (G. GODIN, *Cantouques et Cie*, p. 160.)

AU COTON ◆ **Être au coton.** Être à bout de force, à l'extrême limite. Aussi: **Être rendu (usé, fatigué, etc.); Aller (Courir, Souffrir, etc.) au coton.** Beaucoup, très, à l'extrême, à bout. Aussi, superlatif : très (fatigué, usé, etc.). Coton : tige d'une plante. «Vous êtes six ! Six ! Bon, bon, j'pense qu'on va pouvoir s'arranger. — On est pas des riches. [...] — Venez voir, j'pense que ça va faire votre affaire, c'est pas des palaces mais c'est bien confortable. — Les petits sont au coton, vous comprenez.» (G. GODIN, *Cantouques et Cie*, p. 160.) «Facile ! Aïe ! just' grandir, tu n'arraches au coton, tu sais jamais c'qui va te pousser. Quand est-ce ça va pousser, pis quand est-ce ça va arrêter d'pousser, comme les racines là... aïe ! ça ça pousse ça monsieur, faut n'avoir pour le croire.» (Pierre LABELLE, «L'arbre», p. 263 dans L. MAILHOT et D.-M. MONTPETIT, *Monologues québécois 1890-1980*.)

AUJOURD'HUI ◆ **Aujourd'hui pour demain.** Du jour au lendemain. «En tout cas moé je te le dis encore une fois : j'ai voté pour Duplessis, pis si y se représenterait un autre Duplessis aujourd'hui pour demain, je revoterais pour lui.» (R. LÉVESQUE, *Le vieux du Bas-du-Fleuve*, p. 47.)

AUTRE BORD ◆ **Aller sur l'autre bord.** Aussi : **Passer, Braquer sur (de) l'autre bord.** Mourir. «Dans vingt-cinq ans, s'il va y avoir des Indiens, vous dites ? Ah non, il n'y en aura plus beaucoup, j'cré ben ! Il n'y en a pus quasiment ! Ils s'en vont toute sur l'autre bord... ! J'sais ben qu'moé, j'y serai pus.» (P. PERRAULT *et al.*, *Un pays sans bon sens*, p. 209.) «Ils le regardèrent, surpris. — Eh bien oui ! Eh bien oui ! tu ne le sais peut-être pas, ma petite fille, mais tu as failli passer de l'Autre Bord, je peux te le dire, maintenant que tout est sous contrôle. Il ne faut pas seulement arroser le feu, il faut l'éteindre. *Primo*, tes antibiotiques, et tout de suite.» (Y. BEAUCHEMIN, *Le matou*, p. 230.)

AVOINE ◆ **Faire manger de l'avoine à qqn.** Éconduire un amoureux, supplanter qqn, particulièrement en amour. Aussi : **Manger de l'avoine.** Être éconduit ou supplanté par qqn. «Un jour, il s'était déguisé en loup-garou pour faire peur à son cousin François, qui courtisait la Maritaine en même temps que lui, et se vantait partout de lui faire manger de l'avoine. Le pauvre garçon avait failli en crever de frayeur.» (A. BESSETTE, *Le débutant*, p. 171.)

B

B.S. ◆ **Être sur le B.S.** Être (un) prestataire du «bien-être social», de la sécurité du revenu. Aussi : **Être un B.S., un bées.** Un prestataire de la sécurité du revenu. En France : prestataire de la sécurité sociale. «Mathieu, lui, y'était sur le B.S. pis y'était sur les pilules en même temps. Ça, c'est comme l'alcool au volant, ça se mélange pas. Ça fait qu'y'a capoté. Mais y'était drôle pareil.» (J. DORÉ, *Si le 9-1-1 est occupé!*, p. 99.)

BACUL ◆ **Chier sur le bacul.** Abdiquer, démissionner. Autrefois, les chevaux pris de panique déféquaient souvent sur le palonnier ou bacul de la voiture, d'où l'expression. «V'nez pas m'bâdrer avec Godbout! Y va chier sus l'bacul, ben crère! Y vont nous mener direct à ruine, ces gensses-là. Toutes les suicides pis les vols qu'on entend parler, là, c'est parce que l'monde croye pus à rien.» (M. LABERGE, *C'était avant la guerre...*, p. 88.)

BAD LUCK ◆ **Avoir de la *bad luck*** [*angl.* bad luck : malchance]. Aussi : **Être bad lucké.** Être malchanceux. «Je vous disais donc que j'étais sensément décidé, m'a dire comme on dit, à bouger mon camp, rapport que j'avais trop de "bad-luck", et que les amours avec Madame Brunette s'en allaient sur la "bum".» (Albéric BOURGEOIS, «Le retour de Ladébauche», dans L. MAILHOT et D.-M. MONTPETIT, *Monologues québécois 1890-1980*, p. 135.)

BAGUETTES ◆ **Les baguettes en l'air.** Gesticuler (de joie, de colère, etc.). Aussi : **Avoir, Se faire aller, les baguettes, les baillettes en l'air.** « P'is, c'est des cris de mort, des cris de victoire ! Aussitôt qu'y voient une plage, c'est fatal. Y sont tous dressés, les baguettes en l'air, le doigt pointé, une plage ! "Coin-du-Banc" que c'est écrit sur le poteau de traverse du chemin de fer qui longe tout le tour de la plage de beau sable blanc. » (C. Jasmin, *Pleure pas, Germaine*, p. 156.) « Lui, o.k., o.k., les baillettes en l'air, t'es ben prime, pogne pas les nerfs, t'as pas besoin de te soulever comme ça… Elle : n'empêche que t'es bête en hostie ! » (J.-M. Poupart, *Chère Touffe, c'est plein plein…*, p. 54.)

BAL À L'HUILE ◆ **Un (p'tit) bal à l'huile.** Une fête gaillarde, joyeuse. « La danse a duré jusqu'au p'tit matin, ben, y a eu un bal à l'huile jusque dans la soue quand mes pauv'es gorets m'ont aperçu ; c'était naturel, parce que moé, j'suis un vrai père pour mes cochons ! » (Armand Leclaire, « Le conscrit Baptiste », dans L. Mailhot et D.-M. Montpetit, *Monologues québécois 1890-1980*, p. 111.)

BALAI ◆ **Fou comme (le, un) balai.** Étourdi, écervelé, fou de joie. « On y va. On va voir ça ta fameuse Gaspésie, ta Gaspésie en or, on y va. / Les enfants, ça comprend jamais rien. Y étaient fous comme des balais. On a attendu que l'école finisse. En voiture, mes petits morveux. » (C. Jasmin, *Pleure pas, Germaine*, p. 11.)

BALLE ◆ **Partir (Passer, Arriver, etc.) comme une balle.** Superlatif : à toute vitesse. Par comparaison à un projectile d'arme à feu. « J'ai tout vu, moé ! J'ai tout vu ! Y'a traversé la rue comme une balle, y'a même pas regardé si y'avait un char qui s'en venait ! Y sait pas vivre ! Comme les autres ! Sont toutes pareils ! Des vraies queues de veau ! » (M. Tremblay, *Le premier quartier de la lune*, p. 127.) « Il frise l'une des tours de l'élévateur à grain pour arriver comme une balle avec un hurlement de frein devant l'auto de Chomedey qui joue des coudes.» (J.-J. RICHARD, *Faites-leur boire le fleuve*, p. 104.)

BALLE ◆ **Sain comme une balle.** En parfaite santé, solide. Allusion au ballot de foin ou de graminées. «... vous ne pensez pas que l'ennuyance... peut être plus supportable à un seul qu'à deux? — Avec une créature qui est saine comme une balle? Jamais d'la vie!» (G. GUÈVREMONT, *Le Survenant*, p. 296.)

BALLOUNE ◆ **Partir sur une balloune.** Se lancer dans une beuverie, une fête, divaguer. Aussi: **Prendre une balloune.** S'enivrer. **Être sur la (une) balloune.** Être dans une beuverie. «Se faire bardasser. Partir sur une balloune tous les vendredis soirs. On vient qu'on en a plein le casque. J'suis pas le diable fier. J'ai quarante ans. Déjà.» (C. JASMIN, *Pleure pas, Germaine*, p. 11.) «Elles pétaient heureuses, saoules, mais elles pétaient, comme un gars parti sur une balloune, fou comme d'la marde, se tue dans un accident de la route.» (J. RENAUD, *Le cassé*, p. 30.) ◆ **Péter la balloune de qqn.** Briser les illusions, les prétentions de qqn. «Mais sans s'en rendre compte elle a pété ma balloune (ou alors elle est beaucoup plus intelligente qu'elle ne paraît). Elle m'a coupé le sifflet, à un moment donné, pour me dire sur un ton très doux — Tout ça est passionnant mais je ne m'explique toujours pas votre choix du théâtre National pour votre essai!» (M. TREMBLAY, *Des nouvelles d'Édouard*, p. 112.)

BALONEY ◆ **Se sentir baloney.** Se sentir mal, pauvre. «Faut dire que j'étais ben épaisse sur l'Acadie, dans ce temps-là, je connaissais rien pantoute. Tsé, quand tu te sens baloney, t'es susceptible d'en faire des gaffes avant de te retrouver entre deux tranches de pain. [...] Je me sentais baloney, pis malheureuse, pis je me suis dit que j'essayerais de comprendre des affaires.» (J. DORÉ, *Si le 9-1-1 est occupé!*, p. 79.)

BALUSTRE ◆ **Un rongeur de (bois de) balustre.** Aussi : **Mangeur, Mangeux, Rongeux, Suceux de balustre.** Bigot. « Y'en a qui restent avec vous, monsieur le curé, mais c'est les brasseurs de chapelets, les rongeurs de bois de balustre. Le p'tit Loiselle, le fancy de la Caisse Populaire, pis des vieilles. Le reste des gens du village, c'est pas drôle comme y sont montés ! » (Y. Thériault, *Les vendeurs du temple*, p. 61.)

BANDE ◆ **Faire qqch. par la bande.** Faire qqch. indirectement, de manière détournée. « Le gros Paul, c'est un ancien curé… Lui, le féminisme l'a atteint par la bande. Ça y'a enlevé le plus gros mais ça l'a campé dans une espèce de rôle de défenseur de la veuve célibataire pis de l'orpheline militante. » (J. Doré, *Si le 9-1-1 est occupé !*, p. 127.)

BAPTÊME ◆ **…en baptême.** Superlatif : très, beaucoup. « Écoute un peu. Il y a des bicycles à pédales en baptême à part de ça, mon vieux (rire). » (P. Perrault *et al.*, *Le règne du jour*, p. 120.) « T'es fort en baptême ! dit Alexis, en se grattant la tête. — J'ai toujours aimé à prendre mes précautions. » (C.-H. Grignon, *Un homme et son péché*, p. 114.)

BARBOTTE ◆ **Jouer à la barbotte.** Parier au jeu. « Tu peux pas me rendre un p'tit service ? J'veux pas parler de c't'histoire-là à Irène ou à Flagosse. J'veux pas qu'y sachent que j'ai joué à la barbotte, y penseraient tout de suite que j'recommence à faire l'imbécile. » (M. Riddez et L. Morisset, *Rue des pignons*, p. 256.)

BARDEAU ◆ **Manquer un bardeau à sa (sur la) couverture.** Aussi : **Manquer un bardeau (dans le pignon).** Être timbré, étourdi. « À part de ça, alle est pas ben ben fine, tu sais ? / En effet, je crois qu'il manque un bardeau à sa couverture, hein, le père ? — Oui, pis y mouille dans la maison. » (Vieux Doc [E. Grignon], *En guettant les ours*, p. 133.)

BARDEAUX ◆ **Dire un chapelet en bardeaux.** Réciter en hâte un chapelet. «Certains sont des virtuoses du chapelet : ils font chevaucher avec tant d'aisance les deux versets de l'Ave Maria, qu'ils peuvent diminuer du tiers la durée de la récitation. C'est ce qu'on appelle "dire un chapelet en bardeaux".» (R. CLICHE et M. FERRON, *Quand le peuple fait la loi*, p. 28.)

BAROUETTER ◆ **Se faire (Se laisser) barouetter (d'un bord puis de l'autre).** Se faire tromper, se laisser tromper, se faire renvoyer de l'un à l'autre. Se faire barouetter (de «brouette»), c'est se faire raconter toutes sortes d'histoires invraisemblables. «J'en peux pus de m'faire barouetter / d'faire rire de moé à cœur d'année / j'en peux pus, chus trop fatigué / j'en peux pus de m'faire dire tout l'temps / qu'un gars qui veut, c't'un gars qui peut.» (Y. DESCHAMPS, *Monologues*, p. 123.)

BARRES ◆ **Mettre les barres sur les T.** Donner une explication franche, clarifier un point. «Thérèse, pas nécessaire de mettre les points sus les i, les barres sus les t, c'était une femme rétive, sauvage, une femme frette.» (J.-M. POUPART, *Chère Touffe, c'est plein plein...*, p. 178.)

BARRIÈRE ◆ **Sauter la barrière.** Passer outre à un interdit. «Même si les autorités ecclésiastiques le défendaient, on dansait. Le moment de la confession venue, le prêtre n'accordait pas toujours l'absolution à celui qui s'accusait d'avoir dansé. On disait alors de celui-ci qu'il avait mangé de la bouillie, qu'il avait sauté la clôture ou la barrière.» (H. VACHON, *Corpus des faits ethnographiques...*, p. 243.)

BAS ◆ **Dans les bas.** Dans le sud, en aval. «Le capitaine roulant sa casquette, de lui répondre qu'il a pensé... — Pensé quoi ? — Monsieur, que vous pourriez attendre que je descende dans les Bas et revienne. » (J. FERRON, *La chaise du maréchal ferrant*, p. 26-27.)

BAT(TE) ◆ **Passer qqn au bat(te).** Faire un mauvais parti à qqn, baiser une femme. «Le jeune homme pèle son rouleau d'argent et l'avocat a l'air d'attendre que l'oignon en soit au vert et à la chair. "Bon, ça peut aller!" — O.K. le gros? Tu attendras quand y t'auront passé au bat. Mais attention! Pas un mot de moins: "Non coupable!" » (J.-J. RICHARD, *Faites-leur boire le fleuve*, p. 277.) «Si Jacques était rentré dans 'maison pis l'aurait volé, là y aurait passé au bat.» (M. LETELLIER, *On n'est pas des trous-de-cul*, p. 149.)
◆ **Se faire passer au batte.** Se faire engueuler, fustiger, se faire baiser (en parlant d'une femme). «Farme ta gueule! Pis ouve-toué éjambbes! — Tu voulais tmarier pour passer au batte! Ben tu vas y passer! Mais ch't'avertis, ça sra pas du bâton forre! — Chpeux pas, Cucul! Chpeux pas! Est trop niaiseuse! Parle-moué d'un autte!» (J.-C. GERMAIN, *Mamours et conjugat*, p. 110.)

BAUCHE ◆ **D'une (seule) bauche.** En une étape, d'un coup. «J'ai pas retourné fale basse à la maison, j'vous en réponds! Les quatre milles, on les a faits d'une seule bauche.» (Y. THÉRIAULT, *Moi, Pierre Huneau*, p. 88.)

BAVER ◆ **Se faire baver.** Se faire importuner, provoquer. Aussi: **Se laisser baver.** Se laisser importuner, provoquer. «On est toutes vieilles pis fatiguées, le samedi soir à deux heures du matin… pis on n'a pas envie de se faire baver par une vieille sacoche qui fait chier tout le monde par pur plaisir!» (M. TREMBLAY, *Des nouvelles d'Édouard*, p. 17.)

BEAU ◆ **Faire le beau.** Aussi: **Faire son beau.** Se pavaner, faire l'orgueilleux. «Les Américains ont fini de faire les beaux pis de s'descendre dans la télé. Les bouteilles saignent.» (J. RENAUD, *Le cassé*, p. 50.)

BEAU DOMMAGE ◆ **Beau dommage.** Bien sûr, certainement. «Mais, la mère, fit-il, faisant effort pour la dérider, si la maison du voisin brûlait, vous iriez ben y porter secours. — Beau dommage que j'irais…» (G. Roy, *Bonheur d'occasion*, p. 57.)

BEAU POIL ◆ **Mettre qqn d'un beau poil.** Mettre qqn en colère. «Ça fait longtemps qu'ça m'impressionne pus, un député qui s'lève en chambre une fois par quatre ans… pour fermer un châssis, parce qu'il y passe trop d'air entre les oreilles. Maudits morpions, sanabagonne, tu me mets d'un beau poil rien qu'd'en parler, maudit gouvarnement à marde, de pourriture maudite…» (S. Rivière, *La s'maine des quat' jeudis*, p. 79.)

BEAUTÉ DU DIABLE ◆ **Une beauté du diable.** Une beauté ensorcelante, dangereuse. S'emploie en France. «… Johnny ne pouvait se résoudre à laisser détruire sa crédibilité agronomique plus longtemps par ces "beautés du diable" qui profitaient de l'ondée du matin pour prendre la première douche en Gaspésie, de mémoire de Johnny à Benjamin…» (S. Rivière, *La s'maine des quat' jeudis*, p. 176.)

BEDAINE ◆ **Flatter la bedaine (du bon bord) de qqn.** Amadouer, flatter qqn. «Y savent toute quessé qu'tu vas dire / Mais ça leu' fait un p'tit v'lours / De l'entende encôre, / Ça leu' flatte la bédaine du bon bord / Pis ça leu' donne de quoi faire des cauchemars.» (Jacqueline Barrette, «Poléon le révolté», dans L. Mailhot et D.-M. Montpetit, *Monologues québécois 1890-1980*, p. 278.)

BEIGNES ◆ **Se faire passer aux (les) beignes.** Chicaner, gronder qqn (se faire chicaner, gronder). Aussi : **Passer qqn aux beignes.** Gronder, chicaner qqn. «Oh! j'veux pas insulter personne, c'est pas pour leur dire des bêtises, parce que, comme de raison, ça me regarde pas ; les ceuses qui aiment ça se faire passer les beignes par leurs belles-mères, c'est de leurs affaires ça, hein?» (Armand Leclaire, «Titoine en ville», dans L. Mailhot et D.-M. Montpetit, *Monologues québécois 1890-1980*, p. 112.)

BELETTE ◆ **Courir comme une belette.** Courir rapidement. «J'ai clenché la porte et j'sus descendu. Rita avait dû courir comme une belette, quand j'ai passé le seuil du bas-côté j'ai entendu sa porte à elle qui refermait. Ça fait que j'sus monté retrouver Geneviève.» (Y. Thériault, *Moi, Pierre Huneau*, p. 100.)

BELLE MORT ◆ **Mourir de sa belle mort.** Mourir de mort naturelle. S'emploie en France. «Chez nous, c'est rare qu'on laisse mourir un cheval de sa belle mort. On l'tue avant qu'il meure.» (P. Perrault *et al.*, *Le règne du jour*, p. 144.)

BELLE PAIRE ◆ **Faire une belle paire.** Aller bien ensemble, être bien assorti. Dépréciatif: se dit souvent par mépris. «Mais ça m'a l'air / Qu'Édouard pis toé, vous feriez une belle paire! / Tu m'as l'air d'un gars qui aime le camembert / Pis Molière.» (Jacqueline Barrette, «Poléon le révolté», dans L. Mailhot et D.-M. Montpetit, *Monologues québécois 1890-1980*, p. 279.)

BEN RAIDE ◆ **...ben raide.** Brusquement, abruptement. «Quand j'ai vu ces affreuses bêtes tachetées de trois ou quatre teintes de gris différentes, se battre férocement pour une bouchée de croûte moisie, j'ai tourné le dos ben raide, la main sur le cœur, et je suis revenu vers la place du Châtelet.» (M. Tremblay, *Des nouvelles d'Édouard*, p. 271.)

BÉNÉDICTION ◆ **...comme une bénédiction.** Parfaitement, beaucoup. «Le forgeron s'essuie du revers de la main en laissant sur son front des coulées de suie. Ensuite, il mord dans une torquette de tabac, toujours prête, sur son établi. Almanzar chique comme une bénédiction. Les lourds crachats tombent sur le parquet en gaules…» (A. NANTEL, *À la hache*, p. 10-11.)

BÊTISES ◆ **Chanter (Dire, Lâcher) des (un paquet de) bêtises (à qqn).** Aussi : **Dire, chanter une poignée de bêtises à qqn.** Injurier, invectiver. «Oh! j'veux pas insulter personne, c'est pas pour leur dire des bétises, parce que, comme de raison, ça me regarde pas ; les ceuses qui aiment ça se faire passer les beignes par leurs belles-mères, c'est de leurs affaires ça, hein?» (Armand LECLAIRE, «Titoine en ville», dans L. MAILHOT et D.-M. MONTPETIT, *Monologues québécois 1890-1980*, p. 112.)

BEURRE ◆ **Le temps se beurre.** Le temps s'assombrit. «C'est trop beau ce matin pour que le temps se beurre pas avant la fin de la journée. —Voyons, Pa! a répliqué Julie. On a un automne comme on en a jamais eu. C'est pas près de finir.» (V.-L. BEAULIEU, *L'héritage/L'automne*, p. 470.) «Alors, elle joignit les mains et, levant les yeux vers l'immensité, pria avec ferveur : —Ô bon Jésus! implora-t-elle, vous voyez que l'temps commence à se beurrer, faites-moé la grâce que ça s'éclaircisse et j'vous promets deux chemins de croix.» (R. GIRARD, *Marie Calumet*, p. 109.) ◆ **Passer dans le beurre.** Passer à côté, rater. «Même si t'es plus gros que moi, j'aurai pas objection à faire quéques rondes avec toi, pour t'apprendre à boxer. —Ça sera pas pour demain. T'en as au moins pour trois mois, avant de pouvoir grouiller tes battoirs. —T'as ben menti, avant un mois tu vas les sentir passer mes poings! —(riant) J'va les sentir passer dans l'beurre, oui.» (M. RIDDEZ et L. MORISSET, *Rue des pignons*, p. 287.) ◆ **Pouvoir marcher sur le beurre sans se graisser les pattes.** De qqn qui traverse tout sans se compromettre. «Honoré, y a des afféres qu'on peut pas changer au risque d'en pâtir encôr plusse. Ya toujours eu des gensses capables de marcher sus l'beurre sans s'graisser les pattes… pis monsieur connaît l'truc. » (M. LABERGE, *C'était avant la guerre…*, p. 112.) ◆ **Prendre le beurre à poignées.** Dépenser inconsidérablement, gaspiller. «T'es aussi bien de laisser Nathalie tranquille! réplique Miville. Parce que sinon, prépare-toi à passer un méchant quart d'heure! — Prends pas le beurre à poignées de même! Après tout, j'ai autant que toi le droit de venir à l'hôtel. » (V.-L. BEAULIEU, *L'héritage/ L'automne*, p. 422.)

BIÈRE ◆ **Baptiser à la bière.** Trinquer. «Pis là, un soir béni que j'avais baptisé à la bière à plusieurs reprises, on m'a passé un Casio. » (J. DORÉ, *Si le 9-1-1 est occupé!*, p. 62.)

BIG ◆ **Être *big*.** Être important. «C'est ça qu'il fait comme métier, François: il est écrivain de chansons, puis il est vraiment bon. Aujourd'hui, il est reconnu et tout, les artistes lui téléphonent pour lui passer des commandes, y est rendu big. » (S. DESROSIERS, *T'as rien compris, Jacinthe…*, p. 19.)

BIG SHOT ◆ **Être *big shot*.** Être riche, important. «S'il est jaune c'est un "C" et comme certains mots qui commencent par cette lettre, il donne tous les droits. — Comme ça, c'est un big shot! » (J.-J. RICHARD, *Faites-leur boire le fleuve*, p. 48.)

BIJOUX ◆ **Les bijoux de famille.** Les organes sexuels mâles. «Nathalie et Xavier, c'est pas demain que ça va fiter tous les deux. Un corps comme celui de Nathalie, c'est comme rien: depuis le temps que Xavier est au sec, ça doit lui chatouiller les bijoux de famille en tabarnance! » (V.-L. BEAULIEU, *L'héritage/L'automne*, p. 60.)

BISCUIT ◆ **Prendre son biscuit.** Échouer, se faire donner une leçon. «Les pères de la retraite sont arrivés… — Les jeunes vont encore prendre leurs biscuits! » (M. FERRON, *La fin des loups-garous*, p. 78.)

BITCH ♦ **Être *bitch*** [*angl.* chienne]. Être salope. «A m'a dit : "Me semble que dans un cas comme le tien, y reste pus juste les p'tites annonces." Je l'ai trouvée bitch mais pertinente. Les p'tites annonces, j'y avais jamais pensé.» (J. DORÉ, *Si le 9-1-1 est occupé!*, p. 49.)

BLÉ ♦ **Battre qqn comme du blé.** Battre, frapper qqn à tour de bras. «Bernadette, furieuse, cria comme une perdue : — Son père ! regardez votre beau Eugène, et le dégât qu'il vient de commettre. Il mériterait de manger une bonne volée. À votre place, je le battrais comme du blé.» (G. GUÈVREMONT, *Le Survenant*, p. 178.)

BLÉ D'INDE ♦ **Ôtez vos pieds de d'dans le blé d'Inde!** Attention ! «J'vous garantis que depuis ce temps-là les criatures me soigent aux p'tits oignons, parce que c'est moé le berger du troupeau, comme dit mossieu le curé. J'aime mieux ça que d'être soldat, mais c'est une job, ôtez vos pieds de d'dans l'blé d'Inde !» (Armand LECLAIRE, «Le conscrit Baptiste», dans L. MAILHOT et D.-M. MONTPETIT, *Monologues québécois 1890-1980*, p. 111.)

BLEUS ♦ **Donner les bleus.** Rendre triste, morose. Aussi : **Avoir les bleus.** Être triste. Calque de l'anglais *to have the blues*. «Moi, je m'embrouille. J'suis complètement mêlé. — Il y a des jours comme ça. On voit trop clair… Jusqu'au fond de soi-même. Ça donne les bleus.» (M. RIDDEZ et L. MORISSET, *Rue des pignons*, p. 309.) «ANTOUENE ! Le nouère ça m'donne les bleus! CHFAIS DES SHOWS POUR ÊTE VUE ANTOUENE ! — Lé-z-artisses… han ? lé-z-artisses… y sont ben toutes pareils… Quand-spas dé-z-enfants, sdes maniaques !» (J.-C. GERMAIN, *Les hauts et les bas dla vie d'une diva*, p. 24.)

BLODDE ♦ **Être blodde** [*angl.* «blood», sang] (**blod, blode, blood**). Être généreux, charitable. «Tiens, Séraphin, tu vas trouver là-dedans une épaule de cochon, une fesse de veau, des patates, du beurre, de la graisse, du thé, pis du pain. Tu comprends, il peut nous venir du monde. — T'es ben blode, dit simplement Poudrier.» (C.-H. GRIGNON, *Un homme et son péché*, p. 113.)

BOBO ◆ **Becquer bobo.** Expression affectueuse d'une mère qui applique un baiser sur la partie endolorie du corps d'un enfant. «D'autant plus que ces "examens de routine" semblaient la ragaillardir, certes, mais pour ce qui était du "becquer bobo" Ti-Jos, hélas, en était quitte pour un point dans le dos qui tenait autant de l'interrogation que de l'exclamation "apostrophée et virgulaire"…» (S. RIVIÈRE, *La s'maine des quat' jeudis*, p. 49.)

BŒUF ◆ **Avoir un air de bœuf.** Avoir l'air renfrogné. «T'as-tu eu du fun, avec la neige? — Y avait pas un chat. Y avait juss Cassandre avec son air de beu. Pis c'est une vraie tempête; y commence à venter.» (F. NOËL, *Chandeleur*, p. 103.) ◆ **Mettre du bœuf à l'ouvrage.** Fournir un surcroît d'effort. «Marcel hausse les épaules, c'est toujours ça de relevé. La tournée. Plus loin on empile les caisses de la première cale : bel avenir! On met de la hâte et du bœuf à l'ouvrage.» (J.-J. RICHARD, *Faites-leur boire le fleuve*, p. 68.)

BŒUFS ◆ **Un vent à écorner les bœufs.** Aussi : **Venter à décorner les bœufs.** Un vent violent. Autrefois, sur les fermes, on attendait un fort vent pour écorner les bœufs, de manière que le sang se coagule aussitôt, cautérisant la blessure. De là, l'expression. «Tout guillerets, par un vent à écorner les bœufs, ils s'étaient mis en route, pas un sou vaillant en portefeuille […].» (G. GUÈVREMONT, *En pleine terre*, p. 23.)

BOIS ◆ **Prendre le bois.** S'enfoncer dans la forêt, prendre la fuite. «Le p'tit ours, vous l'avez pas r'vu? — Pas encore.

S'il n'est pas mort, il a pris le bois pour de bon. — C'est pas impossible, mais je l'pense pas. — Je n'aimerais pas à le tuer un jour, sans l'avoir reconnu. » (H. BERNARD, *Les jours sont longs*, p. 111.)

BOIS D'ÉRABLE ◆ **Franc comme du bois d'érable.** Franc, intègre. «Je l'ai dit déjà, le père Jean-Baptiste Lavictoire était franc comme du bon bois d'érable, mais prompt comme l'éclair, ce qui, parfois, lui jouait de mauvais tours. » (VIEUX DOC [E. Grignon], *En guettant les ours*, p. 135.)

BOISSON ◆ **Être porté sur la boisson.** Aimer l'alcool, aimer trinquer. «Elle se pencha en avant, l'œil dilaté, la lèvre méchante : — C'est qu'elle est *pas mal* portée sur la boisson elle-même… Si vous la voyiez certains soirs… Mais pire que tout (vous me croirez pas) : le petit a droit à ses deux bouteilles de bière par jour ! Avez-vous déjà vu ça ?» (Y. BEAUCHEMIN, *Le matou*, p. 90.) ◆ **Se mettre en boisson.** S'enivrer. «Comme un arbre à tous les vents, il chancelait. Il s'arrêta, l'œil vague, la taille cambrée exagérément dans un futile effort de dignité, et il sourit, béat, aux solives du plafond. […] — Si c'est pas un vrai déshonneur de se mettre en boisson, pareil ! Et regarde donc mon plancher tout sali, mon plancher frais lavé !» (G. GUÈVREMONT, *Le Survenant*, p. 198.) ◆ **Être en boisson.** Être ivre. «J'ai pas fini… pis t'es pas en boisson… — Non, j'sus pas en boisson…» (P. PERRAULT *et al.*, *Le règne du jour*, p. 154.) «Là, j'ai commencé d'avoir peur parce qu'y sentait : j'avais pas vu qu'y avait un verre din mains, mais c'tait ça. Pis ça sentait, comprends-tu, ça sentait fort, comme si y était ben en boisson. Pis y avait des yeux qui brillaient, ben gros, pis comme l'air fâché, ben ben fâché…» (M. LABERGE, *C'était avant la guerre…*, p. 103.)

BOÎTE ◆ **Ouvrir sa boîte.** Parler, déblatérer. Aussi : **Fermer sa boîte.** Se taire. «Sanctus, t'as ouvert ta grande boîte puis tu nous as laissé tomber. Pourquoi que t'es pas monté au bureau?» (J.-J. RICHARD, *Faites-leur boire le fleuve*, p. 225.) ♦ **Fermer la boîte à qqn.** Faire taire qqn. «À ce moment je dus lui fermer la boîte et mettre un cadenas à mon orgue de Barbarie; car ça commençait à ne plus sentir bon.» (VIEUX DOC [E. Grignon], *En guettant les ours*, p. 72.)

BOLT ♦ **Manquer une *bolt* (un boulon) (pis un taraud).** Être idiot, timbré. «Là j'ai changé d'idée j'ai dit: "C'est jusse qu'est craq'pot. Y y manque une bolt pis un taraud." Après j'y ai r'pensé j'ai dit: "C'est peut-être, ça, que... c'est une femme qu'à la des complexes"...» (Y. DESCHAMPS, *Monologues*, p. 211.)

BOMME ♦ **S'en aller sur la bomme** [*angl.* «bum», clochard]. Aussi: **Être, Partir, Se ramasser sur la bomme.** Dépérir, perdre son bien, son avoir, se retrouver sans le sou. «Je vous disais donc que j'étais sensément décidé, m'a dire comme on dit, à bougrer mon camp, rapport que j'avais trop de "bad-luck", et que les amours avec Madame Brunette s'en allaient sur la "bum".» (Albéric BOURGEOIS, «Le retour de Ladébauche», dans L. MAILHOT et D.-M. MONTPETIT, *Monologues québécois 1890-1980*, p. 135.)

BON ♦ **Ne pas être bon de (des) femmes.** Ne pas avoir de succès auprès des femmes. «Pitou, lui, n'avait jamais été "bon des femmes". Comme tout le monde, il avait eu de vagues blondes, mais dont il s'était éloigné dès que la fréquentation un peu assidue avait fait naître des rumeurs et des espérances de mariage, ce qui ne tarde jamais.» (RINGUET, *Trente arpents*, p. 233.) ♦ **...comme un(e) bon(ne).** Beaucoup, beaucoup, ardemment. Ainsi: dormir, s'amuser, travailler, rire comme un(e) bon(ne), etc. «J'étais en train de... en tout cas, j'étais dans la cabine pis j'forçais comme un bon pis y s'est mis à me dire que tout le monde me cherchait! Y'arrêtait pas de me dire qu'y fallait que je

sorte de d'là pis j'ai pas pu faire c'que j'voulais faire!»
(M. TREMBLAY, *Le premier quartier de la lune*, p. 192.)

BON À L'OUVRAGE ◆ **Être bon à l'ouvrage.** Être travailleur.
«C'pas sorcier: j'passe un linge humide pour dégrais-
ser, un linge sec, pis par après vous y allez du pinceau.
— Ben parfait! Pis soyez pas r'gardante, là, chus bon à l'ou-
vrage. D'mandez-moé d'fére toute c'qui vous adonne.»
(M. LABERGE, *C'était avant la guerre…*, p. 61.)

BON BORD ◆ **Voter du bon bord.** Voter pour le parti ga-
gnant, pour le favori. «Une entrée en asphalte, on rit pas,
doivent avoir voté du bon bord. Elle: crains rien, y ont pas
besoin de ça pour se payer du luxe… Lui: parce que c'est
du luxe?! Elle: et comment!» (J.-M. POUPART, *Chère Touffe,
c'est plein plein…*, p. 71.)

BON DIABLE ◆ **Être un bon diable.** Être une bonne personne, aimable, serviable. «C't'un bon yable, y pas inventé
la cassonade brune, c'pas une beauté… mais à ton âge, ça
t'frait un mari montrable. Ben jusse pour pas être dans
misère, mais de nos jours, cé qu'tu veux-tu…» (M. LABERGE,
C'était avant la guerre…, p. 41.)

BON DIEU ◆ **Ne pas donner le bon Dieu sans confession à
qqn.** Ne pas faire confiance à qqn. Employé parfois dans
un sens ironique. «Je te dis que dans les artisses, y en a une
maudite gagne que je leu' donnerais pas le bon Yeu sans
confession. Pis y en a quèques-uns que je leu' donnerais
pas quand ben même qu'y se confesseraient avant.»
(R. LÉVESQUE, *Le vieux du Bas-du-Fleuve*, p. 22.)

BONJOUR ◆ **Bonjour la compagnie!** Au revoir! Adieu!
«Florent retourna dans la chambre sans dire un mot, s'ha-
billa, puis se rendit à la cuisine, guilleret comme un millionnaire après le Krach de 1929. […] — Eh bien, fit-il après

avoir vidé son assiette, il ne reste plus qu'à porter le reste des bagages dans le camion et bonjour la compagnie!» (Y. Beauchemin, *Le matou*, p. 383.) ♦ **Simple comme bonjour.** Très simple, facile. «Au fond scomme ête québécois han? La seule plasse où çé difficile de l'ête çé-t-icitte! Parce qu'ailleurs… cé simppe comme bonjour… cé facile… Entou-cas si çé pas clair pour ceux qui lsont, çé-t-évident pour toué-z-autes alentour!…» (J.-C. Germain, *Les hauts et les bas dla vie d'une diva*, p. 134.)

BONNES ♦ **S'en passer des bonnes (une bonne).** Y avoir des événements inhabituels, condamnables. «Y' s'en est passé des bonnes cette semaine, Marie. J'sais pas si Paul-Henri te les a contées.» (G. Raymond, *Pour sortir de nos cages*, p. 33.)

BORD ♦ **Prendre le bord.** Disparaître, se défiler, déguer-pir. «À minuit, il m'avait complètement paqueté. À deux heures, elle montait dans son lit. À huit heures, le lende-main matin, il m'appelait pour m'annoncer que mon con-trat de publicité venait de prendre le bord et qu'il n'aurait plus tellement le temps de me fréquenter, vu son travail.» (Y. Beauchemin, *Le matou*, p. 359.) «Pis r'viens pas me badrer cheu nous, toé, parce que j'en ai un fusil moi itou, pis j't'avartis qu'y est chargé, c'lui-là! — Là-dessus, j'ai pris le bord.» (Armand Leclaire, «Le conscrit Baptiste», dans L. Mailhot et D.-M. Montpetit, *Monologues québécois 1890-1980*, p. 111.)

BORD POUR BORD ♦ **Revirer (Retourner) bord pour bord.** Faire volte-face, se retourner. «Y-z-appellent ça un cap… tu parles… une butte… un pet de sœur… un vente de bœuf e rviré bord pour bord… Y s'sont tellement fait accrouère là que stait l'mont Ararat… que ça leu-z-a faite comme une mentalité d'montagnards…» (J.-C. Germain, *Les hauts et les bas dla vie d'une diva*, p. 136.)

BOSSU ◈ **Fier comme un bossu.** Très fier, prétentieux. «Ça t'donn' pas d'cramp's patriotiques, / Tu t'sens pas fier comme un bossu / À voir les chars z'allégoriques / Avec les noms des marchands d'sus?» (É. CODERRE, *J'parle tout seul quand Jean Narrache*, p. 26.)

BOTTE ◈ **Être une bonne botte.** Bien faire l'amour. «Ch'us tannée moé pis m'as faire exiprès, m'en vas leur dire : "Oui, j'ai couché avec pis pour son âge y est encore bonne botte." Y vont attraper leur air.» (M. LETELLIER, *On n'est pas des trous-de-cul*, p. 94.) ◆ **Pas plus que sa botte.** Pas plus que d'habitude, modérément. «Je ne veux pas vous démentir, père Didace. Pourtant, hier matin, quand vous étiez à faire le train, dans l'étable, vous sentiez pas rien que le petit-lait. […] — J'avais pas bu plus que ma botte, je venais de déjeuner. — Déjeuner? Aïe! Pas rien qu'au gros lard, hein?» (G. GUÈVREMONT, *Le Survenant*, p. 214.) ◆ **Soûl comme une (comme la) botte.** Aussi : **Plein comme une (comme la) botte.** Ivre mort. «Y est arrivé ton oncle, y se sauvera pas. Ferme la porte. […] Cherche-le pas, y est couché, ajouta-t-elle. Y vient juste d'arrêter de ronfler. — Est-ce qu'y est malade? — Y est arrivé soûl comme une botte.» (J. BENOÎT, *Les voleurs*, p. 88.) ◆ **Avoir (Prendre) sa botte.** Faire l'amour, pour un homme. «Lui, il me répond : "Parle-moi-z-en pas, j'ai pas eu ma botte, elle était dans ses crottes." Si tu savais l'image qui m'est restée! J'ai eu mal au cœur toute la soirée! Mais ça c'est ben beau! C'est vivant! Je peux-tu y goûter?» (A. Boulanger et S. Prégent, *Eh! qu'mon chum est platte!*, p. 44.) «Il prend sa botte. Crottes ou pas crottes. Quand il se la sort sanglante, il se dépêche de la laver.» (J. RENAUD, *Le cassé*, p. 32.)

BOUCHERIE ◈ **Faire boucherie.** Abattre un animal (particulièrement en automne, sur la ferme) et le débiter en pièces. «Nous voulions aussi faire boucherie, bien qu'il fût de bonne heure, parce que le lard baissait dans les salois et que tout le monde était fatigué d'un ordinaire à base de fèves, de bœuf salé et de macaroni. » (H. Bernard, *Les jours sont longs*, p. 138.)

BOUILLIE ◆ **Manger de la bouillie.** Passer outre à un interdit, notamment aller danser les «Jours gras». «Même si les autorités ecclésiastiques le défendaient, on dansait. Le moment de la confession venue, le prêtre n'accordait pas toujours l'absolution à celui qui s'accusait d'avoir dansé. On disait alors de celui-ci qu'il avait mangé de la bouillie, qu'il avait sauté la clôture ou la barrière. » (H. Vachon, *Corpus des faits ethnographiques…*, p. 243.)

BOULE ◆ **Perdre la boule.** Perdre l'esprit, le bon sens. «Mais… mais… mais… perds pas la carte… perds pas la boule. » (P. Perrault *et al., Le règne du jour*, p. 154.) «Quand j'vois c'te gros paquet de Jacky faire le frais dans l'arène… — Sort humain! Maurice, tu perds la boule et t'es méchant pour rien. » (M. Riddez et L. Morisset, *Rue des pignons*, p. 286.)

BOURRÉE ◆ **Rien que d'une bourrée.** D'un seul coup. «Est-il d'avance à l'ouvrage ? demanda Angélina, vivement intéressée. — Des journées il est pas à-main en rien. D'autres fois, quand il est d'équerre, le sorcier l'emporte et il peut faire mourir quatre bons hommes rien que d'une bourrée. » (G. Guèvremont, *Le Survenant*, p. 103.)

BOUT D'ÂGE ◆ **Être à bout d'âge.** Arriver au bout de sa vie, être d'un âge avancé. «Les Dion, t'as ienqu'à leu' dire que tu connais quèqu'un qui a une telle maladie, pis tu peux être sûr que le lendemain y ont c'te maladie-là eux autres itou. Des vrés torvisses de folles… mais des torvisses de folles qui sont rendues à bout d'âge. C'est à crère que la maladie imaginaire les consarve, ces deux corneilles-là ! » (R. Lévesque, *Le vieux du Bas-du-Fleuve*, p. 137.)

BOUT DE LA CARTE ◆ **C'est au (le) bout de la carte.** C'est loin, éloigné, un coin perdu. «Y fait une belle nuit de juin. C'est doux. Le tacot décolle. Je pèse sur le gaz. — C'est loin la Gaspésie, hein, pôpa? — Oui, ma crotte, c'est loin, on est pas rendus, c'est au bout de la carte.» (C. JASMIN, *Pleure pas, Germaine*, p. 13.)

BOUTEILLE ◆ **Être poigné par la bouteille.** Aussi: **Être porté sur la bouteille.** Aimer l'alcool, aimer s'enivrer. «Eh oui, c'est la pure vérité, soupira-t-elle. Le bon Dieu n'a pas de cœur de laisser vivre un enfant amanché de même… À peine sorti des couches et déjà pogné par la bouteille… Ah! misère du monde!» (Y. BEAUCHEMIN, *Le matou*, p. 89.)

BOUTTE ◆ **C'est le boutte** [bout] **(bout, boute) (de toute** [tout]**, de la marde, de la fin, du boutte, du cul, du monde).** C'est incroyable, c'est le comble. «Alors, son rôle devient clair, tout comme le récit de Ferron dont la fin était prévisible: roulé par son monde, le Diable finira dans la peau d'un sénateur, ce qui est le bout d'la marde pour le Malin.» (V.-L. BEAULIEU, *Manuel de la petite littérature du Québec*, p. 217.) «C'est le bout! tonna Augustin. Je tombe sur des vieux vicieux qui s'amusent à faire peur aux enfants…» (R. CARRIER, *De l'amour dans la ferraille*, p. 49.) «Mais le boutte du boutte, c'est quand y m'a dit qu'y'était enceinte parce que sa blonde attendait un bébé.» (J. DORÉ, *Si le 9-1-1 est occupé!*, p. 125.) «Ma Murielle avec un bloke, ça serait le bout du monde. On a élevé nos chiots en français pour les voir switcher avec des maudits blokes, batêche!» (C. JASMIN, *Pleure pas, Germaine*, p. 44.) «Y suffit qu'on vous dise que vous êtes beaux, pis que vous êtes fins, pis surtout que vous êtes ben intelligents pour que vous vous imaginiez tu-suite que votre vie est changée, que la vie est belle pis que la Main est le boute de la marde!» (M. TREMBLAY, *Sainte Carmen de la Main*, p. 78.) ◆ **Virer boutte pour boutte.** Faire volte-face, perdre la raison. «Y a rviré anglais boutte

pour boutte, du jour au lendmain! Y A C-A-P-I-T-U-L-É,
Juliette! Y capitulent touttes! » (J.-C. GERMAIN, *Mamours et
conjugat*, p. 52.) ◆ **Y a (ben, toujours) un (maudit) boutte**
[bout] **(à toute** [tout]) ! Il y a une limite! C'est le comble!
« J'me suis tanné en calvaire. J'ai colissé ça là. C'est de
même. Y a toujours un maudit bout' d'être tout seul dans
l'affaire… J'ai jamais aimé ça m'faire niaiser… » (J. RENAUD,
Le cassé, p. 74.) ◆ **C'est au boutte** [bout] ! C'est extraordinaire, formidable! Dans le vocabulaire de la jeunesse. « Il y
a enfin "c'est au boutte" (qu'on disait dans mon temps),
avec insistance sur "boutte", version québécoise de "c'est too
much" (qu'on dit maintenant). Je n'ai réussi à placer "c'est
au boutte" dans aucun poème. » (G. GODIN, *Cantouques et
Cie*, p. 160.)

BRANCO ◆ **Têtu comme un branco** [*angl.* « bronco », éta-
lon]. Très têtu. « Avec ce niaiseux de bedeau qu'on a icitte,
et un curé têtu comme un branco, rien à faire! — Il a fallu,
dimanche, que monsieur le Curé les sermonne. » (B. LACROIX,
Les cloches, p. 22.)

BRAS ◆ **…gros comme le bras.** Superlatif: beaucoup, gros.
Ainsi: aimer, détester, etc., gros comme le bras. « Trois-
Rivières, écrit gros comme le bras, à tous les cinq milles. Le
soleil se lève à l'horizon, luisant comme de la fonte brû-
lante. » (C. JASMIN, *Pleure pas, Germaine*, p. 23.)

BRASSE CORPS ◆ **Prendre (Poigner) qqn à brasse corps.**
Déformation populaire: Prendre qqn à bras le corps. « J'avais
pas fini de relever mes manches qu'une dizaine de gâs me
poignent à brasse corps, pis m'fourrent dans un p'tit caba-
non cousqu'y m'ont oublié queuques jours avec des crou-
tons pis un siau d'eau pour manger. » (Armand LECLAIRE,
« Le conscrit Baptiste », dans L. MAILHOT et D.-M. MONT-
PETIT, *Monologues québécois 1890-1980*, p. 109-110.)

BREAK ◆ **Prendre un *break*** [*angl.* «break», relâche, pause]. Faire relâche, faire une pause. «L'avenir, mon Paulo, l'avenir. Tu devrais prendre un break pour qu'on aille prendre une broue ; faut qu'on s'parle entre hommes un d'ces jours. Ouais, faut que j'te parle sérieusement, mon Paulo. — Parlemoé, Ti-Jacques. Va t'chercher un Cream soda là si tu veux pis on va s'parler. » (L.-M. DANSEREAU, *Chez Paul-ette, bière, vin…*, p. 30.)

BRETELLES ◆ **Se péter les bretelles.** Se réjouir, se complaire. «Si on se pétait les bretelles à ce point dans ce petit hameau de cinquante âmes à peine — le reste ayant vendu la leur au diable — c'est qu'en un beau jour de l'An "il était né le divine enfant"…» (S. RIVIÈRE, *La s'maine des quat' jeudis*, p. 142.)

BRIDE À BRIDE ◆ **Se rencontrer bride à bride.** Se retrouver côte à côte, se croiser. Par allusion à la rencontre de deux chevaux sur une route. «Et d'ailleurs lui-même raconte cette histoire savoureuse de l'habitant (il écrit paysan) du Lac-St-Jean à qui je demandais si l'autobus du Lac et l'autobus de Québec se rencontraient bien à l'heure indiquée à l'horaire. "Mon frère, ils se rencontrent bride à bride". » (P. PERRAULT *et al.*, *Un pays sans bon sens*, p. 194.)

BROCHE ◆ **Élevé à la broche.** Élevé durement, à la vacomme-je-te-pousse. «À présent la bru, Alphonsine, une petite Ladouceur, de la Pinière, une orpheline élevée pour ainsi dire à la broche, se mêle de grimacer sur les corvées avec des manières de seigneuresse ? » (G. GUÈVREMONT, *Le Survenant*, p. 94.)

BROCHE À FOIN ◆ **…de broche à foin.** Aussi : **Une amanchure de broche à foin.** Déglingué, mal fait, de rien. Aussi, d'une personne de peu de valeur. «Qu's qui va trouver son stock dans un fouillis pareil ? C'est une compagnie de broche à foin, ctlle-là.» (J.-J. RICHARD, *Faites-leur boire le fleuve*, p. 88.)

BROSSE ◆ **Prendre une (Partir en, Partir sur une, S'en aller sur la, Virer une, Revirer une, etc.) brosse.** S'enivrer, prendre une cuite. «Le lendemain matin, sur le coup de huit heures, il frappait à la porte de Florent. Rosine vint ouvrir. — Wa! t'es donc laide! As-tu pris une brosse? — Chut… tu vas réveiller tout le monde. Qu'est-ce que tu veux?» (Y. BEAUCHEMIN, *Le matou*, p. 337-338.) «Rares étaient ceux qui résistaient pendant trois mois sans casser le niveau, sans prendre la goutte, ce qui n'était pas pour déplaire au curé. […] Les quelques rares exceptions qui réussissaient à franchir le cap des trois mois, viraient la brosse de leur vie pour fêter ça.» (S. RIVIÈRE, *La saison des quêteux*, p. 53.) ◆ **Passer la brosse.** Oublier, effacer le passé. Allusion à la brosse passée sur le tableau. «…j'pense des fois que t'écœures les autres, c'est là que tu t'écœures le moins, pas tout prendre pour du cash, c'qui me passe par la tête, ça serait pire que pire, on passe la brosse, Clothilde…» (J.-M. POUPART, *Chère Touffe, c'est plein plein…*, p. 30.)

BROUE ◆ **Prendre une broue.** Aussi: **Aller à la broue.** Prendre un coup, boire, aller à la taverne. «Tu devrais prendre un break pour qu'on aille prendre une broue…» (L.-M. DANSEREAU, *Chez Paul-ette, bière, vin…*, p. 30.)

BRUN ◆ **Faire brun.** Être au crépuscule, à l'aube, faire sombre. «Mais, ce soir-là, n'étant pas d'équerre, comme on dit, il brusqua la porte de sa cabane, et comme il faisait brun, déjà, il tâtonna vainement pour retrouver son bougon de chandelle et partit à sacrer contre les mulots.» (F.-A. SAVARD, *Menaud maître-draveur*, p. 102.) «Le curé s'apprêtait à partir. Déjà, au contact de toutes ces bonnes gens, de ces paroissiens enjoués, aux voix assurées, aux opinions vertes et sans réplique, il se sentait l'âme moins lourde. […] On va aller se coucher, j'pense… Y' fait brun depuis six heures sonnées… » (Y. Thériault, *Les vendeurs du temple*, p. 30.) « Tu penses pas qu'i' serait quasiment temps de s'en aller, 'Charis ? — Fumez donc, fumez donc, insiste mollement le père Branchaud, par politesse. Y est pas tard ? — C'est qu'i' commence à faire brun. C'est l'heure d'aller tirer les vaches, dit Euchariste. » (Ringuet, *Trente arpents*, p. 73.)

BYE-BYE ◆ **Envoyer (Faire) des *bye-bye*.** Saluer de la main. « Une fois les manœuvres faites pour sortir du port, l'horizon semblait leur appartenir. […] Sur le pont, les trois zouaves envoyaient des bye-bye à tour de bras, comme s'ils entreprenaient la traversée de l'Atlantique. » (S. Rivière, *La saison des quêteux*, p. 33.)

C

C'T'AFFAIRE ◆ **C't'affaire !** Bien sûr, évidemment. « Ce n'est pas cent que j'emprunte, demanda Lemont ? — C't'affaire ! Je retiens la prime pour le service que je vous rends. Les bons comptes font les bons amis. Pas vrai ? » (C.-H. Grignon, *Un homme et son péché*, p. 44.)

ÇA S'APPELLE ◆ **Ça s'appelle… (touches-y pas, etc.).** Ça veut dire… (ne pas y toucher, etc.). Pour appuyer un propos. « Ce qu'on a dans la chaloupe, dit Lévêque, en sautant sur un des bancs, son fusil à la main, c'est de l'huile de loup-marin, des peaux de castor et de marte, et tout ça, ça s'appelle *touches-y pas* ! » (J.-C. Taché, *Forestiers et voyageurs*, p. 123.) « Paula, bas, indiquant la porte par où Jos vient de sortir — Ça s'appelle fais-y ben attention. » (A. Ricard, *La gloire des filles à Magloire*, p. 24.)

ÇA SE PEUT PAS ◆ **…Ça se peut pas (plus)!** À l'extrême, très, beaucoup. «Rossini, Bellini, Puccini, Mascagni / L'opéra, j'aillis ça, j'aillis ça, ça speut pas / Caccini, Cavalli, Scarlatti, Piccini / L'opéra j'aillis ça, j'aillis ça, ça speut pas.» (J.-C. GERMAIN, *Les hauts et les bas dla vie d'une diva*, p. 126.)

CABICHE ◆ **Collecter la cabiche.** Collecter la part du tenancier d'un tripot auprès des joueurs gagnants. Aussi: **Payer la cabiche.** «Tit-Blanc, que cette prospérité inespérée ravissait, ne se rendait plus que rarement à son travail, car il trouvait plus payant de passer ses nuits à collecter la "cabiche".» (R. LEMELIN, *Au pied de la pente douce*, p. 151.)

CACHE ◆ **Mettre le bon Dieu (un saint) en cache.** Cacher à Dieu, à un saint des agissements répréhensibles, par une opération quelconque, punir une statue en la recouvrant d'un tissu ou en la retournant face au mur. «C'que ces flambeux-là sont capables de faire, écoutez: Quand ils partent l'automne, pour aller faire chanquier sus le Saint-Maurice, ils sont ben trop vauriens pour aller à confesse avant de partir, c'pas; Eh ben comme ils ont encore un petit brin de peur du bon Dieu, ils le mettent en cache, à ce qu'y disent.» (L. FRÉCHETTE, *La Noël au Canada*, p. 247.)

CADUC ◆ **Avoir l'air caduc.** Avoir mauvaise mine. «Coudon Junior, t'as bien l'air caduc, toi à matin! dit Gabriel. — C'est pas moi qui ai l'air caduc, c'est la température! dit Junior. Et c'est tout le reste aussi. Même pas moyen de sacrer son camp sur le fleuve en chaloupe, esti!» (V.-L. BEAULIEU, *L'héritage/L'automne*, p. 54.)

CALL ◆ **Donner (Lâcher) un *call*** [*angl.* appel]. Lancer un appel. «J'pense que j'vas aller jouer une game de pool avec les gars pendant qu'les nerfs vont t'tomber. Si y a une commande, tu m'lâcheras un call. — T'es ben nerveux tout à coup, Paulo! Qu'est-ce qui s'passe?» (L.-M. Dansereau, *Chez Paul-ette, bière, vin…*, p. 33.)

CAMP ◆ **Sacrer le (son) camp.** Aussi: **Bougrer, Crisser, Débarrasser, Décrisser, etc. le (son) camp.** Filer, déguerpir, partir. Parfois, à la forme impérative: «Sacre ton (débarrasse le) camp!» pour: «Va-t'en, déguerpis!» «Nous autres, les gars, on est des pas bons, des pas fins, des têtes croches. J'vas déserter un bon jour, j'vas sacrer le camp dans l'Ontario.» (C. Jasmin, *Pleure pas, Germaine*, p. 61.) ◆ **Tirer sur le camp.** Aussi: **Être sur le camp.** Aller de travers, croche. Se dit au sens moral et matériel. «Léandre Labbé, c'est un garçon bien avenant. Pas trop, trop intelligent. Ça tire sur l'camp un peu, puis ça marche comme son père, en ramassant des noix de chaque bord de lui avec les mains pendantes, mais ça va être un bon mari.» (Y. Thériault, *Les vendeurs du temple*, p. 101.)

CANAYEN ◆ **…en canayen.** De manière compréhensible, civilisée. «Est-ce que j'ai bien compris? murmura monsieur Boissonneault en pâlissant. / Il se déhancha péniblement vers une chaise qui l'accueillit avec un craquement sec. — Répète-moi ça en canayen, que je sois sûr d'avoir bien entendu.» (Y. Beauchemin, *Le matou*, p. 235.) ◆ **Une faim de canayen.** Une grande faim. «Vous n'auriez pas dix sous à me prêter? J'ai une faim de *canayen* et un plat de *pork and beans* ferait bien mon affaire. — Les voici. — Vous êtes *blood* et je vais vous montrer que je sais reconnaître les amis.» (A. Bessette, *Le débutant*, p. 87.)

CAPABLE ◆ **Être un capable (sur tout).** Être un phéno-mène, exceller, étonner (en tout), être fanfaron, crâneur. «Vous êtes tous des capables, mais pas assez pour dire à un vieux comment faire des enfants. La prochaine fois, vous emmènerez l'bonhomme, pour qu'y vous montre comment tirer quand c'est l'temps!» (H. BERNARD, *Les jours sont longs*, p. 133.)

CAPABLES ◆ **En sortir (En entendre) des capables (de…).** Superlatif: des choses étonnantes, des invraisemblances. Ainsi, en sortir des capables: proférer des énormités. «Vous dire comment qu'on en entend des capables de funny, au garage, pis c'est vrai, hein, y avait pas pensé en parler, de sa femme, le service avait lieu le lendemain, c'était pas plus important que ça, un oubli…» (J.-M. POUPART, *Chère Touffe, c'est plein plein…*, p. 73.)

CAPOT ◆ **Virer (Changer) son capot (de bord).** Changer d'idée, d'allégeance. Capot: autrefois, épais pardessus d'étoffe ou de fourrure qui allait jusqu'aux genoux. «Ben moé, j'ai parsonne à influencer, pis j'aimerais autant voter de moi-même, c'est plus sûr. On sait jamais, y en a qui virent leu capot d'bord jusse une fois rendu au pole. — Aussi ben qu'tu votes pas: tu vois ben qu't'es partie contr'el seul candidat.» (M. LABERGE, *C'était avant la guerre…*, p. 89.) «Parthenais était favorable à midi, coupa le maire Lebœuf. Ça m'a choqué de l'voir virer son capot. C'est pas nouveau… Y'a assez de manigances dans l'village qu'on sait jamais quand c'est qu'un gars va se vendre d'une fois à l'autre qu'y nous parle…» (Y. THÉRIAULT, *Les vendeurs du temple*, p. 144.) ◆ **Virer capot.** Perdre la raison, changer d'idées du tout au tout. «Faut dire qu'il bougeait pas, qu'il surveillait la mer goutte à goutte. Il était peut-être en train de virer capot…? / J'ai pas fait à-semblant. Moi aussi j'étais coi, et j'attendais qu'il dise ou dédise.» (Y. THÉRIAULT, *Moi, Pierre Huneau*, p. 71.)

CAPOTER ◆ **Faire capoter (fort, au boutte** [bout]**) qqn.** Dérouter qqn. Aussi: **Capoter.** Déraisonner complètement, dérailler (dans la langue de la jeunesse). «Eh que j'haïs ça attendre, j'haïs ça! Pour moi, y fait exprès pour me faire

capoter… mais que c'est qu'y fait, que c'est qu'y fait ? Y le
sait pourtant que ça me fait un effet bœuf quand j'attends. »
(J. Doré, *Si le 9-1-1 est occupé !*, p. 34.)

CARÊME ◆ **Avoir une face de carême.** Avoir la mine renfrognée, déconfite, avoir mauvaise mine. « Prends donc pas
cette face de carême, sort humain ! Ce temps-là est pas tout
perdu. Tu fais ta gymnastique, ta course à pied. Même que
Jacky est tout débiné de te voir courir avec lui ce matin. »
(M. Riddez et L. Morisset, *Rue des pignons*, p. 307.)

CARRÉ ◆ **Dire (Faire) qqch. carré.** Dire (faire) qqch. carrément, abruptement, sans détour. « Elle : ben plus grave
que ça, ben plus profond, j'te l'propose pour que t'arrêtes
de t'plaindre pis de jaspiner, m'as t'le dire ben carré, sans
ni ci ni ça, t'es toute fébrile, tu lâches pas de grouiller, de
ravauder… » (J.-M. Poupart, *Chère Touffe, c'est plein plein…*,
p. 139-140.)

CARREAU ◆ **Être sur le carreau.** Aussi : **Rester sur le carreau.** Être laissé en attente, laissé pour compte. En France,
laissé sur le carreau : être tué ou grièvement blessé. « Moi,
ça fait trois ans que chus libre comme l'air, autrement dit,
ça fait trois ans que chus sur le carreau. Ouan, y'a trois ans,
mon ex, un grand sportif, a fait' comme au football : y m'a
plaquée… » (J. Doré, *Si le 9-1-1 est occupé !*, p. 48.)

CARTE PÂMÉE ◆ **Être une carte pâmée.** Être belle, beau.
Se dit particulièrement d'une femme. « Mais eux autres,
là… ben eux autres, on dirait qu'y m'aiment pas… Je sais
ben que je suis pas une carte pâmée… mais, sac… (Elle a le
motton). » (M. Pelletier, *Du poil aux pattes…*, p. 103.)

CARTES ◆ **Mêler les cartes.** Confondre. « On mêle les cartes, on fait son jeu. À qui le tour ? Érik voudrait que Yank

quitte les bureaux. » (J.-J. RICHARD, *Faites-leur boire le fleuve*, p. 227.)

CASH ◆ **Prendre qqch. pour du *cash*.** Prendre (naïvement) qqch. pour la vérité. « J'vous ai eus, toute la gang, hein, qu'a disait, Carmen, vous avez toute pris c'que j'vous ai dit pour du cash ! Là, vous vous êtes mis dans'tête que vous pouviez vous en sortir, j'suppose ? J'pensais pas vous avoir aussi vite ! » (M. TREMBLAY, *Sainte Carmen de la Main*, p. 78.) « … j'pense des fois que t'écœures les autres, c'est là que tu t'écœures le moins, pas tout prendre pour du *cash*, c'qui me passe par la tête, ça serait pire que pire, on passe la brosse, Clothilde… » (M. LETELLIER, *On n'est pas des trous-de-cul*, p. 118.)

CASQUE ◆ **En avoir plein le (son) casque (de qqch., de qqn).** Être exaspéré, être à bout de patience, de forces. « Se faire bardasser. Partir sur une balloune tous les vendredis soirs. On vient qu'on en a plein le casque. J'suis pas le diable fier. J'ai quarante ans. Déjà. » (C. JASMIN, *Pleure pas, Germaine*, p. 11.)

CASSONADE ◆ **Ne pas avoir inventé la cassonade brune.** Être peu subtil, simple d'esprit. « C't'un bon yable, y pas inventé la cassonade brune, c'pas une beauté… mais à ton âge, ça t'frait un mari montrable. Ben jusse pour pas être dans misère, mais de nos jours, cé qu'tu veux-tu… » (M. LABERGE, *C'était avant la guerre…*, p. 41.)

CASSURE ◆ **C'est pas une cassure !** Ce n'est pas pressant, urgent. « A crie : *wait a minute !* là, déchire rien, tu te jetteras sus moi quand j'te l'dirai, quand j'voudrai, quand j'serai d'équerre, comme y disent icitte ; là, c'est pas une cassure, ça peut attendre au moins que t'ayes fini d'essuyer à vaisselle, hein ! » (J.-M. POUPART, *Chère Touffe, c'est plein plein…*, p. 20.)

CATAUD ◆ **Amanchée** [emmanchée] **comme catho.** Aussi : **Habillée (Attriquée) comme (une, en) cataud.** Mal habillée, mal accoutrée. Se dit d'une femme. «A dit que je sus-t-habillée propre pis que je vas me salir [...] — A m'a amanchée comme catho, je suppose ? — Ben non, t'es belle en masse. Renelle a réson : faudrait que tu te déchanges pour travailler. Pis moé aussi comme de faite.» (A. RICARD, *La gloire des filles à Magloire*, p. 125.)

CATHOLIQUE ◆ **Pas (l'air) catholique.** Inconvenant, répréhensible, bizarre, douteux. «Sainte bénite ! C'tu l'angélus ? Déjà ? — C't'à crère que oui ! Pis moé qui étais partie cri du lait... pourvu qu'madame aye rien vu d'pas catholique dans mon affére. C'est rendu qu'à m'tient serrée !» (M. LABERGE, *C'était avant la guerre...*, p. 33.) «À deux cents pieds de distance il s'arrêta, la queue droite, la tête tournée vers la voiture, flaira, puis reprit sa course souple et silencieuse dans la direction du bois. — Faudra faire attention à nos volailles, 'Phonsine. V'là un rôdeux qu'a pas l'air ben catholique.» (RINGUET, *Trente arpents*, p. 62.) «Gilles ! Qui t'a parlé de lui ? — Léon. Tu le connaissais, ce Garant ? [...] — C'était un jeune homme curieux. Y avait des idées pas catholiques [...] Rolande ne l'aimait pas trop.» (C. JASMIN, *Pleure pas, Germaine*, p. 100.) ◆ **Plus catholique que le pape.** Trop consciencieux, d'une honnêteté excessive. On dit aussi, en guise de précepte : «Il faut pas être plus catholique...» «C'est pas la question d'être plus catholique que l'pape. En seulement la maladie pis la mort, on fait pas d'farces avec ça, apparence que ça peut se r'tourner contr'vous su' les derniers milles...» (S. RIVIÈRE, *La s'maine des quat'jeudis*, p. 76.)

CATIN ◆ **Certain ma catin !** Certainement ! Tu parles ! Formulé souvent sur un ton ironique. «Y a rien compris. C'est la seule vraie gaffe de la soirée. Anne enchaîne en disant qu'a veut pas de bébé avant trois ans, certain ma catin ; a l'a rien compris elle non plus. C'est pas gai mais c'est moins grave.» (J.-M. POUPART, *Chère Touffe, c'est plein plein…*, p. 81.)

CENNE ◆ **Pas pour une cenne** [cent]**!** Jamais! Nullement. «Ça d'la musique? Pas pour un' cenne! / Mais c'est comm' ça qu'on s'gât' le goût. / C'est d'la culture américaine / Que l'radio répand partout.» (Jean NARRACHE, «L'radio», dans L. MAILHOT et D.-M. MONTPETIT, *Monologues québécois 1890-1980*, p. 141.) ◆ **Pas (Ne pas) valoir une cenne.** Ne rien valoir. «Germaine, j'aime autant te le dire, j'suis au bout de ma corde. Au bout! C'est fini Gilles Bédard, fini. T'es mieux de me planter là. T'es mieux de m'barrer sur ta liste. Je vaux pas une cenne.» (C. JASMIN, *Pleure pas, Germaine*, p. 104.)

CENNES ◆ **Proche de ses cennes.** Aussi: **Pogné** [poigné] **après ses cennes.** Être avare, pingre. «J'sus pas proche de mes cennes, au contraire, mais faut toujours ben pousser égal, soixante piasses d'un bord, cinquante-cinq de l'autre, fait des bidous qui minotent à longue, j'en ai pas de collés, moi, me sert pas d'un *bill* de vingt pour faire tenir les autres ensemble!» (J.-M. POUPART, *Chère Touffe, c'est plein plein…*, p. 240.)

CENT PIEDS ◆ **Passer (à) cent pieds par-dessus la tête.** Échapper (complètement). «Moé, je le dis ben franchement, je sus pas un grand Jos Connaissant là-dedans. Leu's histoires de budgets pis d'expansion économique pis de Baie James, ça me passe cent pieds par-dessus la tête.» (R. LÉVESQUE, *Le vieux du Bas-du-Fleuve*, p. 40.)

CERISE ◆ **L'âge de sa (de la) cerise.** La puberté. «Ça vient du bas du fleuve où ils ont trouvé trois hommes pourris dans les fossés de la grande route. À peu de distance l'un de l'autre mais Nenan n'a rien à voir là-dedans. Elle a quitté le pays à l'âge de sa cerise.» (J.-J. RICHARD, *Faites-leur boire le fleuve*, p. 48.) ◆ **Perdre sa cerise.** Perdre sa virginité.

«Chus vnue au monde de même… wide-open… pis game… une fille game comme y s'en fait pus depuis… Entoucas pus à deux milles de Sainte-Marthe… Vous l'crouèrez pas han? Mais à cause de ça… ben ça m'a pris troi-z-ans pour parde ma cerise…» (J.-C. GERMAIN, *Les hauts et les bas dla vie d'une diva*, p. 69.)

CERVELLE ◆ **Se suer la cervelle.** S'épuiser à réfléchir, réfléchir. «Vous rappelez-vous le géant Beaupré et Louis Cyr? C'est deux de mes grands-pères. J'ai des gros os, des gros membres mais là je su en train de me suer la cervelle da tête!» (J.-J. RICHARD, *Faites-leur boire le fleuve*, p. 153.)

CHANGE ◆ **Change pour change!** D'un échange d'une chose contre une autre. Se dit d'un troc. Aussi, d'une revanche méritée. «Leur passer à taille un nœud coulant, leur mettre le grappin dessus, les commercer, change pour change, contre des sacs de fleur pour avoir plus tard des têtes d'oreiller [...].» (J.-M. POUPART, *Chère Touffe, c'est plein plein…*, p. 69.)

CHANTIER ◆ **Faire chantier.** Établir un chantier forestier, travailler dans un chantier forestier. «C'que ces flambeux-là sont capables de faire, écoutez: Quand ils partent l'automne, pour aller faire chanquier sus le Saint-Maurice, ils sont ben trop vauriens pour aller à confesse avant de partir, c'pas; Eh ben comme ils ont encore un petit brin de peur du bon Dieu, ils le mettent en cache, à ce qu'y disent.» (L. FRÉCHETTE, *La Noël au Canada*, p. 247.)

CHAPEAU ◆ **Parler au (à) travers de son chapeau.** Tenir des propos insensés, parler à tort et à travers. «Monsieur va voter pour lui çartain: y dit qu'Duplessis va nous sauver d'la crise. — Vous savez rien de c'qui s'passe encôr, là. Vous parlez au travers de vot'chapeau, Honoré.» (M. LABERGE, *C'était avant la guerre…*, p. 87.)

CHAR ◆ **Un char (et) puis une barge.** Y en avoir beaucoup, abondamment. «J'en fais pas un plat! — Chsais pas comment cé quvou-z-applez ça vou-z-auttes en France mais nou-z-auttes on appelle ça un char pis une barge! — J'en fais pas un plat! Chus déçue, cé toute!» (J.-C. GERMAIN, *Mamours et conjugat*, p. 31.) «Il en était passé des chars et des barges de "mères-dénichatrices" en mal de viande fraîche… Et pourtant, elles étaient toutes reparties bredouilles, la main vide. À chaque fois, Désiré avait résisté à "la pelle de la race".» (S. RIVIÈRE, *La s'maine des quat' jeudis*, p. 132.)

CHARBON ◆ **Noir comme du charbon.** Obscur, sombre. «La ruelle était noire comme du charbon. Seule, au loin, une fenêtre à peu près éclairée jetait un peu de lumière entre les deux rangées de bâtiments.» (J. BENOÎT, *Les voleurs*, p. 112-113.)

CHARIOT ◆ **Atteler le chariot avant les bœufs.** Aussi: **Mettre le chariot avant les bœufs.** Faire avant ce qui doit être fait après. «Ben oui. Entendre parler que l'Florent Dubé va r'venir dans région à l'automne? — Ah… j'savais pas ça. Êtes-vous assuré de t'ça, vous? […] — On verra ben: on attèlera pas l'chariot avant les bœufs, comme on dit.» (M. LABERGE, *C'était avant la guerre…*, p. 72.)

CHARRIER ◆ **Faut pas charrier!** Il ne faut pas exagérer! Se dit particulièrement à celui qui dépasse la mesure. «…j'ai envie de rtrouver dan-z-un verre sque j'ai pardu dan-z-une assiette à troi-z-étouèles! MON A-M-M-E! — Pis même là faut pas charrier! À deu-z-étouèles!» (J.-C. GERMAIN, *Les nuits de l'Indiva*, p. 49.)

CHARRUES ◆ **Les charrues sortent pas juste en hiver.** Se dit à propos d'une braguette ouverte. «Maudite gang de cochons! Vous avez jamais vu ça un zipper qui monte pas?… Comme dit c'te gars: les charrues sortent pas juste en hiver… » (L.-M. Dansereau, *Chez Paul-ette, bière, vin…*, p. 91.)

CHARS ◈ **C'est pas les (gros) chars (avec les roues) !** Ce n'est pas fameux, extraordinaire ! « Dans les sept piastres par semaine… — Sept, tu dis ? — Dans le plus… pour les petits ouvrages et les petites commissions dans le quartier… Tu vivras pas gras avec ça. — (déçu) Ouais, c'est pas les chars ! » (M. Riddez et L. Morisset, *Rue des pignons*, p. 71.)

CHATTE ◈ **Excitée comme une chatte en chaleur.** Aussi : **Chaude comme une chatte en chaleur.** Excitée sexuellement. Se dit d'une femme sensuelle. « Avant que le curé n'ait eu le temps de faire un pas, excitée comme une chatte en chaleur, Gertrude-la-très-prude se jette sur le représentant du culte pour lui montrer qu'elle sait ce qu'elle fait. » (S. Rivière, *La s'maine des quat' jeudis*, p. 70.)

CHAUD ◈ **Être (Se mettre) chaud (carré).** Être ivre (mort), s'enivrer. « Pour apprendre à sacrer, à parler d'cochonneries à la journée longue, pour se mettre chaud quand quelqu'un s'amène avec une bouteille de fort, c'est quasi dépareillé, les chantiers ! » (H. Bernard, *Les jours sont longs*, p. 93.) « J'maudis un coup d'poing dans vitre : là j'me su's faite mal mais j'ai même pas cassé la vitre, c't'épais ces vitres-là ! Ch'tais ben chaude. Saül est arrivé pis y m'a enlevé de d'là. » (M. Letellier, *On n'est pas des trous-de-cul*, p. 159.) « Jos était chaud, y chantait pouille à Desbiens. Monsieur Tardif a commencé à vouloir y couper le sifflette, mais Jos s'est choqué pis y a dit que les directeurs d'école c'était ienque bon pour fumer des pissettes d'agnelles pis pour se promener toute la semaine longue en habits des dimanches. » (R. Lévesque, *Le vieux du Bas-du-Fleuve*, p. 49.) ◆ **Faire ni chaud ni frette (fret)** [froid]. Laisser indifférent. « De Mon-réa-le, si tu y tiens ! Parsque moué, ça mfait ni chaud ni frette! Toutte sque j'ai dbesoin st'un piano!» (J.-C. GERMAIN, *Les nuits de l'Indiva*, p. 55.) «Mais la v'là qui commence à se tourmenter pour savoir si elle devait les faire cuire à la daube ou en ragoût. Quant à moé, ça me faisait ni chaud, ni fret, parce que je mange rien de ce qui porte plume. Ça m'est contraire sous tous les rapports.» (G. GUÈVREMONT, *En pleine terre*, p. 62.)

CHEMIN ◆ **Clairer le chemin.** S'écarter, disparaître. Se dit souvent à l'impératif: «Claire le chemin!» «Ou bien tu oublies la terre de Delphis et tu t'excuses par amont moi d'avoir entraîné Gabriel là-dedans, ou bien tu pactes tes petits et tu claires le chemin! C'est clair!» (V.-L. BEAULIEU, *L'héritage / L'automne*, p. 207.) ◆ **Dans le chemin.** Ruiné, dépossédé, sans le sou. «La jolie grosse fille blonde aux yeux bleus qu'il regardait dans le temps avec plaisir et qu'il eût épousée si la chose eût été possible, la fille du riche bonhomme Marcheterre était maintenant "dans le chemin" et ses cinq terres [...] avaient été cédées pour la bagatelle de $5,000.» (G. BESSETTE, *Anthologie d'Albert Laberge*, p. 137.) «J'ai hâte de voir c'que ça va être la prochaine fois. — La prochaine fois? demanda machinalement le père. — Ouais, la prochaine fois! On va se réveiller un beau matin dans le chemin, avec pus de terre pi pus rien, vendu par le shérif.» (RINGUET, *Trente arpents*, p. 227.) ◆ **Mettre qqn dans le chemin.** Ruiner qqn. «... Poudrier se rendit compte que, depuis cinq heures du soir, deux chandelles brûlaient sans cesse, inutilement. — Quel gaspillage! pensa-t-il. C'est ben sûr que cette fille-là va me mettre dans le chemin.» (C.-H. GRIGNON, *Un homme et son péché*, p. 76.)

CHEVAL ◆ **Fort comme un cheval.** Aussi : **Capable comme un cheval.** Très fort, costaud. «Moé je m'attendais à toute, mais pas à ce qui est arrivé. Je savais que Clophas était fort comme un joual, mais je pensais pas qu'y était vite comme un taon.» (R. LÉVESQUE, *Le vieux du Bas-du-Fleuve*, p. 117.)

CHEVEUX ◆ **Avoir mal aux cheveux.** Avoir la migraine après un excès de boisson, avoir un mal de tête. «Tiens, si je rencontrais un habitant, je te l'étendrais dans la neige avec trois ou quatre coups de poing et je lui arracherais son argent. — T'en rencontreras pas. — Ben certain qu'on n'aura pas mal aux cheveux demain.» (G. BESSETTE, *Anthologie d'Albert Laberge*, p. 246.) ◆ **En cheveux.** Les cheveux en broussaille, emmêlés. «Une porte s'ouvrit au loin. Un air de jazz se répandit dans la rue. Des soldats sortaient en titubant, accompagnés de femmes en cheveux qui riaient haut et se bousculaient. Les jeunes gens cherchaient à les entraîner.» (G. ROY, *Bonheur d'occasion*, p. 216.) ◆ **Jouer dans les cheveux de qqn.** Tromper qqn, induire qqn en erreur, jouer un vilain tour à qqn. Aussi : **Se faire jouer dans les cheveux.** «Écoutez, vous, docteur, essayez pas d'nous jouer dans les cheveux! Essayez pas d'nous passer un Québec! Des gars comme vous, ça s'rencontre souvent.» (Y. THÉRIAULT, *Les vendeurs du temple*, p. 134.) ◆ **Se pogner** [poigner] **aux cheveux.** Se quereller. «Elle: ah! ben si tu veux qu'on s'pogne aux cheveux, c'est différent! Lui: l'humour, ma vieille, l'humour…, à force de juger le monde là-dessus, tu finis par en manquer pas mal.» (J.-M. POUPART, *Chère Touffe, c'est plein plein…*, p. 233.)

CHIBAGNE ◆ **Toute la chibagne (shi-bang)** [*angl.* «shi-bang»]. Tout le reste. «PARCE QUE LA OUSQUE VOUS-Z-ÊTES… CHUS!… CHUS PIS CHSRAI! TANT ET AUSSI LONGTEMPS QU'Y AURA ENCORE UN POUCE DE TERRE POUR FAIRE DANSER LE SOLEIL… LÉ-Z-ÉTOILES… PIS TOUTE LA SHI-BANG!» (J.-C. GERMAIN, *Les hauts et les bas dla vie d'une diva*, p. 142.)

CHICANE ◆ **Pas d'chicane dans ma (la) cabane (pas d'cochon dans mon salon)!** Façon plaisante d'ordonner de mettre un terme à une querelle. «Envoye, viens-t'en! — Tu parles pas fort, la ceinture noire! — On veut pas de chicane, avez-vous compris ? Pas d'chicane dans ma cabane, pas d'cochon dans mon salon ! Bon ! — A m'a traité d'cochon, c'te p'tite fendante-là ! — Monsieur, vous m'estomaquetez ! — Pareillement, Madame, pareillement ! » (J. BARRETTE, *Oh ! Gerry Oh !*, p. 120.)

CHICOT ♦ **Être chicot.** Aussi : **Maigre comme un chicot.** Très maigre, décharné, faible. « Jacqueline prends 'n course au tré-carré / Emmène ton frère même si i' est chicot / Pour cri' les vaches i' peut t'aider » (Jacques ANTONIN, « Les noces à ma grande sœur », dans L. MAILHOT et D.-M. MONTPETIT, *Monologues québécois 1890-1980*, p. 285.)

CHIEN ♦ **Donner (Promettre, Réserver) à (Garder pour) qqn (Avoir) un chien de sa chienne.** Apostropher, se venger de, promettre vengeance, promettre un châtiment exemplaire à qqn. La chienne désignait autrefois le petit banc ou la selle à trois pieds en usage dans les chantiers. « Maurice est humilié. La gifle de Janine a tout de même impressionné ses amis. Alors, furieux, il leur dit : — Y a personne qui me fait peur, trompez-vous pas, hein, les gars ! Personne ! Mais elle, j'y réserve un chien de ma chienne. » (M. RIDDEZ et L. MORISSET, *Rue des pignons*, p. 49.) « Rosalie est mon amie. Parsonne va v'nir me parler contre. — Pis c'est mon amie avec ! Pis j'vas trouver l'tour de l'dire au village. Qu'j'en voye un v'nir la dénigrer d'vant moé : y va avoir un chien d'ma chienne. » (M. LABERGE, *C'était avant la guerre…*, p. 111.) ♦ **…en chien.** Superlatif : très, à l'extrême. Ainsi : beau, grand, etc. en chien. « Ç'a dû toute se faire opérer, c'te monde-là ; ça doit pas chier, ni péter, ni suer, ni sentir mauvais de la bouche ; ça doit être complètement aseptisé. / C'est chic mais plate en chien ! » (M. TREMBLAY, *Des nouvelles d'Édouard*, p. 123.) ♦ **Être (Faire le) chien (sale).** Être (agir en) salaud, sans cœur, couard. S'emploie aussi chez les jeunes : « faire le dog [*angl.* chien] ». « Je fais ce qui me plaît, cher gros niaiseux… Comment t'appelles-tu ? — Le

Do Boulé, Mademoiselle Jean Goupille. — Ils se sont tous sauvés. C'est vrai qu'ils sont un peu chiens. Alors Monsieur le Do Boulé, puisque nous restons seuls, embarque dans ma voiture.» (J. FERRON, *La chaise du maréchal ferrant*, p. 205.) «Il allongea le bras à travers la table et saisit la main de Florent, qui réprima une légère grimace: — Eh bien, je peux te le dire, maintenant que le malheur m'a déniaisé: c'est toi qui avais raison. Slipskin… c'est un chien sale! Définitivement! — Ah oui? fit l'autre en retirant sa main.» (Y. BEAUCHEMIN, *Le matou*, p. 359.) ◆ **Fourrer le chien.** Aussi: **Foquer, Focailler** [*angl.* «fuck», baiser] **le chien.** Perdre son temps, paresser, vivoter, besogner sans but. «Almanzar L'Épicier a été promu laveur officiel, grand chevalier du savon. […] Dans l'intervalle, il remplira divers emplois, au hasard des nécessités journalières. Ce qui s'appelle, en bon français des Laurentides: "fourrer le chien".» (A. NANTEL, *À la hache*, p. 116.) «Lui: c'est le restant! Clo: j'fourre pas le chien, moi, j'réfléchis, j'médite. Lui: ça occupe en hostie, t'sentir méditer!» (J.-M. POUPART, *Chère Touffe, c'est plein plein…*, p. 138.) ◆ **Mettre (Y mettre) du chien.** Mettre de l'énergie, de l'ardeur. «Voilà, voilà, j'y arrive, répondit Gladu, la gorge un peu serrée. Vas-y mon vieux, se dit-il, mets-y du chien et fonce. J'ai quelque chose d'ex-trê-me-ment intéressant à vous proposer.» (Y. BEAUCHEMIN, *Le matou*, p. 78.) ◆ **Regarder qqn comme un chien regarde son maître.** Regarder qqn d'un air languissant. «Ça t'en f'rait un cavalier, ça, si tu voulais. Pas fidèle en monde: avant tes noces déjà, y te r'gardait comme un chien r'garde son maître.» (M. LABERGE, *C'était avant la guerre…*, p. 41.)

CHIEN EN CULOTTE ◆ **Être chien en culotte (chie en culotte, chieux en culotte, chiant [en] culotte).** Être couard, poltron. «Sur la même page, j'ai aussi aligné quatre variantes de la même expression pour dire qu'un enfant est peureux: "chien-en-culotte", "chie-en-culotte", "chieux-

en-culotte" et "chiant-culotte" ; j'ai noté les quatre possi-
bilités parce que, là encore, ça me rappelait des souvenirs
d'enfance qui ont alimenté mes poèmes de l'époque. »
(G. GODIN, *Cantouques et Cie*, p. 160.)

CHIENNE ♦ **Pogner [poigner] la chienne.** Aussi : **Avoir la
chienne.** Avoir (prendre) peur, craindre. « J'ai jusse à tvoir
la… avec ton air de somnambule traumatisé… la chienne
me rpogne pis Lshaque me prend… j'ai toujours peur que
tu tbarres les deux pieds dans é fleurs du tapis dscène
ouben qu'tu t'étales dans lpitte d'l'orchesse… en voulant
trapprocher des musiciens pour pas manquer ton contre
ut… » (Jean-Claude GERMAIN, « L'opéra », dans L. MAILHOT et
D.-M. MONTPETIT, *Monologues québécois 1890-1980*, p. 398.)

CHIENNE À JACQUES ♦ **Attriqué comme la chienne à
Jacques.** Aussi : **Habillé comme la chienne à Jacques.** Mal
accoutré. « Pour ça, tu regardes pas au *snatch* de trop proche, tu fais pas voir que t'es exigeant de reste, tu prends ce
qui s'ouvre aisément. Quand même la fille aurait les palet-
tes décollées, serait attriquée comme la chienne à Jacques,
tu cherches pas à pâmoison ! » (J.-M. POUPART, *Chère Touffe,
c'est plein plein…*, p. 172.) ♦ **Plein comme la chienne à
Jacques.** Rempli à ras-bord, à pleine capacité. « La shed est
pleine comme la chienne à Jacques. Au lieu de mettre bas,
elle en prend encore. » (J.-J. RICHARD, *Faites-leur boire le
fleuve*, p. 142.)

CHIGNON ♦ **Crêper le chignon (du cou) de qqn.** Agacer,
taquiner qqn, se quereller avec qqn. « […] ben sûr, ça sent
le chauffé un peu mais sont pas prêts à s'crêper le chignon
du cou. » (J.-M. POUPART, *Chère Touffe, c'est plein plein…*,
p. 226.)

CHIGNON DU COU ♦ **Attraper qqn par le chignon du cou.**
Aussi : **Pogner** [poigner] **qqn par le chignon du cou.** Mettre

la main sur qqn. Calque de l'anglais *by the scruff of the neck.* «Aussi, pourquoi garder ce survenant de malheur?… Attendez que mon vieux l'attrape par le chignon du cou: il va lui montrer qui c'est le maire de la place.» (G. Guèvremont, *Le Survenant*, p. 186.)

CHIRE ◆ **Prendre une chire.** Culbuter, tomber, faire une embardée. Dans le langage maritime, chirer: faire une embardée. «M'as-t'y faére prendre une de ces chires, entends-tu… on sera longtemps avant d'y revoèr el museau. Je vas te charcher da gazette pour pas beurrer a table.» (A. Ricard, *La gloire des filles à Magloire*, p. 32.)

CHNOUTE ◆ **Être de la chnoute.** Être de peu de valeur. Chnoute: excréments. «Où c'est que t'en es rendue d'ailleurs avec la monographie du cinquantenaire des Aliments Drouin? Stéphanie ouvre son attaché-case. — Elle en sort une liasse de documents qu'elle brandit devant elle: — C'est de la chnoute si tu veux tout savoir. Avec ça, il y a pas de quoi écrire vingt lignes qui auraient de l'allure.» (V.-L. Beaulieu, *L'héritage/L'automne*, p. 17.) ◆ **Ne pas valoir de la chnoute.** Ne rien valoir. «Il est terrible, le p'tit Tonio. Quand il part, il y a plus moyen de l'arrêter. — Voyons, Flagosse, tu sais ben que ce Tonio, ça vaut pas de la "chnoute" à côté de Maurice.» (M. Riddez et L. Morisset, *Rue des pignons*, p. 375.)

CHOTTE ◆ **La (Écoute b'en la) chotte** [*angl.* «shot», coup]. Le meilleur, le plus étonnant… «À c't'heure écoute ben 'a shot: ta bouteille t'a jettes dans l'tuyau…» (M. Letellier, *On n'est pas des trous-de-cul*, p. 100.) ◆ **Boire une (p'tite) chotte (shot)** [*angl.* «shot», coup, lampée, gorgée]. Boire une lampée, un verre. En boire une chotte, boire beaucoup (d'alcool). «Le vieux va derrière son comptoir et sort une petite fiole. Y s'en verse une shot et m'en verse dans un petit gobelet de carton.» (C. Jasmin, *Pleure pas, Germaine*, p. 96.) ♦ **...d'une (seule) chotte (shot)** ...d'un coup, brusquement, soudainement. «Ça finissait pas. J'ai eu envie de m'étirer le bras, ça aurait parti d'une shot, paf! A s'serait fermée raide.» (C. Jasmin, *Pleure pas, Germaine*, p. 60.)

CHRIST ♦ **Se mettre en christ.** Se mettre en colère. Aussi : **Être en christ.** «Je ne sais pas si tu penses ce que je pense, fit le journaliste, mais je le laisserais me piler sur les doigts pendant deux jours et trois nuits plutôt que de risquer de le mettre en christ.» (Y. Beauchemin, *Le matou*, p. 460.)

CI ♦ **C'est pas (Ni, Sans) ci ni (Il n'y a pas de ci p'is de, c'est pas des ci pis des) ça.** Sans détour, sans ménagement, clairement. «J'en ai rencontré un qui en avait un, tracteur à gazoline. Y a tout ruiné sa terre avec. — Voyons p'pa qui s'qui t'as raconté ça ? Nomme-le donc, voir. — C'est pas des ci pi des ça, on a des j'ouaux, pi c'est pas ça qui les remplacera.» (Ringuet, *Trente arpents*, p. 163.) «Elle : ben plus grave que ça, ben plus profond, j'te propose pour que t'arrêtes de t'plaindre pis de jaspiner, m'as t'le dire ben carré, sans ni ci ni ça, t'es toute fébrile, tu lâches pas de grouiller, de ravauder... Lui : bon.» (J.-M. Poupart, *Chère Touffe, c'est plein plein...*, p. 139-140.)

CINQ CENNES ♦ **Ne pas valoir cinq cennes.** Ne rien valoir. «Tu prends un Anglais, maudit. Dans l'temps passé, i appelaient ça des "blokes"; ça valait pas cinq cennes... C'était bon au pic pis à la pelle.» (P. Perrault *et al.*, *Le règne du jour*, p. 158.)

CINQUANTE-SIX ♦ **Cinquante-six (mille)...** Superlatif : beaucoup, des quantités. «Jésus-Christ s'en va, le grand chien jaune dans ses bras, comme si c'était une brebis. Y nous a salués cinquante-six fois, heureux comme un roi.» (C. Jasmin, *Pleure pas, Germaine*, p. 37.)

CISEAU ◆ **En criant ciseau.** Rapidement, en un rien de temps. « Yvonne, Yvonne si tu te r'lèves j'te l'dis ben haut / Moé j'm'endors en criant ciseau. / OK, correct, m'as m'ren-dormir / Occupes-toé d'lui… fas moé souffrir ! » (Y. DES-CHAMPS, *Monologues*, p. 169.) « Le pain tranché réapparaît, le toaster est branché, ça chauffe, le pain brûle jamais, ses deux mains sont comme des mécaniques, le beurre revole, la confiture Raymond baisse, un autre pot se vide en criant ciseau ! Un café, et j'sus sur le piton, les yeux clairs. » (C. JASMIN, *Pleure pas, Germaine*, p. 153.) « C'est de l'en-geance à tuer, ça. Puis nos trois chasseurs sont bien qualifiés pour nettoyer nos bois. — On va nettoyer ça en criant ciseau, dit Lucien Laflamme. Surtout si le conseil se sent d'équerre […]. » (Y. THÉRIAULT, *Les vendeurs du temple*, p. 29.)

CLAIR ◆ **Être clair.** Être inoffensif, sans danger. Dans le langage policier, pour dire notamment qu'un suspect n'a pas d'arme sur lui. Calque de l'anglais *to be clear*. « "Tu perds ton temps, j'ai rien. — C'est toé qui le dit. Bouge plus, Charlie. […] — C'est correct, y est clair… Donne ton bras." Les menottes noires brillèrent dans sa main ; l'un des bra-celets se referma en claquant sur le poignet de Foviolain. » (J. BENOÎT, *Les voleurs*, p. 121.)

CLANCHE ◆ **Être clanche.** Être affamé, avoir les flancs creux. « On a hâlé des trolles tellement lourdes, une après l'aut', qu'on était clanche tous les deux à force de sauter les repas pour moins manquer pareille manne. » (Y. THÉRIAULT, *Moi, Pierre Huneau*, p. 40.)

CLAQUE ◆ **Prendre sa claque.** Aussi : **Attraper, Manger sa claque.** Essuyer un revers, se faire rabrouer vertement. « La CNP est ben amenché là ! — La Fédération des Armateurs va prendre sa claque ! » (J.-J. RICHARD, *Faites-leur boire le fleuve*, p. 247.) ◆ **Donner (Recevoir, Attraper, etc.) une cla-que (sur la gueule, dans la face).** Gifler, être giflé, donner, recevoir une raclée, subir un revers, une rebuffade. «Avec l'ostensoir, Murielle a eu le grand chien jaune, une cage vide et un petit briquet qui marche même pas. Y voulait aussi lui donner autre chose. Y a reçu une claque sur la gueule. En voilà une qui finira pas comme ma Rolande, Dieu merci!» (C. Jasmin, *Pleure pas, Germaine*, p. 16.)

CLIQUER ◆ **Ne pas cliquer** [*angl.* «to click», enclencher]. Ne pas convenir, ne pas aller ensemble. «Elle se planta devant son compagnon, leva la main et lui décocha une gifle qui suspendit toutes les conversations du restaurant. — Salut, fit-elle. Paye tes dettes si tu veux monter dans mon lit. […] — Il eut un sourire piteux: — J'étais content de la revoir. Dommage, ça n'a pas cliqué. On retourne à Montréal?» (Y. Beauchemin, *Le matou*, p. 47.)

CLÔTURE ◆ **Sur la clôture.** Hésiter, tergiverser. Calque de l'anglais *to sit on the fence*. «Durant les derniers huit jours au cours desquels devait se décider le sort des candidats, il avait reçu instruction de corrompre tous ceux qui se montraient indécis dans leur choix, *sur la clôture*, selon le terme consacré.» (A. Bessette, *Le débutant*, p. 190.) ◆ **Sauter la clôture.** Passer outre à un interdit. «Même si les autorités ecclésiastiques le défendaient, on dansait. Le moment de la confession venue, le prêtre n'accordait pas toujours l'absolution à celui qui s'accusait d'avoir dansé. On disait alors de celui-ci qu'il avait mangé de la bouillie, qu'il avait sauté la clôture ou la barrière.» (H. Vachon, *Corpus des faits ethnographiques…*, p. 243.)

CLOU ◆ **Cassé comme un clou (rouillé).** Très pauvre, sans le sou. «L'instant d'après il se revoyait encore dedans ses hardes rapiécées, éparrant du fumier sur ses terres de roches, tirant ses vaches maigres, refaisant les clôtures écrasées par la neige d'un printemps à l'autre, dans la marde jusqu'au cou, cassé comme un clou rouillé, sans espoir aucun d'en arriver un jour à s'élever au rang des parvenus pansus et respectables. » (S. Rivière, *La saison des quêteux*, p. 19.) ♦ **Maigre comme un clou.** Très maigre. « Les jeunesses l'appellent *Joséphone* parce qu'elle rapporte tout ; *Miss Bolduc*, parce qu'elle se croit belle. Pour les intimes, *Phiphine!* — Maigre comme un clou bien qu'elle mange comme un loup, taillée en fourchette [...].» (B. Lacroix, *Les cloches*, p. 35.)

CLOUS ♦ **Cogner des clous.** Dodeliner de la tête pour lutter contre le sommeil. « En attendant, l'ange du sommeil penchait la tête de Didace à petits coups, puis plus obstinément. Alphonsine poussa Amable, du coude : — Ton père qui cogne des clous! / Des yeux son mari lui répondit : Laisse-le. Il peut pas faire autrement. » (G. Guèvremont, *Le Survenant*, p. 151.) « Le petit Jean-Marie Soucy s'est mis à cogner des clous, appuyé contre l'épaule de l'homme-cheval, et la terre a basculé, abolissant la cache et le laissant seul dans la mouvante obscurité. » (V.-L. Beaulieu, *L'héritage/L'automne*, p. 193.) « Tout le monde dort dans le char. Y a que la mère, les yeux grands ouverts qui regardent le vide. L'Albert, toujours si dur à coucher le soir, cogne des clous avec le petit, toujours étendu en travers, la bouche ouverte. » (C. Jasmin, *Pleure pas, Germaine*, p. 19.)

COCHON ♦ **Se soûler (Se pacter** [paqueter], **Se pacter la fraise) comme un cochon.** S'enivrer. « Tu t'es encore soûlé comme un cochon! Ben, c'est fini, ces affaires-là. » (R. Carrier, *De l'amour dans la ferraille*, p. 46.) ♦ **Être cochon (avec qqn).** Être salaud (avec qqn), sale, porté sur le sexe. « Mais anyway, au Québec là, les politiciens avaient la couenne dure, y'étaient ben assis sur leur jambon pis y'avaient des idées de lard salé faque y'ont été ben cochons avec nous autres. » (J. Doré, *Si le 9-1-1 est occupé!*, p. 173.) ♦ **Indépendant comme un cochon sur la glace (en hiver).** Très indépendant, individualiste. « Qué cé qu'vous aimeriez à entendre, Honoré ? Qu'y a d'la justice pis qu'Rosalie a pas toute pardu ? Vous savez ben qu'un homme de même, c't'indépendant comme un cochon sua glace en hiver, pis qu'ça s'ra jamais Rosalie qui va être ergagnante dans c't'histoire-là. » (M. LABERGE, *C'était avant la guerre…*, p. 113.) ◆ **Manger comme un cochon.** S'empiffrer. « I' vont se défoncer l'estomac ces deux vieux-là ; ça jeûne pendant des semaines comme Jésus dans le désert, pis, tout à coup, ça veut manger comme des cochons ; ça a déjà deux pieds dans la tombe pis ça fait encore des péchés de la gourmandise. » (R. CARRIER, *De l'amour dans la ferraille*, p. 260.) « On mange comme des cochons. Y reste plus un seul sandwich. La petite bande part en expédition. » (C. JASMIN, *Pleure pas, Germaine*, p. 27.) ◆ **Renvoyer comme un cochon.** Vomir à en être malade. « A fallu (elle empoigna le plat par le rebord, accéléra le mouvement du poignet) a fallu qu'y se couche en arrivant. Y a renvoyé comme un cochon. » (J. BENOÎT, *Les voleurs*, p. 89.) ◆ **Saigner le cochon.** Autrefois, tirer du rhum d'un barillet. « L'échange faite, nos deux gaillards font halte au bout d'en bas de l'île, pour saigner le cochon, c'est-à-dire pour tirer du rhum de leur petit baril. » (J.-C. TACHÉ, *Forestiers et voyageurs*, p. 94.)

CODINDE ◆ **Être (Avoir l'air d'un, Être comme un, Se sentir comme un) codinde.** Être (avoir l'air, se sentir) imbécile, niais. Codinde : cochon d'Inde. « J'en ai connu des députés qui chiaient plus haut que l'trou […] qu'ont changé leu' sourires pour une boîte de kleenex avant de s'en r'tourner jouer au monopoly dans l'opposition, pour finir par perdre leu' dépôt comme des codindes. » (S. RIVIÈRE, *La s'maine des quat' jeudis*, p. 78-79.)

CŒUR ◆ **Avoir le cœur où les poules ont (où la poule a) l'œuf.** Être lâche, insensible, sans cœur. « Y t'y avait des assomptions d'eau le long des joues de la coque, et biseau sur l'étrave, qu'on en voyait pus ciel ni terre. Ni moi ni Florent, on avait le cœur où les poules ont l'œuf. » (Y. Thé- riault, *Moi, Pierre Huneau*, p. 71.) ◆ **Belle comme un cœur.** Superlatif : très belle. « Je la vois plus grande que jamais, belle comme un cœur et j'pense à l'autre et j'veux pas, et j'cours me passer la tête sous la chantepleure de l'évier. » (C. Jasmin, *Pleure pas, Germaine*, p. 152.) ◆ **S'arracher le cœur.** Faire l'impossible, se désâmer. « Florent s'éloignait dans le corridor, l'enveloppe ouverte à la main : — Vieille suce-la-cenne, marmonna-t-il. Sept cents dollars ! Sept cents dollars pour s'être arraché le cœur pendant deux mois ! Avoir su, je ne me serais pas donné tant de mal pour sa baraque. » (Y. Beauchemin, *Le matou*, p. 328.)

COIN ◆ **En boucher un coin.** Laisser interloqué, pantois. Se dit notamment à la forme affirmative : Ça t'en bouche un coin ! « La politique pis les syndicats, / Pis la pollution, ça m'intéresse pas. J'vas t'boucher un aut'coin à part de t'ça. / J'suis pus 'a politique depuis Hiroshima. » (Jacqueline Barrette, « Poléon le révolté », dans L. Mailhot et D.-M. Montpetit, *Monologues québécois 1890-1980*, p. 276.)

COLLÉ ◆ **En avoir de collé.** Être riche, fortuné. « J'sus pas proche de mes cennes, au contraire, mais faut toujours ben pousser égal, soixante piasses d'un bord, cinquante-cinq de l'autre, fait des bidous qui minotent à longue, j'en ai pas de collés, moi, me sert pas d'un *bill* de vingt pour faire tenir les autres ensemble ! » (J.-M. Poupart, *Chère Touffe, c'est plein plein…*, p. 240.)

COLON ◆ **Être colon.** Être mal dégrossi, naïf. « Pour la vue ! Pour l'allurrrrre ! Pour ête beau ! Les fesses des hommes c'est comme les tétons des femmes, ça sert à rien mais faut que ça saute à la vue. T'es ben colon, toé ! » (J.-J. Richard, *Faites-leur boire le fleuve*, p. 179.)

COMMENT JE M'APPELLE ◆ **Tu vas savoir comment je m'appelle!** Tu vas me connaître! Tu vas avoir de mes nouvelles! «Je finirai bien par l'avoir ta peau, mon hostie! Que la chance me fasse tomber sur trois ou quatre belles armoires et tu vas savoir comment je m'appelle! — La rage de Florent descendit alors de sa tête à son pied droit, posé sur l'accélérateur.» (Y. BEAUCHEMIN, *Le matou*, p. 385.)

COMPRENURE ◆ **Dur de comprenure.** Peu enclin à comprendre, difficile à raisonner. «Du côté de la littérature, t'as encore ceux qui sont contre, les durs de comprenure pas trop vargeux avec les ans; ceux qui sont pour mais qui ont pris ton portrait, les ratoureux, qui veulent toute *bosser*, toute régenter [...].» (J.-M. POUPART, *Chère Touffe, c'est plein plein...*, p. 215.) «T'es dur de comprenure, toé. El monde disait que les journaliers allaient sacrer le feu à forat... Y l'ont pas faite encore. Moé, je te l'arais sacré ça arait pas été une traînerie.» (A. RICARD, *La gloire des filles à Magloire*, p. 81.)

CONFESSE ◆ **Ne pas être à confesse (avec qqn).** Ne pas être tenu de dire la vérité (à qqn). «Après tout, dit-il pour s'excuser, je suis pas à confesse avec Brassard. Lui aussi, il doit me cacher des petites affaires, comme ça en passant.» (C.-H. GRIGNON, *Un homme et son péché*, p. 175.)

CONNECTIONS ◆ **Avoir des connections.** Avoir des relations. Calque de l'anglais *to have connections*. «Choque-toé pas, Jos. T'as quèque chose d'un autre côté que ben du monde ont pas. T'as des connections. T'es du bord de ceuses qu'ont toute la gagne.» (A. RICARD, *La gloire des filles à Magloire*, p. 52.)

CONSOMPTION ◆ **Être consomption.** Être tuberculeux. «Comment sont les p'tits chez vous, tante Mina? Pis vot'brue? Es-tu toujours consomption? — Les p'tits sont ben correques, y bardassent en masse, mais cé qu'tu veux ? La darniére est pas bête à part t'ça… » (M. LABERGE, *C'était avant la guerre…*, p. 77.)

CONTRE À CONTRE ♦ **Passer contre à contre.** Passer tout contre, tout près. « …j'ai vu un homme se carrioler dans votre ancien canot de chasse, celui que vous vous êtes fait voler, l'automne passé. […] — En es-tu ben sûr ? insista Didace. — Nom d'un nom ! J'ai passé contre à contre, à la sortie du chenal de l'Île aux Raisins, proche de la "light" à la queue des îlets. » (G. GUÈVREMONT, *Le Survenant*, p. 224.)

CONVULSIONS ♦ **Tomber dans les convulsions.** Subir une crise d'épilepsie. « Comme tu vois… à va r'soudre après dîner çartain. S'tu elle que tu veux voir ? T'as l'air proche de tomber din convulsions. Assis-toé, pis dépâme un peu Rosalie. — Ben oui, han ? Chus pas mal mêlée à matin. » (M. LABERGE, *C'était avant la guerre…*, p. 25.)

COOL ♦ **Prends ça cool !** Ne t'emballe pas ! Conserve ton calme ! Dans le langage de la jeunesse. « LUI ! J'veux pas y parler ! — Prends ça cool, man, prends ça cool… parce que dla manière que t'es parti là, tu vas piquer une crise d'asthme… UN INSTANT !… Écoutez… — PAS QUESTION ! » (J.-C. GERMAIN, *Les hauts et les bas dla vie d'une diva*, p. 38.)

COPPE ♦ **Ne pas avoir une coppe (cope)** [*angl.* « copper », cuivre] **(devant soi).** Ne pas avoir un sou, être pauvre. « Il crut entendre son ton bourru alors qu'elle se laissait aller à accorder quelque crédit : "Acré fou, t'auras jamais une cope devant toi", disait-elle au quémandeur. » (G. ROY, *Bonheur d'occasion*, p. 35.) ♦ **Ne pas devoir une coppe.** Ne rien devoir. « "T'as ben d'la chance, toé, 'Charis. Tes affaires vont ben, pi tu dois pas rien à personne", il consentait : "Ça c'est vrai, par exemple, j'dois pas une coppe." Car c'était là un hommage qu'on accepte volontiers des autres. » (G. ROY,

Bonheur d'occasion, p. 35.) ♦ **Pas… pour une coppe.** Aucunement, nullement. «Ça faisait ben trois heures qui travaillait comme un nègre-noir, y avait sorti cinq ou six grosses pelletées de terre qui avait mis en tas à côté de son trou lorsque le contremaître, in homme qu'était pas avenant pour ane coppe y vint lui dire qui travaillait pas assez fort pis que tous les autres y travaillaient pus fort que lui.» (Paul COUTLÉE, «Siméon a lâché sa job», dans L. MAILHOT et D.-M. MONTPETIT, *Monologues québécois 1890-1980*, p. 122.)

COQ ♦ **Chanter le coq.** Aussi: **Faire le coq.** Crier victoire, se vanter, plastronner. «Je l'ai vu se battre contre un Irlandais qui menait l'yâble dans l'élection du petit Baptiste, sur la terre de Moïse Rajotte, un dimanche après-midi. Il en avait fait rien qu'une bouchée… je l'ai entendu chanter le coq.» (G. GUÈVREMONT, *Le Survenant*, p. 249.)

COQUETTERIE ♦ **Avoir une coquetterie dans l'œil.** Se dit d'une femme qui louche légèrement. «Elle n'était pas mal tournée, encore qu'elle eût le visage semé à poignées de grains de son et un œil qui biglait un tantinet, une "coquetterie dans l'œil", comme on dit galamment dans les campagnes…» (RINGUET, *Trente arpents*, p. 236.)

CORDE ♦ **Être au bout de sa corde.** Être à bout (de patience, de force), épuisé. «Germaine, j'aime autant te le dire, j'suis au bout de ma corde. Au bout! C'est fini Gilles Bédard, fini. T'es mieux de me planter là. T'es mieux de m'barrer sur ta liste. Je vaux pas une cenne.» (C. JASMIN, *Pleure pas, Germaine*, p. 104.)

CORDEAUX ♦ **Slaquer** [*angl.* «slack» relâcher] **les cordeaux.** Se relâcher, se détendre. «Bon, tu commences à slaquer les cordeaux mon Mienmien. Dis-moi pas que tu vas m'donner la chance de r'placer mon dentier, parce que si tu veux dire comme moi, tu me l'as r'viré de travers pas mal depuis une p'tite escousse.» (S. Rivière, *La saison des quêteux*, p. 71.)

CORRECT ◆ **Être (bien) correct.** Être fiable, bon, responsable. «Tsé, te faire dire en pleine face que t'écœures, là! A parlait sûrement pas des dix-huit employés, sont tout' ben corrects.» (J. Doré, *Si le 9-1-1 est occupé!*, p. 75.)

COUCHE ◆ **Avoir (encore) la couche aux fesses.** Être trop jeune, inexpérimenté. «Qu'est-ce que vous faites, vous, mademoiselle? Non. Dites-moé pas. J'le sais… J'le sens… Vous êtes étudiante… "cégépisse"… Ç'a encore la couche aux fesses… Ben j'vous avertis. Si vous, pis votre gang, vous v'nez faire du piquetage, icitte…» (J. Barbeau, *La coupe Stainless*, p. 43.)

COUENNE ◆ **Avoir la couenne épaisse.** Être insensible, endurci, grossier. «On a beau avoèr la couenne épaisse, chose, y a des patarafes qu'on est pas prêtes à prendre.» (A. Ricard, *La gloire des filles à Magloire*, p. 49.) ◆ **Avoir la couenne dure.** Être entêté, aguerri, persistant. «Le soir, Paul et Ti Fred arrivèrent à la maison à moitié ivres. Le fermier Bardas leur fit une verte semonce, mais les fils avaient la couenne dure. — C'est l'temps des fêtes, hein? déclara Ti Fred. On peut pas refuser un coup quand on nous fait des politesses.» (G. Bessette, *Anthologie d'Albert Laberge*, p. 36.)

COUP ◆ **Avoir un coup (de trop) dans le corps.** Être ivre, éméché. «Chaque fois que j'allais me plaindre, oui, j'avais un coup de trop dans le corps. C'est dans ces moments-là, à la quatrième bouteille, que j'en pouvais p'us.» (C. Jasmin, *Pleure pas, Germaine*, p. 20.) «Il le voit. Il l'observe à son aise. Y a un coup dans le corps, Bouboule, il est joyeux, il jase, il jase… Ti-Jean se souvient de l'avoir déjà vu à la taverne, Bouboule…» (J. Renaud, *Le cassé*, p. 56.) ◆ **Prendre un coup de trop.** S'enivrer. «Je te dis, Bertine, que ton père s'est pas amusé à Sainte-Agathe. S'il peut pas avoir pris un coup de trop, au moins…» (C.-H. Grignon, *Un homme et son péché*, p. 123.) ◆ **Prendre un (p'tit) coup (fort, pas mal fort, solide).** Trinquer (assez, considérablement). «Les hommes prennent un coup pas mal fort. Simon est de plus en plus abattu, passe le reste du temps en beau ciboire.» (J.-M. Poupart, *Chère Touffe, c'est plein plein…*, p. 86.)

COUP D'ARGENT ◆ **Faire un coup d'argent.** Gagner rapidement une grosse somme d'argent. «D'autant plus que, de nos jours, avec dix cents, vous pouvez acheter assez de liqueur pour écœurer un régiment! / Sans compter que je me serais fait un coup d'argent avec ça. Parce que mon oncle Arsène serait venu certain. Et puis lui, c'est un "flush": je vous dis que les trente sous, ça frise avec lui.» (Gratien Gélinas, «La fête de Fridolin», dans L. Mailhot et D.-M. Montpetit, *Monologues québécois 1890-1980*, p. 155.)

COUP DE COCHON ◆ **Un coup de cochon.** Une bassesse, une trahison. «Je voudrais rien attendre, mais tout vient. Les coups de cochon. Les joies. On se fait prendre au jeu.» (J. Renaud, *Le cassé*, p. 109.)

COUP DE MORT ◆ **Donner le coup de mort.** Achever, donner le coup de grâce. «Tit-Jean descends, lui dit le taureau blanc, viens à moé, je l'ai, je lui ai donné son coup de mort. / Aussitôt que le taureau blanc fut rétabli, au bout de quelques jours, ils repartent.» (R. Lalonde, *Contes de la Lièvre*, p. 52.) ◆ **Attraper son coup de mort.** Mourir, périr. «Aahaye! Arrête-moé ça tu suite, saudit, arrête! Veux-tu me faére attraper mon coup de mort? Et pis ervires pas ton vaisseau dans le bain, pour l'amour du ciel, tu refrèdirais mon eau.» (A. Ricard, *La gloire des filles à Magloire*, p. 62.)

COUP DE POCHE ◆ **Donner un coup de poche.** Mendier, quêter. «C'est curieux, remarqua un jour la mère Beauchemin, qu'on ne voie plus notre quêteux. — Il sera allé donner un coup de poche dans le nord, répondit indifféremment Didace. — Ça m'étonnerait, reprit Mathilde. Il n'a pas coutume de s'éloigner. J'ai peur qu'il soit malade, en quelque coin. » (G. GUÈVREMONT, *En pleine terre*, p. 28.)

COUP DE SANG ◆ **Avoir un coup de sang.** Devenir écarlate (d'émotion). « Le v'là rouge comme un coq. C'est jeune pour avoir des coups de sang. Où c'est qu'on s'en va si les jeunes se mettent en train à quinze ans à cet'heure. » (C. JASMIN, *Pleure pas, Germaine*, p. 48.) ◆ **Mourir d'un coup de sang.** Mourir d'une thrombose. « Quand j'veux, j'suis pas un membre inutile… — Le malheur, c'est que tu veux pas… — J'peux te faire une surprise ! — J'pourrais mourir d'un coup d'sang ! — A change pas ! conclut le métis. » (H. BERNARD, *Les jours sont longs*, p. 165.)

COUPÉ CARRÉ ◆ **Être coupé carré.** Être abrupt, à pic. « Mais si on regarde en bas, c'est coupé carré ; zling ! À cause du vertige, Marcel fait un pas en retrait. » (J.-J. RICHARD, *Faites-leur boire le fleuve*, p. 65.) ◆ **Couper carré.** Terminer abruptement, brusquement. « Depuis qu'les messes sont changées, c'est fini… Pas de dimanche, ça été coupé sec ! Ça coupé carré ! » (P. PERRAULT *et al.*, *Le règne du jour*, p. 59.)

COUPS ◆ **Faire des coups.** Commettre des délits, jouer des mauvais tours. Aussi : **Faire un coup.** Commettre un délit, jouer un mauvais tour. « Prenons un jeune de moins de trente ans sur l'aide sociale. On lui donne des peanuts. Avec ça, y'arrive si y reste pas nulle part, si y s'achète jamais de linge, y'arrive, mais difficilement. Alors y y'arrive de devoir faire des coups pour arriver. » (J. DORÉ, *Si le 9-1-1 est occupé !*, p. 121.)

COUQUERIE ◆ **Faire la couquerie** [*angl.* « cookery », cuisine]. Faire la cuisine. « C't'hiver-là, j'ai bûché, c'est pas creyable. J'sais pas si c'est l'fait d'avoir une criature pour m'faire la cookerie pis me tenir en forme, mais j'vous mens pas que j'me sentais fort comme l'gars dans l'histoire Sainte qui sacrait les colonnes du temple à bas...» (Y. THÉRIAULT, *Les vendeurs du temple*, p. 156.)

COURT ◆ **Piquer au plus court.** Abréger, emprunter un raccourci. «À l'heure convenue du lendemain, nous vîmes arriver nos jeunes compagnons de route. Ils venaient *piquant au plus court*, à travers la neige des champs, montés sur leurs raquettes.» (J.-C. TACHÉ, *Forestiers et voyageurs*, p. 23.)

CRAQUEPOTTE ◆ **Être craquepotte (craq'pot)** [*angl.* «crackpot», timbré]. Être timbré, idiot. «Là j'ai changé d'idée j'ai dit: "C'est jusse qu'est craq'pot. Y y manque une bolt pis un taraud." Après j'y ai r'pensé j'ai dit: "C'est peut-être, ça, que... c'est une femme qu'à la des complexes"...» (Y. DESCHAMPS, *Monologues*, p. 211.)

CREDO ◆ **Avoir credo.** Avoir envie, avoir dans l'esprit. «Seulement, rien de ça peut se faire avec un seul écu en poche et niqse pour le lendemain. J'avais credo de voir le fond des bouteilles, savez-vous?» (Y. THÉRIAULT, *Moi, Pierre Huneau*, p. 17.)

CROTTE ◆ **Avoir une crotte sur le cœur.** Avoir de la rancœur, du ressentiment. «C'est ainsi que depuis toujours, le benjamin des Tamine avait une de ces crottes sur le cœur qui sentait moins que bon; et tout ça par la faute de Titi à Tati qui un jour lui avait lâché à la face un coq enragé [...].» (S. RIVIÈRE, *La s'maine des quat' jeudis*, p. 125.) ◆ **Être crotte (à mort).** Être (très) mignon(ne). «Bon! Y ont fini de s'arranger. Clotilde est crotte à mort dans sa robe pêche.» (J.-M. POUPART, *Chère Touffe, c'est plein plein...*, p. 69.) ◆ **Manger de la crotte.** Être laissé pour compte. «Astheure c'est ienque l'argent qui compte, pis les spectateurs y mangent de la crotte. C'est pas surprenant que les Russes viennent nous battre drette icitte au Forum.» (R. Lévesque, *Le vieux du Bas-du-Fleuve*, p. 31.)

CROTTES ◆ **Être (Se trouver) dans ses crottes.** Être menstruée, dans ses règles. «Lui, il me répond : "Parle-moi-z-en pas, j'ai pas eu ma botte, elle était dans ses crottes." Si tu savais l'image qui m'est restée! J'ai eu mal au cœur toute la soirée! Mais ça c'est ben beau! C'est vivant! Je peux-tu y goûter?» (A. Boulanger et S. Prégent, *Eh! qu'mon chum est platte!*, p. 44.) «A se trouverait dans ses crottes que ça serait guère plus frette, qu'y se dit. Une ciboire de chance encore! Clotilde : donne-moi mes cigarettes!» (J.-M. Poupart, *Chère Touffe, c'est plein plein…*, p. 61.)

CROUSE ◆ **Être sur la crouse** [*angl.* «cruise», croisière] **(cruse).** Être en quête d'aventures amoureuses. «T'as pas changé, hein? Qu'est-ce que t'as fait pendant tout ce temps-là? — Ben… heu… chus parti sur la "cruse" pendant six mois pis j'me suis retrouvé avec une fille, "était fine", était fine, mais a m'a lâché!» (A. Boulanger et S. Prégent, *Eh! qu'mon chum est platte!*, p. 25.)

CUISSE ◆ **Qqn de la deuxième cuisse gauche.** Aussi : **Qqn de la troisième (Qqn de la) cuisse droite.** Un parent éloigné. «Tu as vraiment une tante qui travaille ici? — Une tante de la deuxième cuisse gauche, grand gnochon. Tu n'as pas compris? Ma seule chance de mettre la main sur un passe-partout est de me rendre jusqu'à la poche de son tablier.» (Y. Beauchemin, *Le matou*, p. 471.)

CUL ◆ **…de mon cul.** Dépréciatif : …de rien du tout. «Hé hé hé! ricana l'employé entre ses dents, t'as la fale basse à soir, hein, beau *boss* de mon cul? Tu l'auras jamais assez basse à mon goût, non, monsieur! Les profiteurs de ton espèce, je les servirais en sauce blanche aux cochons, oui, monsieur, oui. » (Y. BEAUCHEMIN, *Le matou*, p. 464.) ♦ **...mon cul!** Tu parles! Tu veux rire! Exprime le doute. «Âge difficile mon cul! Elle est trop gâtée, c't'enfant-là, c'est tout. Vous la gâtez pas mal, madame Tremblay, avec vos petits plats du midi.» (F. NOËL, *Chandeleur*, p. 136.) ♦ **Laid comme un cul.** Très laid. «Tu sais, je vous ai entendus tout à l'heure, murmura-t-il d'une voix légèrement pâteuse. J'étais caché derrière un poteau. Y'est laid comme un cul, ton petit vieux. S'il revient ici, je vas lui crisser un coup de pied dans les cannes. — Ah oui? Pourquoi?» (Y. BEAUCHEMIN, *Le matou*, p. 134.) ♦ **Être sur le cul.** Être tombé, ruiné, inutile, ne plus rien valoir. «Que j't'e retrouve pus jamais, qu'y va donc y crier ta l'heure, après fréquenter du monde qui restent au moins dix minutes plantés devant le jeu de cartes, les dents serrés, comme muets, une fois que t'es à battus à plate couture, jamais, t'entends? Le bluff est sus le cul, t'en passes un sacré papier. Pierre replace le paquet dans boîte.» (J.-M. POUPART, *Chère Touffe, c'est plein plein…*, p. 87.) ♦ **Jouer au cul.** Jouer aux jeux de l'amour. «Mange donc d'la marde! J'peux pas aimer un ostie de menteur. — Jette-moé pas aux vidanges juste pour ça. — Tu m'as tuée. Va donc jouer au cul avec la grosse Arlette. — Y a juste toé que j'aime pis tu l'sais.» (A. FORCIER et J. MARCOTTE, *Une histoire inventée*, p. 36.) ♦ **Licher** [lécher] **le cul de qqn.** Flagorner. «Les Anglas! C'est les Méricains que tu torches! Tous nos profits s'en vont à New York. Demande à Chomedey. Et jord'hui, c'est les Japonais que tu liches le cul! — Pas vrai, Ottawa laisserait pas faire ça!» (J.-J. RICHARD, *Faites-leur boire le fleuve*, p. 169.) ♦ **Ne pas valoir le cul.** Ne rien valoir. «Bon, la fin du monde astheure, rien de trop beau… Céline, couche-toi, dors, pis rêve à l'apocalypse, ça va te calmer. De toute façon, tout le reste, c'est ben relatif. Tout le reste, comparé à ça, franchement, ça vaut pas le cul.» (J. DORÉ, *Si le 9-1-1 est occupé!*, p. 72-73.) ♦ **Revirer le cul à la crèche.** Abandonner, se désister. «En te parlant de Clophas de même, ça me fait penser aux lutteurs de la télévision. Eux autres ils en font de la broue!... Pis les arbitres, on en parle pas. Eux autres c'en est une bande de maudits innocents. Y sont ienque bons à r'virer le cul à la crèche quand ça serait le temps de faire leu's ouvrage.» (R. Lévesque, *Le vieux du Bas-du-Fleuve*, p. 118.) ♦ **Se grouiller le cul.** Aussi: **Se branler, se mouver** [*angl.* «move», bouger] **le cul.** Se remuer. S'emploie aussi à l'impératif. «Il vient de faire un bon coup, le petit verrat, c'est clair comme le jour […] Pourvu qu'il se grouille le cul, maintenant. Je ne veux pas être six pieds sous terre quand le train va reprendre son service.» (Y. Beauchemin, *Le matou*, p. 430.) «C'est fantastique comme il s'exprime bien quand il se mouve le cul. Voilà pour l'exposé théorique.» (J.-M. Poupart, *Chère Touffe, c'est plein plein…*, p. 134.) ♦ **Se pogner** [poigner] **le cul.** Ne rien faire, perdre son temps, se peloter. «Chus sorti de là tellement en furie que j'ai pas pu m'empêcher de crier aux gars (probablement les mêmes) qui se regardaient le zizi, aux urinoirs: "Allez donc vous pogner le cul ailleurs, ça sent le yable, icitte!" Mais y'ont dû me prendre pour un Turc ou un Yougoslave.» (M. Tremblay, *Des nouvelles d'Édouard*, p. 210.) ♦ **Tomber sur le cul.** Être étonné, rester estomaqué. «Pour tomber su'l'cul, y'a pas à dire, les tenants du secret tombaient su'l'cul en varice généralisée…» (S. Rivière, *La s'maine des quat' jeudis*, p. 173.) ♦ **Se retrouver le cul à l'eau.** Ne mener à rien, se retrouver devant rien. «…mais ma trouvaille se r'trouve le cul à l'eau, c'est comme si j'avais rien sorti de drôle, j'pensais qu'au moins tu t'intéresserais par politesse, j'mangerai pus jamais de beurre de *peanuts* avec mes *toasts!*» (J.-M. Poupart, *Chère Touffe, c'est plein plein…*, p. 41.) ♦ **En trou de cul de poule.** Aussi: **Avoir (Parler avec) la gueule en (trou de) cul de poule.** S'exprimer avec affectation. «— Alors, notre Canadien a passé une bonne nuit? /J'ai mis ma bouche en trou de cul de poule pour y répondre: / — Feurmidable! /Et là j'ai eu l'air d'un vrai fou.» (M. Tremblay, *Des nouvelles d'Édouard*, p. 227.)

♦ **Cul par-dessus tête.** Sens dessus dessous, à l'envers. «S'y a du monde, je l'entraîne dans le bazou, cul par-dessus tête. Quelle job je vas y faire! Eh mon Dieu!» (C. Jasmin, *Pleure pas, Germaine*, p. 143.) ♦ **À cul plat.** Assis bien confortablement, calé (dans un siège). «La femme à moitié débraillée, / Rien qu'en jaquett' sous son jupon, / Les ch'veux en fond d'chai' dépaillée, / Est à cul plat su' son perron.» (É. Coderre, *J'parle tout seul quand Jean Narrache*, p. 100.)

CULOTTES ♦ **Avoir des culottes de tôle.** Aussi: **Avoir des culottes tôlées.** Être effronté, fantasque. «Eh bébé, ça fait-tu mal quand ça pousse? / Eh gâteau, quand est-ce qu'on s'crème? / Portes-tu encor des culottes de tôle? / Je t'ai connu adolescent fendant / Ti-oui Grolier.» (C. DesRochers, *La grosse tête*, p. 127.) ♦ **Chier (Faire) dans ses culottes.** Être pris de frayeur. «Laisse-moi pas être si bête avec toi! Laisse-moi pas t'faire ça parce qu'un écœurant est pas capable de vivre sans chier dans ses culottes! — Ben oui, mais je l'sais ben que c'pas à moi qu't'en veux.» (M. Laberge, *Aurélie, ma sœur*, p. 79.) «Le lendemain matin, malheur! De l'écurie de Tit-Jean, les quarante chevaux avaient disparu, ainsi que les bœufs à corne d'or. — M'a dire comme ce gars, Tit-Jean en "faisait dans ses culottes", tellement la peur l'avait pogné.» (R. Lalonde, *Contes de la Lièvre*, p. 31.) ♦ **Pogner** [poigner] **qqn les culottes baissées.** Aussi: **Se faire prendre (Se faire avoir) les culottes à terre (les culottes baissées).** Surprendre qqn (se faire surprendre) à l'improviste. «Non! C'pas a première fois que tu trompes Soledad. — Non, mais c'est la première fois qu'a m'pogne. — Qu'a t'pogne les culottes baissées. — J'sais pas quoi faire… Est pas parlable.» (A. Forcier et J. Marcotte, *Une histoire inventée*, p. 47.)

CURÉ ♦ **Poli comme un curé.** Très poli. «Quelle sorte d'homme c'était, y t'a pas achalée au moins? — B'en non, lâchez-moé donc. Poli comme un curé. Aimable. Y m'a parlé de la Gaspésie, de Percé, y m'a dit qu'y allait lui aussi. — C'est ça, y t'as offert de t'amener dans son corbillard, non ? » (C. Jasmin, *Pleure pas, Germaine*, p. 91-92.)

D

D'AVANCE À L'OUVRAGE ◆ **Être d'avance à l'ouvrage.** Être travailleur. « Un fend-le-vent s'il y en a un. Connaît tout. A tout vu. — Est-il d'avance à l'ouvrage ? demanda Angélina, vivement intéressée. — Des journées il est pas à-main en rien. » (G. Guèvremont, *Le Survenant*, p. 102.)

DE VALEUR ◆ **C'est (bien) de valeur !** C'est (bien) regrettable, dommage, malheureux. « Ça fait du bien de rire, hein ? / L'enfant de la grosse femme arracha un brin d'herbe, se le fourra dans la bouche. / — Ouan, mais c'est de valeur que tu rises rien que pour des affaires niaiseuses. » (M. Tremblay, *Le premier quartier de la lune*, p. 33.) « Là, a fallu que j'y explique tranquillement que c'était ben de valeur mais que ça marchait pas sus c'te règne-là, t'en passe un papier. » (J.-M. Poupart, *Chère Touffe, c'est plein plein…*, p. 122.) « Pis qu'envoyer deux jours mes enfants chez mon frère à la campagne, ça faisait peut-être pas de moi une mère dégénérée. J'en connais qui sont pas capables pis je trouve ça de valeur. » (J. Doré, *Si le 9-1-1 est occupé !*, p. 88.)

DÉBARQUE ◆ **Prendre une (méchante, moyenne) débarque.** Subir un (important) revers, faire une (mauvaise) chute. « Mais ce qui m'a sauvée, c'est que j'ai pris les jambes à mon cou pis que comme ça, j'ai pu rouler en descendant toute la côte St-Denis. Une méchante débarque mais je l'ai quand même échappé belle. » (J. Doré, *Si le 9-1-1 est occupé!*, p. 27.)

DÉBIFFÉ ◆ **Être débiffé de la carriole.** Être amoché, épuisé, fourbu, ne pas payer de mine. « Ah!… il dit… je suis pus capable!… Trop vieux!… Je commence à être pas mal débiffé de la carriole, tu sais, Gédéon… Je file pas ben, ben…» (Doris Lussier [le père Gédéon], «Les maladies de vieux», dans L. Mailhot et D.-M. Montpetit, *Monologues québécois 1890-1980*, p. 186.)

D'DANS ◆ **Y en a d'dans!** Il y a beaucoup d'énergie, de dynamisme. «J'suis vlimeux, moé, vous savez ; j'suis pareil comme poupa, j'suis pas gros, mais y en a dedans!» (Armand Leclaire, «Titoine en ville», dans L. Mailhot et D.-M. Montpetit, *Monologues québécois 1890-1980*, p. 112.)

DÉMANGEAISON ◆ **Gratter la démangeaison à qqn.** Amadouer, rassurer qqn. «Y vous l'a toujours ben pas dit pourquoi y veut l'déménager son cimequiére. Y vous a fait parler, y vous a flattés sur le sens du poil, y'a fait semblant de vous gratter la démangeaison, mais y vous l'a pas dit!» (Y. Thériault, *Les vendeurs du temple*, p. 65.)

DEMOISELLE ◆ **Être demoiselle.** Être hautaine. «C'est ça qu'aurait fait un bon homme à Romaine Castilloux. Mais entre nous elle était un peu demoiselle.» (R. Girard, *Rédemption*, p. 127.)

DÉMON ◆ **…en démon!** Superlatif: beaucoup, en grand, très. «Je vous en ferai livrer une vingtaine de cordes cet après-midi. — Une vingtaine? s'étonna l'autre. — Eh oui, mon ami! Ça dévore en démon, ces vieilles truies-là, fit-il en tapotant l'énorme fournaise victorienne qui s'élevait dans la salle d'attente.» (Y. Beauchemin, *Le matou*, p. 394.)

DÉPÔT ◆ **Perdre son dépôt.** Être battu à plate couture dans une élection. Le politicien qui se présente aux élections doit verser une caution, ou «dépôt», qui ne lui est pas rendue s'il n'obtient pas un minimum de votes. «J'en ai connu des députés qui chiaient plus haut que l'trou […] qu'ont changé leu'sourires pour une boîte de kleenex avant de s'en r'tourner jouer au monopoly dans l'opposition, pour finir par perdre leu' dépôt comme des codindes.» (S. Rivière, *La s'maine des quat' jeudis*, p. 78-79.)

DERNIER DEGRÉ ◆ **…au dernier degré.** Superlatif: à l'extrême, suprêmement. «Marie: C'te journée-là, j'peux pas l'oublier. Que voulez-vous? Il y a toujours ben quelque chose qui m'a impressionné au dernier degré. / Un membre de l'équipe: Ça fait combien de temps, ça? / Marie: Ça fait cinquante-six ans.» (P. Perrault *et al.*, *Le règne du jour*, p. 131.)

DERNIERS MILLES ◆ **…sur les derniers milles.** À la fin, à l'issue de la vie, à la dernière extrémité. «C'est pas la question d'être plus catholique que l'pape. En seulement la maladie pis la mort, on fait pas d'farces avec ça, apparence que ça peut se r'tourner contr'vous su' les derniers milles…» (S. Rivière, *La s'maine des quat' jeudis*, p. 76.)

DERRIÈRE ◆ **Se devoir le derrière.** Être criblé de dettes. «Là tu montes plus haut pis tu prends les provinces, y sont endettées eux-autres itou. Tu prends le Canada, y se doit le darriére. Pis toutes les autres pays sont pareils.» (R. Lévesque, *Le vieux du Bas-du-Fleuve*, p. 69.)

DERRIÈRE DE LA CRAVATE ◆ **Se mouiller le derrière de la cravate.** Trinquer, boire. «Surtout que le soir, de coutume, on avait des veillées de danse, pis qu'entre deux sets y fallait ben se mouiller le darriére de la cravate pour se refaire des forces un peu.» (R. Lévesque, *Le vieux du Bas-du-Fleuve*, p. 105.)

DESSOURE ♦ **Virer (en) dessoure** [dessous]. Patiner, tourner en rond, faire du sur place, contenir sa rage. «Le grand Pit disait que le Conseil virait en dessoure avec l'aqueduc pis qu'on dépenserait pas deux cents piasses çartain pour aller porter l'eau à ce maudit flanc-mou là de Talbot qui avait pas été assez fin pour se loger du long de la rue.» (R. Lévesque, *Le vieux du Bas-du-Fleuve*, p. 49.)

DÉTOURS ♦ **Cinquante-six (trente-six) détours.** Hésiter, tergiverser, prendre beaucoup de précautions. «Ce qui y reste encore, c'est l'hésitation avant de lâcher un point de vue différent, les cinquante-six détours qu'y prend, les précautions infinies... Sous prétexte de pas blesser l'autre.» (J.-M. Poupart, *Chère Touffe, c'est plein plein...*, p. 117.) «Lui: chose certaine, en tout cas, c'est qu'à c't'âge-là, on fait face aux autres sans trente-six détours, on les attaque de front, tu comprends?» (J.-M. Poupart, *Chère Touffe, c'est plein plein...*, p. 45.)

DEUX CENNES ♦ **Avoir pour deux cennes** [cents] **(de bonté, de cœur, etc.).** Avoir un peu de... «J'aurais voulu qu'a meure en v'nant au monde pis qu'i' m'la montrent jamais... J'vous l'dis! Le docteur, si i' avait eu pour deux cennes de cœur, i'arait dû s'arranger pour que... l'arait dû faire une erreur... Ça arait pas été une erreur... l'arait dû... Mon Dieu! Ma petite, Mon Dieu!» (J. Barrette, *Oh! Gerry Oh!*, p. 78-79.) ♦ **Pas [...] pour deux cennes** [cents]. Pas (triste, gai, etc.) du tout, nullement. «De là à écouter, les jacasses qu'on voèyait des hommes rôder à l'entour de sus Magloère... Tu sais, une méson de femmes où ce que es femmes sont pas tristes pour deux cennes; où ce que a misère court pas manger dans main du plus fort...» (A. Ricard, *La gloire des filles à Magloire*, p. 91.)

DEUX EAUX ♦ **Entre deux eaux.** Ivre. «Ah bonsoir madame Bouchard, excusez ma femme, c'est l'jour de l'An pis on a fêté. Oui vot' mari y est là… Là ti-Noir a dû y faire signe de dire que non. — Y est là mais y est entre deux eaux.» (M. LETELLIER, *On n'est pas des trous-de-cul*, p. 158.)

DEUX FACES ♦ **Un visage (Un homme) à deux faces.** Un hypocrite. «Chien galeux d'Anglais de visage à deux faces, continua-t-il en pointant maintenant ses canons vers l'heureux propriétaire de La Binerie…» (Y. BEAUCHEMIN, *Le matou*, p. 385.)

DEUX FESSES ♦ **…de mes deux fesses.** Méprisable. «Monsieur Tanguay, j'suis venu te parler de politique! J'suis ton ministre. — Si tu veux parler de politique, minisse de mes deux fesses, j'vas t'en parler: écoute!» (R. CARRIER, *De l'amour dans la ferraille*, p. 203.)

DEUX GOUTTES D'EAU ♦ **Se ressembler comme deux gouttes d'eau.** Se ressembler parfaitement, de manière frappante. Se dit en France. «Je l'ai connu… J'pense ben, du moins; j'en suis pas sûre… Tout est embrouillé dans ma tête… Il me semble que c'était lui… En tout cas, il lui ressemble comme deux gouttes d'eau…» (J. BARBEAU, *La coupe Stainless*, p. 129.)

DIABLE ♦ **Que le diable bénisse qqn, qqch.** Que le diable vienne en aide à qqn, qqch. «Ces animaux-là, dit Amédée, c'est des démons à plumes… Que l'yable les bénisse, mais c'est pas moé, j'vous l'jure! qui dépensera mes plombs sur eux.» (H. BERNARD, *Les jours sont longs*, p. 24.) ♦ **Le diable à quatre.** Et tout le reste, et toutes sortes de choses. «Tit-Jean voyait des choses lui passer le long du visage, toutes sortes de belles affaires, comme des bras d'or, des bagues d'or et des bijoux qui lui filaient sous le nez, pis l'diable à quatre.» (R. LALONDE, *Contes de la Lièvre*, p. 135.) ♦ **Comme**

le (en, le, que le, comme le beau) diable! Superlatif: extrêmement, très, beaucoup. Ainsi: tannant comme le beau diable, espiègle comme le diable, etc. Se retrouve dans le Littré. «En tout cas, moi, je me trouvais au bord du trottoir, planté là comme un piquet, l'air fin comme le 'iable, ça tu peux le croire.» (G. Roy, *Bonheur d'occasion*, p. 311.) «J'étais pas aussitôt greillé d'un compagnon de route qu'on s'est mis à lever la patte drette pis la patte gauche et, left, right, le gars d'en avant gueulait left, right, on faisait comme lui, on se démenait que le 'iable, left, right, c'est une affaire que tu poignes vite ça, pis en avant la patte [...].» (G. Roy, *Bonheur d'occasion*, p. 312.) «Pensez-vous que j'vas être bon pour comprendre c'qui est écrit dans c'livre-là? Ça d'l'air compliqué que l'yable.» (M. Laberge, *C'était avant la guerre...*, p. 115.) «Aussi ben faire venir la police, j'ai pas de temps à perdre, moi. J'suis pressé que l'diable.» (M. Riddez et L. Morisset, *Rue des pignons*, p. 21.) «Phonsine les a envoyées dans le chaudron à soupe pour leur faire jeter un bouillon. C'était méchant, le yâble!» (G. Guèvremont, *Le Survenant*, p. 112.) ◆ **Aller (S'en aller) chez le (beau) diable.** Aller à la débandade, déguerpir, disparaître. «C'est ici que le chemin neu' va passer parce que le progrès a décidé de passer par ici! / Le fermier rétorquait: — Si le Bon Parti a décidé d'aller chez le Yâbe, y a pas besoin de fendre ma terre en deux pour y aller.» (R. Carrier, *De l'amour dans la ferraille*, p. 204.) ◆ **Avoir du (le) diable dans le corps.** Être plein de ressources, espiègle. «Elle, a dit: oui mais j'sais pas si j'devrais. Avec un gros clin d'œil. A l'a l'air d'avoir ben du yable dans le corps.» (J.-M. Poupart, *Chère Touffe, c'est plein plein...*, p. 16.) ◆ **...pas (l')diable!** Pas beaucoup, peu. «M'man aime pas le diable les animaux, a peur de toute, même des 'tits chiens mais, p'pa, on pourrait peut-être l'installer dans la remorque, en arrière du bazou!» (C. Jasmin, *Pleure pas, Germaine*, p. 41.) «C'est le pain, y était pas frais. — Y a pas assez de touristes encore, y vendent pas l'diable. — C'était peut-être du pain de l'année

passée, hein, p'pa ? » (C. Jasmin, *Pleure pas, Germaine*, p. 129.)
◆ **Ça parle au diable !** Exclamation courante : c'est incroyable ! Fantastique ! « Entrez ! entrez ! dit le prince, déguisé en Tit-Jean. Tiens, bonjour ma belle dame ; ça parle au diable, moé pauvre Tit-Jean qui a la chance de veiller avec la princesse. — Comme de raison, Tit-Jean, t'as ben le droit de veiller comme les autres. » (R. Lalonde, *Contes de la Lièvre*, p. 165.) ◆ **En (beau) diable.** En colère (en furie). « Le vieux roi fut très heureux de revoir sa fille vivante, mais il était ben en diable de voir que Tit-Jean n'aie pas voulu l'escorter jusqu'à lui. » (R. Lalonde, *Contes de la Lièvre*, p. 76.) « Y a bien longtemps, j'étais encore à l'âge où c'est que les petites filles, tu peux pas les sentir, puis t'es en diable quand il en vient une se fourrer dans ta bande. » (Gratien Gélinas, « La fête de Fridolin », dans L. Mailhot et D.-M. Montpetit, *Monologues québécois 1890-1980*, p. 155-156.) ◆ **Mener le (beau) diable.** Aussi : **Faire le diable.** Faire du tapage, mettre à feu et à sang, semer le désordre. Certaines variantes s'emploient en France. « Un matin, alors que Tit-Jean prenait ses aises et se reposait, il vit une troupe passer. Les tambours résonnaient, ça menait le diable, ça morvait sur un torrieu de temps. » (R. Lalonde, *Contes de la Lièvre*, p. 74.)
◆ **Le diable est aux vaches.** Le désordre, le chaos règne, le temps se gâte. Aussi : **Mettre le diable aux vaches.** Susciter la discorde, la mésentente, le chaos (dans la maison, dans un ménage). « Vous savez pas ! L'diable est aux vaches dans les vieux pays. I's sont tous poignés les uns avec les autres. Y a la Russie, pi… l'autre pays, pi un autre, pi y a l'Angleterre étou, pi l'Allemagne… » (Ringuet, *Trente arpents*, p. 153.) « Un vrai démon sorti dé-z-enfers que st'étalon du maudit ! […] — Cé comme chte dis, son vieux ! Cé dans l'air ! Le yabbe est aux vaches ! Y faudrait mette des serres au ciel pour empêcher ça ! » (J.-C. Germain, *Mamours et conjugat*, p. 79.) « Les études, zéro ! Les chansons, zéro ! Je me suis engueulé avec mon père, j'ai fait chialer ma mère, le diable est aux vaches ! » (M. Riddez et L. Morisset, *Rue des pignons*,

p. 284.) ◆ **Mettre le diable (dans la cabane).** Susciter la discorde, la mésentente. «T'as pas besoin de te fâcher, Jeannine! fit-il lentement. Hein? Si je faisais comme Édouard,
si je me soûlais tous les soirs, continua-t-il, voyant qu'elle
ne répondait pas, là, je dis pas, là, t'aurais de quoi mettre le
diable dans la cabane!» (J. Benoît, *Les voleurs*, p. 93.) ◆ **C'est
pas (le) diable (possible, faisable, etc.).** Ne pas être vraiment (possible, faisable, etc.). Aussi : **C'est pas diable, c'est
médiocre, banal.** «Moi, ce que je veux, c'est mon bonheur.
C'est pas l'diable possible, mais n'empêche que c'est rien
que ça que je cherche.» (J. Renaud, *Le cassé*, p. 108.) ◆ **Noir
comme chez le diable.** Complètement obscur. «Vous allez
rester à coucher. Vous pouvez pas penser à vous en r'tourner
là-bas à la noirceur. À c'temps d'l'année, passé huit heures,
il fait noir comme chez l'yable, dans l'bois.» (H. Bernard,
Les jours sont longs, p. 87.) ◆ **...que l'diable.** Superlatif :
complètement, beaucoup. Ainsi : **pas savoir que l'diable,
puer que l'diable, etc.** «Elle est peut-être malade ; pis j'peux
pas y aller, j'sais pas l'yable ousqu'elle reste. Elle est démé-
nagée depuis avant-hier à c'qui paraît.» (Armand Leclaire,
«Titoine en ville», dans L. Mailhot et D.-M. Montpetit,
Monologues québécois 1890-1980, p. 113.) ◆ **Que le diable
vous (me, te) charrisse** [charrie] **!** Que le diable vous (me,
te) vienne en aide, vous emporte (m'emporte, t'emporte) !
«On est des moins que rien, le gouvernement s'rappelle
qu'on existe rien qu'une fois tous les quatre ans, pis vous
aut' comme deux bonnes vaches à lait, vous êtes prêts à
vous laisser traire jusqu'à darniére goutte sans n'en voir la
couleur... Hourra pour nobis, que le bon Dieu vous bénisse
pis que l'yable vous charisse, bordel à bras.» (S. Rivière, *La
saison des quêteux*, p. 72.) «En tous cas, si j'ai pas coupé trois
cordes c'te nuitte, que l'yable me charrisse...» (S. Rivière,
La s'maine des quat' jeudis, p. 96.) ◆ **Que le diable emporte... (l'emporte) !** Je m'en balance! Peu importe... «Il
s'essaye encore et encore tic! un peu plus fort, le taon lui
pique le doigt. Tiens...! lui dit-il, si tu veux la rose, garde-

la, moé je m'en vais, que l'diable les emporte. » (R. Lalonde, *Contes de la Lièvre*, p. 44.) ♦ **Sentir (Puer) le diable.** Sentir mauvais, empester. « Chus sorti de là tellement en furie que j'ai pas pu m'empêcher de crier aux gars (probablement les mêmes) qui se regardaient le zizi, aux urinoirs : "Allez donc vous pogner le cul ailleurs, ça sent le yable, icitte !" Mais y'ont dû me prendre pour un Turc ou un Yougoslave. » (M. Tremblay, *Des nouvelles d'Édouard*, p. 210.) ♦ **Va chez le diable !** Tais-toi ! Déguerpis ! « C'est ça, mon Didace, travaille. L'ouvrage sauve. — Va chez l'yâble ! riposta vivement Didace. » (G. Guèvremont, *Le Survenant*, p. 232.)

DIEU ♦ **N'avoir peur ni de Dieu ni diable (N'avoir peur de ni Dieu ni diable).** N'avoir peur de rien ni de personne. « Y bûchait du gros bois comme si ça avait été des r'poussis d'épinette ! Ça avait peur de ni yeu ni yable… Y'avait couru un ours avec un bâton à partir d'la porte d'la sacristie un soir jusqu'au bois chez Frénette. » (Y. Thériault, *Les vendeurs du temple*, p. 95.) ♦ **Que le bon Dieu vous (les) bénisse (et que le diable vous (les) charisse** [charrie]). À la grâce de Dieu ! au diable ! Boutade familière. Se dit souvent pour mettre un terme à une discussion. « On est des moins que rien, le gouvernement s'rappelle qu'on existe rien qu'une fois tous les quatre ans, pis vous aut' comme deux bonnes vaches à lait, vous êtes prêts à vous laisser traire jusqu'à darniére goutte sans n'en voir la couleur… Hourra pour nobis, que le bon Dieu vous bénisse pis que l'yable vous charisse, bordel à bras. » (S. Rivière, *La saison des quêteux*, p. 72.)

DIMANCHE ♦ **Habillé en dimanche.** Habillé proprement. Aussi : **S'habiller (Se mettre) en dimanche.** « Après les conseils de beauté, une bonne pensée pour la tite sœur de Thérèse, Simone, qui touchait l'organe pas pour rire, habillée en dimanche sept jours par semaine, casseuse de glace pas manchotte pentoute.» (J.-M. Poupart, *Chère Touffe, c'est plein plein...*, p. 180.)

DIRE ◆ **Avoir pour son dire que...** Être d'avis que..., se dire que... «Mais en ce qui me concerne, j'ai pour mon dire que rendu là où c'est que t'es, ça serait aussi bien que tu t'habilles d'une grande robe et que tu te mettes à prêcher. Moi, ça m'intéresse pas.» (V.-L. Beaulieu, *L'héritage/L'automne*, p. 282.)

DOIGT ◆ **Se fourrer (Se mettre) un doigt dans l'œil (dans le nez) (et l'autre dans le cul, dans le nez, jusqu'au coude, jusqu'au cou).** Se fourvoyer (grossièrement). «J'peux m'tromper. J'peux me fourrer un doigt dans l'œil jusqu'au coude, mais j'croirais que c'est une affaire de politique, pis que ça vient des libéraux tout ça.» (Y. Thériault, *Les vendeurs du temple*, p. 112.) «Faut que je t'avoue quelque chose, Xavier. Stéphanie sait où c'est que Miriam habite à Montréal. [...] Si tu pensais que je m'en doutais pas, dis-toi bien que tu te fourrais un doigt dans l'œil.» (V.-L. Beaulieu, *L'héritage/L'automne*, p. 123.) «Tu vas remettre ton équipement, pis tu vas venir sur la patinoire. — Pour me faire abîmer de bêtises devant le monde... Tu peux te rentrer le doigt dans le nez jusqu'au coude... — J'va te mettre à l'amende... J'va te suspendre pour une semaine.» (J. Barbeau, *La coupe Stainless*, p. 23.)

DONNER ◆ **Se donner à qqn.** Céder ses biens, et notamment sa ferme, à un parent moyennant une rente. Cette cession se fait alors que la personne ne peut plus s'occuper de sa ferme en raison de son âge. «Mais il regrettait presque de déserter ainsi. Son neveu saurait-il tirer de la terre bonne mesure? Saurait-il surtout ne pas la fatiguer, la tarir? Il s'était donné à son neveu, selon l'expression consacrée. Lui dont la subsistance avait jusque-là dépendu d'une saute de vent, d'une nuée chargée de grêle, répugnait à dépendre d'un autre humain aux caprices plus imprévus que les intempéries. » (Ringuet, *Trente arpents*, p. 23.)

DOS ◈ **Jouer dans le dos de qqn.** Tromper, berner qqn. « À moins que je me trompe, ça m'a tout l'air que t'es en train de me jouer dans le dos, mon Delphis. Je pensais que notre vieille loyauté tenait toujours depuis la semaine passée. Que c'est que Miville t'a proposé ce matin pour ta terre ? » (V.-L. Beaulieu, *L'héritage/L'automne*, p. 290.)

DOSÉ ◈ **Être dosé.** Être atteint de la blennorragie. Aussi : **Avoir (Prendre) une dose.** Attraper une blennorragie. « Le pire dans tout ça, c'est qu'c'est contagieux pas-pour-rire… As-tu quelqu'un dans tes connaissances qu'arait été dosé dernièrement, apparence. » (S. Rivière, *La s'maine des quat' jeudis*, p. 78.)

DOUTANCES ◈ **Avoir des doutances.** Se douter. « Ah, j'sais pas… il en a peut-être ben une, mais je l'ai pas vue. — J'ai des doutances que… qu'elle est partie ! » (P. Perrault *et al.*, *Le règne du jour*, p. 139.)

DOUX ◈ **Filer doux.** Prendre une attitude soumise, humble. « De quoi c'est que tu nous envoies comme une claque en pleine face ! À midi, tu chantais une autre chanson au presbytère ! À midi tu filais doux, tu faisais le p'tit chien ! Mais t'es rien qu'un flanc-mou ! Un maudit torriâble de menteur ! Une girouette ! » (Y. Thériault, *Les vendeurs du temple*, p. 139.) « Viens la sentir. 10 piastres et je te la donne. Je file doux pour ça ! » (J.-J. Richard, *Faites-leur boire le fleuve*, p. 89.)

DRAP ◈ **Blanc comme un drap.** Blême, livide. « Imaginez-vous que not' Tom Caribou était braqué dans la fouche d'un gros merisier, blanc comme un drap, les yeux sortis de la tête, et fisqués sus la physilomie d'une mère d'ourse qui tenait le merisier à brasse-corps, deux pieds au-dessous de lui. » (L. Fréchette, *La Noël au Canada*, p. 230.)

DRAVE ◆ **Faire la drave** [*angl.* « drive », conduire]. Travailler au flottage du bois. « Oui, monsieur, j'ai ben travaillé, à faire de la terre neuve, à couper du bois dans les chantiers, à faire la "drave" dans l'eau glacée jusqu'à la ceinture, hum ! hum ! Mais vous savez, docteur, l'ouvrage, la misère, ça ne fait pas mourir ; j'suis sain comme une balle. » (Vieux Doc [E. Grignon], *En guettant les ours*, p. 121.)

DRETTE-LÀ ◆ **Faire qqch. drette-là (dret-là).** Faire qqch. sur-le-champ, aussitôt. « C'est toffe. Je te dis que si je con- naissais un mantra, je te le réciterais dret-là. Seigneur, qu'est-ce que je pourrais ben faire pour arrêter de m'en faire ? Faut que j'arrête d'y penser, de focusser là-dessus. » (J. Doré, *Si le 9-1-1 est occupé !*, p. 71.)

DRU ◆ **Pousser dru.** Grandir vivement, gaillardement. « Tandis c'temps-là, au coin d'la rue, / Les enfants jouent, sal's pis morveux. / Tout' c'te marmâill'-là qui pouss' drue, / C'est encor' d'la grain' de quêteux… » (É. Coderre, *J'parle tout seul quand Jean Narrache*, p. 100.)

DUR ◆ **Faire dur.** Être affreux, laid, difficile. « …le temps qu'y'avaient de l'argent pis que c'était ouvert… quèques mois là, tsé, c'était correct. Mais astheure, c'est pus de même. Ça fait dur. » (J. Doré, *Si le 9-1-1 est occupé !*, p. 101.) « Et pourquoi ne veux-tu pas mon argent, petit frimousse ? […] — Parce que tu fais dur ! lança l'enfant. […] Et puis tu pues ! hurla monsieur Émile de toute la force de ses pou- mons et il claqua la porte. » (Y. Beauchemin, *Le matou*, p. 107.)

DUR À L'OUVRAGE ◆ **Être dur à l'ouvrage.** Travaillant, endurant. « Chez les Bérubé, ce sont les femmes qui ont toujours dominé, aussi dures à l'ouvrage que dans les affaires qu'elles doivent traiter. » (V.-L. BEAULIEU, *L'héritage / L'automne*, p. 58.)

DUR À LA MISÈRE ◆ **Être dur à la misère.** Pouvoir endurer la misère, la pauvreté. « Il n'y a pas à dire, marmonnait-il, c'est pas dur à la misère, ces poulettes-là. Pourtant, elle avait l'air forte quand je l'ai mariée. Peut-être aussi que ça va passer tout seul. Attendons, voir. » (C.-H. GRIGNON, *Un homme et son péché*, p. 54.)

E

EAU ◆ **Avoir de l'eau dans sa cave.** Porter un pantalon trop court. « Tout le monde dit que "j'ai de l'eau dans ma cave". Je dis pas que cet habit-là est usé, il est encore tout beau ; mais les manches, la veste, la longueur des pantalons… » (M. RIDDEZ et L. MORISSET, *Rue des pignons*, p. 281.) ◆ **Lâcher de l'eau.** Uriner. « Bon ben c'est ben beau tout ça, mais moé j'ai envie de lâcher de l'eau. Toé itou ? Tiens, vas-y, c'est la porte au fond du corridor. » (R. LÉVESQUE, *Le vieux du Bas-du-Fleuve*, p. 65.)

ÉCLAIR ◆ **Prompt comme l'éclair.** Aussi : **Vite comme l'éclair.** Très rapide, vif. « Je l'ai dit déjà, le père Jean-Baptiste Lavictoire était franc comme du bon bois d'érable, mais prompt comme l'éclair, ce qui, parfois, lui jouait de mauvais tours. » (VIEUX DOC [E. Grignon], *En guettant les ours*, p. 135.)

ÉGAL ◆ **Pousse égal !** Aussi : **Pousse mais pousse égal !** N'exagère pas ! N'ambitionne pas ! « J'sus pas proche de mes cennes, au contraire, mais faut toujours ben pousser égal, soixante piasses d'un bord, cinquante-cinq de l'autre, fait des bidous qui minotent à longue, j'en ai pas de collés, moi, me sers pas d'un *bill* de vingt pour faire tenir les autres ensemble!» (J.-M. POUPART, *Chère Touffe, c'est plein plein…*, p. 240.)

EMBARQUER ◆ **Se faire embarquer.** Se faire arrêter par la police, se faire tromper, berner. «À qui le char? reprit Ignace. Le chauffeur desserra les dents: — À moé, dit-il d'une voix sourde, et il passa en seconde vitesse. — Y est pas cave, Ti-Louis. Si les chiens nous poignent, c'est toé qui va se faire embarquer, pas lui.» (J. BENOÎT, *Les voleurs*, p. 192.)

EN BAS ◆ **Venir d'en bas.** Venir du sud. Aussi: **Aller en bas.** «J'viens d'en bas, de Saint-Nil, derrière Matane en Gaspésie, pis là ben, j'viens m'établir par icitte, voir si i'mouille, pis m'instruire un peu…» (Jocelyn BÉRUBÉ, «Les morues», dans L. MAILHOT et D.-M. MONTPETIT, *Monologues québécois 1890-1980*, p. 345.)

EN BELLE ◆ **Avoir (bien) en belle.** Être en droit de, avoir beau jeu de, bien pouvoir. «…I'a dit encore que lâcher la terre, c'est comme qui dirait mal tourner. — Ah! ouais! I' a en belle à parler; c'est pas lui qui… — Tu vas parler contre Monseigneur, à c't'heure?» (RINGUET, *Trente arpents*, p. 136.) «Quand tu seras le boss, t'auras en belle à faire ça à ta façon. — Comptez sur moi pour ça. Même que ça pourrait peut-être venir plus vite que vous pensez.» (V.-L. BEAULIEU, *L'héritage/L'automne*, p. 79.) «Y est pas encôr là… j'vois pas c'que tante Mina pouvait ben en dire… encore que… tant qui est pas là, les gensses ont ben en belle d'en parler.» (M. LABERGE, *C'était avant la guerre…*, p. 19.) «Johanne part trois fois pour partir, bonjour, bonsoir, bonjour, débarrasse la populace de ta crasse, tu reviendras, t'as ben en belle, on déguerpit demain matin, enfin là v'là qui s'décide […].» (J.-M. POUPART, *Chère Touffe, c'est plein plein…*, p. 204.)

EN MASSE ◆ **...en masse.** Superlatif: beaucoup. « Je lui ai dit n'importe quoi. Il m'a frappée encore, il a déchiré mon pantalon, il était vraiment malade. Il a eu de la misère parce que je me suis débattue en masse. » (S. DESROSIERS, *T'as rien compris, Jacinthe...*, p. 37.) « Pourtant, j'ai fait de l'exercice en masse hier soir avant de me coucher, crime. » (J. DORÉ, *Si le 9-1-1 est occupé!*, p. 13.) « Rien que pour le lit, l'oreiller derrière les reins, le bol de soupe fumante, les tranches de pain Weston beurrées en masse. Le visage de la mère. » (C. JASMIN, *Pleure pas, Germaine*, p. 43.)

EN PEINTURE ◆ **Être qqn en peinture.** Être le parfait sosie de qqn. « Ne viens pas me parler de ton frère. Je connais mon fils, c'est moi en peinture. Quand y veut prendre, y prend. Il l'a envoyé lui ramasser des framboises, ton frère. Dieu merci, il ne s'est pas noyé en cet état. » (R. LEMELIN, *Au pied de la pente douce*, p. 258.)

ENDÊVER ◆ **Faire endêver qqn.** Faire s'emporter qqn, irriter qqn. « Aussi, Brassard préférait-il avoir affaire à Poudrier plutôt qu'à son cousin, qui sentait souvent la tonne et la femme, et qui le faisait endêver. — Nous autres, on se comprend, avait-il accoutumé de dire à son ami. » (C.-H. GRIGNON, *Un homme et son péché*, p. 172.)

ENFANT DE CHŒUR ◆ **Être (un) enfant de chœur.** Être innocent, inexpérimenté, naïf. « Je sus pas si enfant de chœur que vous pouvez crère. — Je te place, moé, crains pas. L'homme qu'a vu l'homme qu'a vu l'ours. » (A. RICARD, *La gloire des filles à Magloire*, p. 137.)

ENFANT DE NANANE ◆ **...en enfant de nanane.** Superlatif: très, en grand. « Pour être bizarre c'était bizarre en enfant de nanane qu'une femme qu'il n'avait jamais vue veuille le marier jeudi en trois sans guelingueguelagne ni farfinage... » (S. RIVIÈRE, *La s'maine des quat' jeudis*, p. 17.)

ENFANT JÉSUS ⧫ **Un Enfant Jésus de cire.** Innocent, pur, sans tache. « C'est du bon monde au fond, les bûcheux, mais c'est pas des enfants Jésus d'cire et c'est pas d'la compagnie pour les niochons d'quinze ans… Pensez pas ? — Je crois que vous dites vrai. » (H. BERNARD, *Les jours sont longs*, p. 94.) ◆ **Un Enfant Jésus de Prague.** Innocent, pur, sans tache. Allusion à l'air ingénu d'une statuette très populaire autrefois dans les maisons. « Puis les gars avec une belle façon, à la veille d'une fête, c'est presquement rien que ça qu'il y a dans les hôtels. Et c'est pas tous des enfant-jésus-de-prague. » (G. GUÈVREMONT, *Le Survenant*, p. 217.)

ENFIROUAPER ⧫ **Se laisser enfirouaper.** Se laisser tromper, berner (tromper, berner qqn) par de belles paroles, des promesses trompeuses. Aussi : **Enfirouaper qqn, tromper qqn.** « …c'est ce que lui reproche Xavier : de s'être laissé enfirouaper par une intrigante qui, bien plus que de l'aimer, songe avant tout à ce qui va advenir des propriétés, des terres et de l'argent de Xavier quand il ne sera plus là. » (V.-L. BEAULIEU, *L'héritage / L'automne*, p. 59.)

ÉPAIS ⧫ **Être épais (dans le plus mince).** Être nigaud, stupide. « Tout est parfait quand t'es niaiseux, / Quand t'es épas, tu peux pas être mieux, / T'as pas d'aigreur, t'as pas d'malice / T'as même des semblables dans' police. » (Y. DESCHAMPS, *Monologues*, p. 222-223.) « Si en plus de me trouver folklorique elle se met à me prendre pour un épais ! Je suis peut-être un gros naïf mais y'a quand même des limites ! » (M. TREMBLAY, *Des nouvelles d'Édouard*, p. 138.)

ÉPICERIE ⧫ **Ne pas tenir épicerie.** Ne pas faire commerce, ne pas avoir de disponibilité. « La fille qui sert m'a dit qu'a tenait pas épicerie. A l'a dit à Murielle et a dit qu'un vieux bonhomme y a offert de l'amener au village, pas loin, dans son char. » (C. JASMIN, *Pleure pas, Germaine*, p. 90.)

ÉPINES ◆ **Mettre qqn sur les épines.** Embarrasser, faire souffrir, torturer qqn. «Pauvre Simon, a l'a quasiment mis sus les épines tout le temps qu'a l'a été là… Lui qui trouve déjà qu'avant deux ans, les enfants, c'est trop écœurant pour y toucher, le cul plein de marde pis le restant trop propre.» (J.-M. POUPART, *Chère Touffe, c'est plein plein…*, p. 205.)

ÉQUERRE ◆ **Être (Se sentir) (Ne pas être) d'équerre.** Être (ne pas être) en forme, prêt à, capable de, fiable, s'entendre, s'accorder à (diverger de) l'avis commun. «À c't'heur' le monde ont tant d'affaires / Qu'y trouv'nt pus l'temps ni l'tour d'êtr' gais. / On dirait qu'i' sont pas d'équerre, / Y'ont d'l'air r'chigneux pis fatigué…» (É. CODERRE, *J'parle tout seul quand Jean Narrache*, p. 128.)

ERRE D'ALLER ◆ **Ne plus rester que l'erre d'aller à qqn.** Aussi : **N'avoir plus (Avoir rien) que l'erre d'aller.** N'avoir plus qu'un semblant d'énergie, être épuisé, à bout de force. «C'est ainsi que pendant tout le mois d'octobre, l'écume à la gueule comme un déchaîné, d'une étoile à l'autre MINETTE-LA-PIASSE venait à bout de battre tous les records de coupe du "ptit Morial à la rivière à Stewarde" ce qui n'est pas peu dire…» (S. RIVIÈRE, *La s'maine des quat' jeudis*, p. 34.) «Dans son temps de gaillard aurait-il eu du contentement à rencontrer face à face un véritable bandit […] Mais le bandit qui s'attaquerait au père Drapeau maintenant qu'il ne lui reste plus que l'erre d'aller… oui, ça serait bien le restant des écus.» (G. GUÈVREMONT, *En pleine terre*, p. 126.)

ÉTOILE ◆ **D'une étoile à l'autre.** De l'aube jusqu'au crépuscule. «D'une étoile à l'autre, ils doivent dégager les billes encavées dans la glace, courir sur le bois en mouvement, s'agripper aux branches, aux rochers de bordure quand l'eau débâcle et qu'elle veut tout emporter comme une bête en furie.» (F.-A. Savard, *Menaud maître-draveur*, p. 56.)

ÉTRIVER ◆ **Faire étriver qqn.** Taquiner, faire fâcher qqn. «Ma tante Clara, elle avait pas de dents. […] Parce qu'elle prisait, la vieille peau d'chien. Thophile Campeau la faisait étriver, il lui disait qu'elle chiquait par le nez!» (Doris Lussier [le père Gédéon], «Le dentier de ma tante Clara», dans L. Mailhot et D.-M. Montpetit, *Monologues québécois 1890-1980*, p. 185.)

ÉVANGILE ◆ **C'est pas l'Évangile.** C'est pas la vérité absolue. «Il est pas si vieux. — Dans les quarante ans. C'est pas jeune pour se mettre à penser à mal, quand on a été tranquille comme il l'a été depuis si longtemps. Quoique ça, c'est pas l'Évangile…» (Y. Thériault, *Moi, Pierre Huneau*, p. 94.)

F

FACE ◆ **Pouvoir arracher la face à qqn.** Être en colère contre qqn, détester qqn. «L'homme a haussé les épaules en faisant un bruit moqueur avec sa bouche. Avoir eu des ongles, je lui aurais arraché la face.» (M. Tremblay, *Des nouvelles d'Édouard*, p. 291.) ◆ **S'arracher la face pour faire qqch.** Déployer de grands efforts pour accomplir qqch. «À porte, tu suite! — On a beau s'arracher a face pour vous faére plaésir, on se fait traiter comme des chiens!» (A. Ricard, *La gloire des filles à Magloire*, p. 45.)

FACE À FESSER DEDANS ◆ **Une face à fesser dedans.** Un visage, une personne détestable. «Ses cheveux sont noirs sales, grisâtres, des poils follets au menton, sur les joues, une tête à mourir bientôt, une face à fesser d'dans. » (J. Renaud, *Le cassé*, p. 49.)

FACE DE BŒUF ◆ **Une face de bœuf.** Un air renfrogné, maussade. « Les agents ont pris une face de bœuf : eux aussi ils connaissaient la loi et ce fut au nom de la loi qu'ils m'ordonnèrent de déguerpir et de ne plus remettre les pieds au couvent : autrement ils règleraient mon cas et vite. » (J. Ferron, *Rosaire*, p. 74.)

FACE DE BOIS ◆ **Une face de bois (franc).** Un air renfrogné, dur. « Miville, je voudrais d'abord savoir pendant combien de temps encore tu vas faire la face de bois. — Je fais pas la face de bois. [...] — Depuis ce qui est arrivé l'autre soir à la table à cause de la Bérubé, c'est à peine si t'ouvres ton mâche-patates de temps en temps. » (V.-L. Beaulieu, *L'héritage / L'automne*, p. 86.)

FAÇON ◆ **Faire de la façon.** Prendre un air engageant, aimable. Aussi : **Avoir une belle façon (de la façon) (à en revendre).** Avoir un air (très) aimable, engageant. « Toi aussi, fifille, greille-toi. Tu vas voir ça, les gars de la campagne s'ils vont t'en faire de la façon ! » (G. Roy, *Bonheur d'occasion*, p. 176.)

FAITTE ◆ **Conter son faitte** [fait] **à qqn.** Dire franchement, sans détour, ce que l'on pense de qqn. « Siméon y s'a fâché là-d'sus pis y a conté son faitte au contremaître : — Comment, qui dit, de qu'est-ce que vous avancez : que j'travaille pas. » (Paul Coutlée, « Siméon a lâché sa job », dans L. Mailhot et D.-M. Montpetit, *Monologues québécois 1890-1980*, p. 122.)

FAKE ◆ **C'est (Faire) du *fake* (*feak*)** [angl. truqué, faux]. C'est de la frime (feindre, faire semblant de). « C'est dangereux, cette lutte ? [...] Enfin, vous êtes bien sûr que c'est un spectacle de salle paroissiale ? — Vous pensez ! Des lutteurs de Montréal, qui luttent au Forum. C'est distingué. Et puis, c'est du "fake". » (R. LEMELIN, *Au pied de la pente douce*, p. 191.) « J'ai beau être menteuse, rendue à trois quatre versions de la même histoire, j'sus pas mal au bout de mon rouleau. Pis c'est pas vrai, j'fais du feak, parce que dans le fond, y a pas plus sincère que moi, fais-moi pas rire, Clo-clouche… » (J.-M. POUPART, *Chère Touffe, c'est plein plein…*, p. 119.)

FALE ♦ **Avoir la fale (falle, phalle) à l'air.** Aussi : **Avoir la fale ouverte.** Avoir la chemise grande ouverte, le torse nu. « […] parles-tu en connaissance de cause… ? — C'est à phalle à l'air qu'on s'expose à pogner le rhume — un autre genre : crains rien, la tombe… » (J.-M. POUPART, *Chère Touffe, c'est plein plein…*, p. 78.)

FALE BASSE ♦ **Avoir la fale (falle) basse.** Être dépité, triste. Aussi : **Avoir faim.** « Pis là, y a commencé à parler d'Florent… pis y trouvait çà drôle, y disait qu'j'avais la fale basse parce qu'y était pas venu, pis j'me pensais encôr assez fine pour qu'y s'occupe de moé, même si j'serais une bonne. » (M. LABERGE, *C'était avant la guerre…*, p. 103.)

FAMILLE ♦ **Empêcher la famille.** Employer des moyens contraceptifs. « Calvette, les pharmaciens se fendent en quatre pour vendre des pilules, pis cinquante-six affaires pour empêcher la famille… Les femmes ont ienqu'à s'en sarvir, comme ça y tomberont pas en famille pis y auront pas besoin de se faire avorter. » (R. LÉVESQUE, *Le vieux du Bas-du-Fleuve*, p. 124.) ♦ **Partir pour la famille.** Devenir enceinte. Aussi : **Être en famille.** Être enceinte. « Gustave Bleau promena son torchon pendant un moment sur le comptoir, puis se tournant vers Élise avec un sourire apitoyé : — Eh bien, madame Boissonneault, il est temps que vous partiez pour la famille… » (Y. Beauchemin, *Le matou*, p. 87.) «A l'a dit, la poésie, c'est sa vie. Ben, qu'a l'écrive, sa maudite poésie, mais qu'a vienne pas nous faire accroire que c't'un bébé qu'a veut! Y a rien de désespéré. Ma belle-sœur, c'est ben pire que ça! Ça faisait treize ans qu'avait pas eu de p'tit pis l'année passée, est partie pour la famille… pis a l'a eu le plus beau des bébés… » (J. Barrette, *Oh! Gerry Oh!*, p. 70.)

FARAUD ◆ **Faire son faraud.** Plastronner, se vanter, faire le fanfaron. «Je m'rappelle c'gars de Sorel qui était v'nu icite et qui faisait son faraud. […] Il était ben greyé vrai. Avec ça, il avait un bon cheval, mais c'était un gas vaillant et qui cherchait trop à s'en faire accroire.» (G. Bessette, *Anthologie d'Albert Laberge*, p. 60.)

FARAUDER ◆ **Farauder les filles.** Courtiser les filles. «Le fignoleux, i faraude toutes les filles du village et des paroisses d'en haut et d'en bas. Avec des gens comme ça, i a pas de fiatte à avoir et, si j'étais m'sieu le curé, je l'laisserais seulement pas aborder le presbytère.» (R. Girard, *Marie Calumet*, p. 101.)

FARCES ◆ **Pas d'farces.** Aussi: **Sans farces.** Sans blague, sérieusement. Se dit pour appuyer un propos. «On arrive à son camp à Pine Beach, j'te r'garde la bébelle, aye, c'tait pas un camp, c'tait un château… pas d'farces, aye la plus grosse maison en pierres naturelles de toutes les couleurs que j'ai jamais vue d'ma vie!» (Yvon Deschamps, «Les unions, qu'ossa donne?», dans L. Mailhot et D.-M. Montpetit, *Monologues québécois 1890-1980*, p. 221.)

FARCES PLATES ◆ **Faire des farces plates.** Faire des plaisanteries de mauvais goût, qui tombent à plat. «Maudit grand insignifiant! Arrête donc de faire des farces plates comme ton oncle Édouard ! J'vas t'les faire ravaler si ça continue. » (L.-M. Dansereau, *Chez Paul-ette, bière, vin…*, p. 20.) « Louise lui a dit qu'elle pouvait venir demeurer chez elle durant environ deux semaines. Mais pas de farces plates. Amène-z-en pas d'autres que Ti-Jean. » (J. Renaud, *Le cassé*, p. 23.) « Faut savoir me lire entre les lignes… — Entre les lignes ! — On fait des farces plates mais dans le fond, l'histoire du fauteuil roulant, ça nous a dérangés dans notre euphorie bleue du samedi. » (F. Noël, *Chandeleur*, p. 127.)

FARFINAGE ◆ **Faire du farfinage (fafinage).** Attendre, hésiter, tergiverser. « Pour être bizarre c'était bizarre en enfant de nanane qu'une femme qu'il n'avait jamais vue veuille le marier jeudi en trois sans gueligneguelagne ni farfinage… » (S. Rivière, *La s'maine des quat' jeudis*, p. 17.)

FEMMES ◆ **Aller aux femmes.** Se mettre en quête de femmes, d'aventures galantes. « Quand les gars vont aux femmes, c'est des femmes qu'y ont envie, pas des pèteuses de broue ! » (A. Ricard, *La gloire des filles à Magloire*, p. 48.) ◆ **Être aux femmes.** Préférer (sexuellement) les femmes. « Théo ! Ben oui Théo, t'es aux femmes pis après ? » (J. Doré, *Si le 9-1-1 est occupé !*, p. 60.)

FENDANT ◆ **Être (Avoir l'air, Avoir un air) fendant.** Être (avoir l'air) insolent, mal poli. « Moi, personnellement, a me dit rien mais a l'air ben correcte. Moi, je la trouve un peu jeune pis fendante sur les bords, mais je peux imaginer qu'on ait envie de se rapprocher d'elle… » (J. Doré, *Si le 9-1-1 est occupé !*, p. 72.) « C'est donc vous, la nouvelle conquête de Ti-Bum ? — Son ultime conquête… On s'est fiancé, et puis on a l'intention… Ti-Bum ? — Philias, si vous préférez… — Je préfère, oui… — Nous autres, on l'appelle toute Ti-Bum, à cause de son air fendant sur la patinoire. Y'est-y beau à voir aller à votre goût ? » (J. Barbeau, *La coupe Stainless*, p. 13.)

FER ◆ **Battre le fer tandis qu'il est chaud.** Profiter du moment opportun. «Vous ne serez de si tôt en état de vous marier : vous ne pouvez donc profiter de la préférence momentanée que vous accorde mademoiselle Pérault et, comme l'on dit vulgairement, battre le fer tandis qu'il est chaud.» (É. d'O. d'Orsonnens, *Une apparition*, p. 32.)

FERRÉ ◆ **Ferré sur qqch.** Connaissant dans qqch. (la langue, les chiffres, etc.). Par allusion aux fers des chevaux. «On a beau être ferré sur les chiffres, quand qu'y s'agit de compter des enfants, sé pu la même chose, c'est pu difficile qu'on le cré.» (Paul Coutlée, «Le recensement», dans L. Mailhot et D.-M. Montpetit, *Monologues québécois 1890-1980*, p. 121.)

FESSES ◆ **Jouer aux fesses.** Avoir des relations sexuelles. «La petite tabarnac de cochonne, murmura-t-elle en arrachant le drap, je la paye pour surveiller mon p'tit gars et elle joue aux fesses dans son litte avec tous les bums du coin. Il doit en voir des vertes et des pas mûres, lui !» (Y. Beauchemin, *Le matou*, p. 380.)

FEU ◆ **Mettre le feu (au cul) à qqn.** Faire enrager qqn. Aussi : **Avoir le feu (au cul).** Être enragé, hors de soi. «Vous savez ben qu'un homme de même, c't'indépendant comme un cochon sua glace en hiver, pis qu'ça s'ra jamais Rosalie qui va être ergagnante dans c't'histoire-là. — Je l'sais ben qu'trop, Marianna, mais ça m'met l'feu quand même : quand j'pense qu'y en pâtira même pas, lui...» (M. Laberge, *C'était avant la guerre...*, p. 113.) ◆ **Ne pas être assez fou pour mettre le feu, et pas assez fin pour l'éteindre.** Se dit d'une personne abrutie, niaise. «Coco à Tamine était reconnu pour ne pas être plus génial qu'il ne faut. Au demeurant, et avec beaucoup de générosité, les plus indulgents avançaient qu'il n'était pas assez fou pour mettre le feu et pas assez fin pour l'éteindre…» (S. Rivière, *La s'maine des quat' jeudis*, p. 121.)

FIAT ◆ **Ne pas avoir de fiat à avoir.** Ne pas pouvoir faire confiance. «Le fignoleux, i faraude toutes les filles du village et des paroisses d'en haut et d'en bas. Avec des gens comme ça, i a pas de fiatte à avoir et, si j'étais m'sieu le curé, je l'laisserais seulement pas aborder le presbytère.» (R. Girard, *Marie Calumet*, p. 101.)

FIFRE ◆ **Être en (beau) fifre.** Être de (très) mauvaise humeur, en colère, en furie. «On voit ben que t'es pas à côté, pour les entendre hurler, ma fille. C'est pas endurable. […] — Je comprends, mais si j'appelle la police, tous les voisins vont être en beau "fifre" contre toi. Et tes voisins, c'est aussi tes clients à la quincaillerie.» (M. Riddez, L. Morisset, *Rue des pignons*, p. 67.) «"Les fusils sont pas chargés" que m'souffle mon voisin. En apprenant ça, moé, comme de raison me v'là en fifre! "Pour quosque vous m'prenez donc? Pensez-vous que j'ai l'temps de jouer aux fous, moé?"» (Armand Leclaire, «Le conscrit Baptiste», dans L. Mailhot et D.-M. Montpetit, *Monologues québécois 1890-1980*, p. 110.)

FIL ◆ **Dans le (fin) fil.** Dans le détail, dans les moindres détails. «Si vous savez pas ce que c'est que la chasse-galerie, les enfants, c'est moi qui peux vous dégoiser ça dans le fin fil, parce que je l'ai vue, moi, la chasse-galerie.» (L. Fréchette, *La Noël au Canada*, p. 220-221.)

FILER DOUX ◆ **Filer doux.** Prendre une attitude humble, piteuse. «Ch'te dis que Ti-Noir travaille fort ces temps-citte. Y travaille chez Eddy. Y a ben des T.V. à transporter. Y file doux. J'ai la tête plus dure que lui pis je l'ai cassé Ti-Noir.» (M. Letellier, *On n'est pas des trous-de-cul*, p. 169.)

FILER FIN ♦ **Filer fin.** Être aimable, gentil. «Claude Lemieux s'était approché de lui sans qu'il s'en rende compte, comme chaque fois qu'il "filait fin" selon sa propre expression. Mais l'enfant de la grosse femme n'avait pas envie que Claude file fin et le repoussa.» (M. TREMBLAY, *Le premier quartier de la lune*, p. 111.)

FIN FIN ♦ **Ne pas être fin fin.** Ne pas être intelligent, perspicace. «C'est comme de partir en pleine nuit, c'est pas fin fin. Mes amies doivent se demander ce qui se passe. On est pas des bandits, après tout.» (C. JASMIN, *Pleure pas, Germaine*, p. 60.)

FINANCE ♦ **Être sur la finance.** Payer à crédit, payer à tempérament. «Ça fait qu'y a pus parsonne qui use son butin. C'est pus que le petit calvette de gaspillage, mon gars! Quand tu penses à ça comme faut, c'est pas surprenant que tout le monde soient sus la finance!» (R. LÉVESQUE, *Le vieux du Bas-du-Fleuve*, p. 58.) ♦ **Payer la finance.** Rembourser la compagnie de crédit. «Ça me fait penser à une affaire: sais-tu que rendu à mon âge y en a une maudite gagne qui ont pas fini de payer la finance? Sais-tu qu'y sont assez rares aux jours d'aujourd'hui les ceusses qui peuvent se vanter d'être maîtres chez-eux?» (R. LÉVESQUE, *Le vieux du Bas-du-Fleuve*, p. 67.) ♦ **Acheter sur la finance.** Acheter à crédit. «Ça fait qu'on est allé au White Furniture Credit Store. [...] Parce que nous-autres, on l'achetait, c'était sur la finance qu'on achetait ça. Ça fait que comme il m'a expliqué: "Sur la finance, il dit, faut signer des papiers." (G. PELLERIN, «La télévision», dans L. MAILHOT et D.-M. MONTPETIT, *Monologues québécois 1890-1980*, p. 172.)

FINESSES ♦ **Faire des finesses.** Finasser, faire des finasseries. «Ce n'est pas pour moi que vous avez travaillé! lança l'évêque vivement, tout en se rapprochant. Pas pour moi! reprit-il, comme s'il cherchait à chasser une pensée de son esprit. — Vous faites des finesses.» (J. Benoît, *Les voleurs*, p. 230.)

FIOLE ◆ **Se péter (petter) la fiole.** Faire une chute, se tuer. «Quand je me petterai la fiole avec une balle de .38, je les allumerai tous les deux [cierges] avant de m'étendre sur le tchesteurfilde.» (J. Renaud, *Le cassé*, p. 107.) ◆ **Péter la fiole à qqn.** Tabasser qqn. «Réveillez-vous, bonyeu! Y'a pas quelqu'un qui aurait le goût de péter la fiole de quelqu'un d'autre là, pour mettre un peu d'ambiance?» (M. Tremblay, *Des nouvelles d'Édouard*, p. 16.) ◆ **Se faire sauter la fiole.** Faire la fête, s'amuser. «[…] chaque fois que j'me fais sauter à fiole avec ma trois cent trois, immanquablement, c'est pour la mettre dans marde, elle […].» (J.-M. Poupart, *Chère Touffe, c'est plein plein…*, p. 30.)

FIXE ◆ **Pogner** [poigner] **le fixe (sur qqn).** Fixer longtemps qqn ou qqch., s'amouracher, s'enticher de qqn. «Y fixent encore. Y'ont dû pogner le fixe à fixer de même.» (J. Doré, *Si le 9-1-1 est occupé!*, p. 142.)

FLEUR ◆ **Blanc (Blême) comme de la fleur.** Pâle, livide. D'après la fleur de farine: farine très fine et très blanche. «De quoi c'est que tu te mêles, toé? Ta brassée de linge est-y finie? Viens donc icitte, pour voèr. Faut t'habiller plus à fraîche, avec les chaleurs qu'y fait… Cout'donc, ça file pas? T'es blanche comme de la fleur…» (A. Ricard, *La gloire des filles à Magloire*, p. 46.)

FLUSH ◆ **Être (un)** *flush* [angl. avoir des sous]. Être prodigue, généreux. «Sans compter que je me serais fait un coup d'argent avec ça. Parce que mon oncle Arsène serait venu certain. Et puis lui, c'est un "flush": je vous dis que les trente sous, ça frise avec lui.» (Gratien Gélinas, «La fête de Fridolin», dans L. Mailhot et D.-M. Montpetit, *Monologues québécois 1890-1980*, p. 155.)

FLÛTES ◆ **Se mêler dans ses flûtes.** Se tromper, se four-voyer. « […] certaine qu'a s'était pas mêlée dans ses papiers, ses flûtes pis ses pilules, qu'à s'retrouverait pas engrossée, pleine aux as, le tit mongol qui gigote déjà. » (J.-M. POUPART, *Chère Touffe, c'est plein plein…*, p. 110.)

FLYE ◆ **Lever le flye** [*angl.* « flag », drapeau]. Partir, déguer-pir. Allusion au cerf de Virginie qui lève le flye, la queue, lorsqu'il prend la fuite. « Il passait la première nuit à che-vaucher des fornications du diable qui les mèneraient, à coup sûr, chez Satan en personne. Le lendemain matin à l'aube, il levait le flye dans un concert de sabots poussié-reux, pour une brosse du St-Sichrist qui durerait dans le petit moins une grosse semaine. » (S. RIVIÈRE, *La saison des quêteux*, p. 81-82.)

FOIN ◆ **Avoir le foin.** Aussi : **Avoir du foin (dans ses bot-tes).** Avoir de l'argent. « On devait être payés, nous autres, dit Foviolain négligemment. — Ti-Dré a le foin, fit Gus en les poussant dehors de ses bras musclés. » (J. BENOÎT, *Les voleurs*, p. 218.)

FOND DE COUR ◆ **…de fond de cour.** …de pacotille, de rien du tout. « Reconnaissez Pulchérie Trousseau. C'est elle qui a sorti le cancer de madame Letiec. — Oui, une sorcière de fond de cour. Vous péchez contre le premier comman-dement de Dieu. / Peuplière s'était avancée, frémissante de colère. La guérisseuse la toisa. » (R. LEMELIN, *Au pied de la pente douce*, p. 281-282.)

FONNE ◆ **Avoir un fonne (fun)** [*angl.* « fun », plaisir] **noir (bleu, vert, comme dix, comme quand on se tue).** S'amuser (follement). « […] elle avait découvert que dans sa tête quel-qu'un qui s'appelait Édouard était toujours resté présent et que la duchesse n'avait été qu'un rôle de composition qu'il avait eu un fun noir à tenir pendant toutes ces années. »

(M. Tremblay, *Des nouvelles d'Édouard*, p. 26.) ♦ **Être (qqn, qqch.) (b'en) d'le (de, le) fonne.** Être qqch., qqn d'amusant, d'une compagnie agréable. «Hier, on est allés dans un cabaret ben le "fun", le genre de monde "dur à cuire", tu sais?» (M. Riddez et L. Morisset, *Rue des pignons*, p. 283.)

FORÇAIL ♦ **Au forçail.** À la limite, au pire. «Au forçail, j'peux endurer un ingénieur, ben que j'les haïsse pire que les ours et les loups, mais j'aime mieux voir le gouvernement à cent milles que sur mon perron. J'ai pas besoin d'en dire plus.» (H. Bernard, *Les jours sont longs*, p. 22.) «T'es pas heureuse, t'es ben, aussitôt tu perds le goût de mourir parce que le suicide, c'est pas une action, c'est une pensée. Au forçail, une pensée poussée un peu trop loin.» (J.-M. Poupart, *Chère Touffe, c'est plein plein…*, p. 143.)

FORCE DU MOT ♦ **…dans la force du mot.** Suprêmement, littéralement. «Ah ça fait rien, y en a une autre qui me travaille! Une belle p'tite pitoune. — Une pitoune… Une femme, Richard! — A s'appelle Nicole… C't'une dame dans la force du mot… — Richard Lentaignes avec une pisseuse! Ben j'aurai tout vu.» (A. Forcier, J. Marcotte, *Une histoire inventée*, p. 69.)

FORÇURE ♦ **Rouge comme de la (comme une) forçure (forsure)** [fressure: foie d'animal]. Très rouge, écarlate. «Ah! mes vieux! il y avait là le garde-chasse en personne. Trempé jusqu'aux os, la face rouge comme une forsure. Son ciré dégouttait. On le reçoit poliment. Je le fais asseoir. Et j'attends. Y parlait de rien. J'étais pas à mon aise, vu que les plumats séchaient sous le poêle et que le fricot mijotait dans le chaudron.» (G. Guèvremont, *En pleine terre*, p. 62.)

FORT ♦ **Prendre (Boire) du fort.** Boire des spiritueux. «J'pense qu'il reste une bouteille d'orangeade. — Tu vois, c'est pas avec ça que tu vas rouler sous la table. — De toute façon, j'prends pas de "fort" à cause de mon entraînement. — T'as ben raison.» (M. Riddez et L. Morisset, *Rue des pignons*, p. 315.)

FORT EN GUEULE ◆ **Être fort en gueule.** Aussi : **Haut en gueule** (vieilli). Être hâbleur, bavard. «Avec le temps, les forts en gueule parlèrent d'aller déloger ce vieillard paresseux qui n'apportait, du reste, rien de bon à la communauté, sinon quelques vers illisibles, dont on ne comprenait pas un traître mot et qu'à tout prendre, le temps se chargerait bien d'oublier.» (S. Rivière, *La saison des quêteux*, p. 44.)

FOU ◆ **Faire un (vrai) fou de soi.** Faire l'idiot, se conduire en (véritable) idiot. Calque de l'anglais *to make a fool of oneself*. «Je me suis dit qu'en traversant trois ou quatre rues par la droite je finirais par retomber sur la rue du Faubourg Saint-Denis et j'ai pris mon courage à deux mains. Pas besoin de vous dire que j'ai fait un fou de moi [...] Maudit niaiseux! Gros épais! J'avais pourtant la façade de la gare du Nord derrière moi, je devais donc être dans la bonne direction!» (M. Tremblay, *Des nouvelles d'Édouard*, p. 255.) ◆ **Jouer au fou.** Finasser. «"Les fusils sont pas chargés" que m'souffle mon voisin. En apprenant ça, moé, comme de raison me v'là en fifre! "Pour quosque vous m'prenez donc? Pensez-vous que j'ai l'temps de jouer aux fous, moé?"» (Armand Leclaire, «Le conscrit Baptiste», dans L. Mailhot et D.-M. Montpetit, *Monologues québécois 1890-1980*, p. 110.) ◆ **Lâcher son fou.** Se défouler, faire des pitreries. «Je souuis vieux et j'ai besoin de la chaleur de ton grand démone. (Elle revient à sa voix normale.) — Tout ça pour me dire qu'y voulait que j'lâche mon fou...» (Jean-Claude Germain, «L'opéra», dans L. Mailhot et D.-M. Montpetit, *Monologues québécois 1890-1980*, p. 400.)

FOUILLE-MOI ◆ **Fouille-moi!** Qui sait? «Où y vont, tu penses? demanda Agnès. — Fouille-moé... Attention pour pas qu'y te voient! ajouta ma tante en s'éloignant de la fenêtre.» (J. Benoît, *Les voleurs*, p. 63.)

FOUL BALL ◆ **Faire *foul ball* (*fall-ball*)** [angl. «foul ball», balle fausse] **(sur toute la ligne).** Échouer, se tromper (du tout au tout). «Ouais, ben là, chpense qu'on est fall-ball encore une fois pour le smoke meat!» (J.-C. Germain, *Les nuits de l'Indiva*, p. 91.) «Hier soir, tout à fait fall ball. Faudrait pas que ça s'reproduise trop souvent, des veillées de même, on en ressort bien graf-figné.» (J.-M. Poupart, *Chère Touffe, c'est plein plein…*, p. 125.)

FOURCHETTE ◆ **Être taillée en fourchette.** Avoir un beau corps. «Les jeunesses l'appellent Joséphone parce qu'elle rapporte tout; Miss Bolduc, parce qu'elle se croit belle. Pour les intimes, Phiphine! — Maigre comme un clou bien qu'elle mange comme un loup, taillée en fourchette […].» (B. Lacroix, *Les cloches*, p. 35.)

FOURRER ◆ **Se faire fourrer.** Se faire tromper, berner. «Un zou c'est la place pour se faire fourrer. Les questions les plus vicieuses m'arrivent depuis qu'on est là-dedans. Votre père est un ignorant, les enfants! Un ignorant.» (C. Jasmin, *Pleure pas, Germaine*, p. 45.)

FRAÎCHE ◆ **Prendre la fraîche.** Prendre de l'air frais (notamment le soir) à l'extérieur. «Les soirs d'été, c'est l'coin d'ombrage /pour v'nir prendr' la fraîch' pis s'promener, / après qu'on a sué su' l'ouvrage, / qu'l'eau nous pissait au bout du nez.» (É. Coderre, *J'parle tout seul quand Jean Narrache*, p. 123.) ◆ **S'habiller à (la) fraîche.** S'habiller légèrement, porter des vêtements amples. «Faut t'habiller plus à fraîche, avec les chaleurs qu'y fait… Cout'donc, ça file pas? T'es blanche comme de la fleur…» (A. Ricard, *La gloire des filles à Magloire*, p. 46.)

FRAIS ◆ **Être (Faire son, Faire le) frais (à chier, chié).** Être prétentieux, arrogant, faire le prétentieux, l'arrogant, le fanfaron. «Quand l'Européen arrêtera de se prendre pour le nombril du monde et que l'Américain par exemple arrêtera d'aller faire le frais chié dans le monde quand on sait que la plupart de ses problèmes s'enflent chez lui…» (C. Péloquin, *Mets tes raquettes*, p. 89.) «Pis c'est pas des p'tits frais chiés comme vous aut'/ qui vont les empêcher d'boire, Ciboère!» (Jacqueline Barrette, «Poléon le révolté», dans L. Mailhot et D.-M. Montpetit, *Monologues québécois 1890-1980*, p. 280.)

FRAISE ◆ **Se bourrer la fraise.** S'empiffrer. «Je me bourre la fraise quand je m'ennuie. / Je me bourre la fraise quand j'angoisse. / Je me bourre la fraise quand j'ai de la peine. / Si je vis rien, chus frustrée, je me bourre la fraise.» (J. Doré, *Si le 9-1-1 est occupé!*, p. 15.) ◆ **Se pacter la fraise.** S'enivrer. «AH! PIS F-O-C-Q-U-E! Autant parler à un mur! Même en b-l-o-n-d-e! Ça va finir comme d'habitude! Avec toué quyé jlé dans ton coin! Pis moué qui spac-que la fraise dans l'autte! La seule différence avecque hier, cé qu'à souère jme pac-que à l'a-phro-di-siac-que!» (J.-C. Germain, *Mamours et conjugat*, p. 137.) ◆ **Voir la fraise de qqn.** Voir l'aspect, le visage de qqn. «Une chatte, ça peut griffer, Gerry. Depuis que j'i'ai vu la fraise, à elle, je l'ai casée! J'aime mieux Violette! A Braille tout l'temps, correct, c'est fatigant, correct, mais on voit que c't'une p'tite fille qui a souffert pis qui souffre encore!» (J. Barrette, *Oh! Gerry Oh!*, p. 66.) «Je suis content de te voir la fraise, mon jeune, reprit monsieur St-Onge, tout en passant le torchon sur le comptoir. Qui t'envoie? — Personne.» (Y. Beauchemin, *Le matou*, p. 23.)

FRET ◆ **Sauter un fret.** Sauter clandestinement dans un train de marchandise [*angl.* «freight train»] (en marche). À une époque, pour voyager, on sautait souvent dans les wagons de marchandise, d'où l'expression. «Et, tout à coup, il souhaita l'évasion. Il la souhaita avec une telle âpreté qu'il envisagea mille projets tous plus absurdes les uns que les autres. Il s'imagina faisant son paquet et déguerpissant avant le retour de sa femme. Il "sauterait un fret", il irait s'emboucher dans les mines. » (G. Roy, *Bonheur d'occasion*, p. 163.)

FRETTE ◈ **Rester frette** [froid]. Rester figé sur place, interloqué. « Je rouvre, pis que c'est que j'aperçois ? Une vré apparition, mon gars ! Une torvisse de belle femme, entends-tu ?… Ça fait que tu te figures ben que je reste frette. » (R. LÉVESQUE, *Le vieux du Bas-du-Fleuve*, p. 89.)

FRIPPE ◈ **Partir sur la frippe (fripe).** Aussi : **Partir (rien que) sur une fripe.** Se laisser emporter par une chimère, partir en fête, se lancer dans une beuverie. « Tu m'croyais parti sus la frippe avec eux aut'. Mais j'ai rien pris, j'leur ai laissé les femmes. Moi, j'voyais à toute, j'vais ma tête, pis y'avaient confiance en moi. Ça fait qu'y ont eu leur fun. » (Y. THÉRIAULT, *Les vendeurs du temple*, p. 200.)

FRONT ◈ **Avoir un front de bœuf (maigre).** Avoir de l'audace, du sans-gêne, être effronté, fonceur, avoir une figure maussade. « Y débarque pis y va chercher une grosse valise qu'y avait trouvée en faisant son break. Y rembarque. Ça prend pas un front de bœuf pour r'passer à même place. Là on a sacré not' camp dans l'nord pis on est arrêté à un motel. » (M. LETELLIER, *On n'est pas des trous-de-cul*, p. 121.)

FULL SPEED ◈ **(Aller, À)** *full speed* [*angl.* à grande vitesse]. (Aller) à toute vitesse. « Je pèse sur le gaz et la petite aiguille me montre 50. C'est beaucoup pour un petit bazou asthmatique. La remorque bourrée en a des soubresauts, comme les hoquets d'un ivrogne qu'on entraînerait à full speed. » (C. JASMIN, *Pleure pas, Germaine*, p. 57.)

G

GAFFE ◆ **Connaître la gaffe.** Avoir de l'expérience, connaître les combines. «Regarde-toé, Christ! T'es blanc! Je connais la gaffe, fit-il après un moment. S'y nous prennent, y
vont te mettre de la complicité su'l'dos. Ça va te coûter
cher, mon chien…» (J. BENOÎT, *Les voleurs*, p. 192.) «C'est
pas des fous ces gars-là, ils viennent de Bordeaux, y ont
leur costume. Ils connaissent la gaffe.» (Gilles PELLERIN, «Le
football américain», dans L. MAILHOT et D.-M. MONTPETIT,
Monologues québécois 1890-1980, p. 179.) ◆ **Faire la gaffe.**
Aussi: **Être dans la gaffe.** S'adonner à la prostitution, au
crime. «À 55 ans, dehors les têtes fortes et les reins faibles.
On sera obligé de faire la gaffe pour vivre. — En tout cas,
essaie de te placer en ville, Baquais! Essaie, essaie même si
t'as pas encore tes 50.» (J.-J. RICHARD, *Faites-leur boire le
fleuve*, p. 160-161.)

GAGNE ◆ **Faire de la gagne.** Aussi: **Avoir la gagne (sur le
bras).** Faire (Gagner) de l'argent, travailler. «Les jours de
pluie, c'était de grosses journées de gagne pour les forgerons, puis de flânage aussi, parce que ça s'emplissait de
monde.» (J.-C. DUPONT, *L'artisan forgeron*, p. 260.)

GALIPOTE ◆ **Courir la galipote (galipotte).** Faire la fête,
rechercher les aventures galantes, errer à l'aventure. «Père
de huit enfants, c'était un paysan par atavisme, travaillant
comme une bête, courant souvent la galipote et dépensant
comme un fou…» (C.-H. GRIGNON, *Un homme et son péché*,
p. 49.)

GAME ◆ **Être *game*** [*angl.* se sentir de taille (à faire qqch.)]
pour faire qqch. Être prêt à faire qqch. «Y m'aide beaucoup. Lui, je vous dis que l'homme enceint, y serait game

pour essayer ça. Y'est pas comme Jean-Guy Tremblay lui, y veut pas le remettre à son père ou à sa mère, y veut s'en occuper. » (J. Doré, *Si le 9-1-1 est occupé!*, p. 53.) ♦ **Pas un mot sur la *game*** [*angl.* partie, match] ! Pas de réplique ! Pas un mot de plus à ce sujet ! « Eh ben, à matin, j'ai pas dit un mot sur la "game" ! Même que m'man m'a demandé si j'étais malade. Et puis qu'est-ce que j'ai fait de mon avant-midi, que j'aurais pu lui faire promouvoir mes affaires personnelles ? » (Gratien GÉLINAS, « La fête de Fridolin », dans L. MAILHOT et D.-M. MONTPETIT, *Monologues québécois 1890-1980*, p. 153.)

GANG ♦ **Arriver en *gang*** [*angl.* « gang », bande]. Arriver en groupe, en grand nombre. « J'enlève ma chemise et je manque mon coup, la chemise tombe à l'eau. Je m'en sacre. Y arrivent tous en gang. Y m'entourent. On se donne la main. » (C. JASMIN, *Pleure pas, Germaine*, p. 26.)

GARCETTES ♦ **Se faire aller les garcettes (en l'air).** Gesticuler. « On a t'y volé le coffre-fort de la police ? demanda Faviolain très lentement. — Si tu sais pas ce que t'as fait, reprit l'agent sans bouger, t'as pas besoin de te faire aller les garcettes, pis ta grande gueule… Charlie ! » (J. BENOÎT, *Les voleurs*, p. 120.)

GAZ ♦ **Donner du (Peser sur le) gaz.** Accélérer. Appuyer sur l'accélérateur (en automobile). Calque de l'anglais *to step on the gas*. « Y fait une belle nuit de juin. C'est doux. Le tacot décolle. Je pèse sur le gaz. — C'est loin la Gaspésie, hein, pôpa ? — Oui, ma crotte, c'est loin, on est pas rendus, c'est au bout de la carte. » (C. JASMIN, *Pleure pas, Germaine*, p. 13.)

GAZÉ ♦ **Être gazé.** Être ivre, étourdi, dans un état second. « Moé ch'tais gazée pis j'dansais comme une folle. J'avais enlevé mes souliers, j'garde jamais ça pour danser. […] Après ça j'ai été malade! Ch'tais tellement gazée.» (M. LETELLIER, *On n'est pas des trous-de-cul*, p. 155.)

GÉNIE ◆ **Ne pas avoir de génie.** Être un peu timbré. «Chus parée à être patiente en masse. C'est pas dit que j'vas clairer la place aussi vite, parce que j'ai une brue qui a pas d'génie. — Vous mettez ça pire que c'est, tante Mina, vous faites exiprès d'vous exciter sus elle.» (M. LABERGE, *C'était avant la guerre…*, p. 35.)

GO ◆ **Être sur la go (on the go).** Être en fête, partir en trombe, divaguer. Calque de l'anglais *on the go*. «Vous me comblez, madame. Je dois vous prévenir que je suis encore un peu sauvage. — Tant mieux!… Nous conviendrons du jour, de l'heure, car je suis toujours on the go.» (A. BESSETTE, *Le débutant*, p. 94.)

GODILLE ◆ **Lever godille.** Partir, s'embarquer. «Comme elle racontait, elle était jeune, elle était sûre que mon pére lève-rait facilement godille le dimanche venu, ou craindrait pas la glace d'hiver. J'l'entends encore dire: — C'est à peine un canal! Un pertuis!» (Y. THÉRIAULT, *Moi, Pierre Huneau*, p. 14.)

GORLOT ◆ **Être gorlot.** Être éméché, un peu ivre. «Chome-dey qui ne parle presque jamais dit: — Excuse, j'ai bu, je suis pas mal gorlot!» (J.-J. RICHARD, *Faites-leur boire le fleuve*, p. 164.)

GOSSES ◆ **Tenir qqn par les gosses.** Aussi: **Pogner** [poigner] **qqn par les gosses.** Tenir qqn bien en main, sous sa férule. «Gosses»: testicules. «J'aurais tué Bouboule si Philomène m'aurait pas tenu par les gosses. C'est d'sa faute! Ou la faute que chus maquereau.» (J. RENAUD, *Le cassé*, p. 73.)

GRAINE ◆ **Monter en graine.** Grandir sans porter fruit, c'est-à-dire rester célibataire, pour une jeune fille. «Et Marie-

Louise tardait à se marier, surtout au gré d'Étienne qui ne se faisait pas faute d'y faire de mordantes allusions. — Qu'est-ce que tu fais, Marie-Louise, que t'es pas capable de trouver chaussure à ton pied? Si ça continue, tu vas monter en graine, pi faire une vieille fille!» (RINGUET, *Trente arpents*, p. 236.) «Arrange ça comme tu voudras, le mot l'dit : on resse vieille fille : on se r'trouve par d'mari pis on s'sent pas appelée par Dieu. Tu viendras pas m'faire accrère qu'on choisit d'être rien, pis à parsonne : ni à Dieu, ni à homme? Voyons donc, Marianna : monter en graine, c'pas un bute, ça, dans vie!» (M. LABERGE, *C'était avant la guerre…*, p. 36.) ◆ **Se saucer la graine.** Coïter. «Lui : rien que pour me saucer à graine, mouiller nos soirées creuses, tu vas tellement aimer le goût, ça va tellement te saouler, c'est acide, j'te connais, va!» (J.-M. POUPART, *Chère Touffe, c'est plein plein…*, p. 57.)

GRAISSE ◆ **Étouffer dans sa graisse.** Être trop gras, souffrir d'embonpoint. «Un' soupe aux pois? Un peu d'porc frais? / Un' point' de tart'? Ça te r'mettrait. / J'te r'gard'; t'as l'ventr' collé aux fesses; / Ben sûr, t'étouff's pas dans ta graisse!» (É. CODERRE, *J'parle tout seul quand Jean Narrache*, p. 55.)

GRAND ◆ **Tirer du grand.** Se donner de l'importance, faire le pédant. «Y ont pas d'affaire avec ça, eux aut' ; c'est privé, ça, ça les r'grde pas. […] — C'est parce que c'est des gensses de leu milieu, c't'un parent d'la famille de madame. — Pis après? Tout l'monde tire pas du grand comme eux aut'. Pis c'est ben tant mieux!» (M. LABERGE, *C'était avant la guerre…*, p. 31.) «Moi, j'ai pas d'avoine dans mes chaussures. J'sus pas la servante enrouée. Entravée non plus. J'tire pas du grand plusse qu'admis, j'pète pas plus haut que le trou.» (J.-M. POUPART, *Chère Touffe, c'est plein plein…*, p. 164.)

GRAND « A » ◆ **Aimer avec le (un) grand « A».** Aimer avec passion. «Laissez dans les tiroirs les formules toutes faites, apprises au couvent ou les genoux de vos mères... ces mots qui ne servent qu'à parler et non pas à vivre! VIVRE! Vous comprenez, avec le grand "V" — Pour moi, VIVRE, avec le grand "V", c'est aimer avec le grand "A". » (J. BARRETTE, *Oh! Gerry Oh!*, p. 37.)

GRAND FOIN ◆ **Un grand foin.** Dégingandé, grand et mince. Se dit d'un homme. «Le barbu a fini son histoire. Janine l'embrasse sur la joue pour le remercier. Ronald part lui ramasser des roches chanceuses brillantes. Et mon grand foin d'Albert joue dans le sable mouillé comme un bébé!» (C. JASMIN, *Pleure pas, Germaine*, p. 36.)

GRAND JACK ◆ **Un grand jack.** Un grand gaillard, costaud. «Hé là-bas, dis-don, l'grand Jack, qu'ost-ce que t'as à r'garder par icitte? C't'y vrai qu't'as enjôlé la fille à Johnny? Plutôt que d'faire jaser toute la paroisse, tu ferais ben mieux de r'tourner back su toé. » (R. GIRARD, *Rédemption*, p. 85.)

GRAND SLAQUE ◆ **Un grand slaque** [*angl.* «slack», mou]. Dégingandé, grand et maigre. «Y sait rien faire, mais y est plein d'entreprise; la bonne volonté, c'est Albert. Y a des bruits, des petits grognements. Y va finir par l'avoir, le grand slack.» (C. JASMIN, *Pleure pas, Germaine*, p. 14.)

GRAND-MÈRE ◆ **Des histoires à (de) ma grand-mère.** Des sottises, des balivernes, des propos dépassés. «Philomène avec Bouboule... Voyons donc... J'me fais des idées pour rien. Ça s'imagine pas, ça, Bouboule avec Philomène... Les mains à Philomène qui griffent les fesses à Bouboule quand Bouboule... Non, non... Hey! C'est rien que des histoires à ma grand-mère... Philomène a pas de raisons de faire ça. » (J. RENAUD, *Le cassé*, p. 34.)

GRANDE DEMANDE ◆ **Faire la grande demande.** Faire une demande en mariage. «Mais même ce soir-là, il avait quitté

Marie sans rien dire de ce qui lui chantait au cœur. / Et voilà maintenant que l'autre rôdait, rôdait autour de la belle et même autour de Menaud pour faire la grand'demande… sans doute… / Comme il souffrait, le pauvre! » (F.-A. Savard, *Menaud maître-draveur*, p. 69.)

GRANDE EAU ◆ **Laver à grande eau.** Laver avec beaucoup d'eau, à l'eau courante. «Pis quand t'allais à confesse, oh donc! Je t'en passe un papier que tu y allais pas pour des pinottes. Le curé te lavait à grande eau. Tu sortais de la boîte blanc comme un ange, avec des chemins de croix ou ben des rosaires comme pénitence.» (R. Lévesque, *Le vieux du Bas-du-Fleuve*, p. 94.)

GRANDE OPÉRATION ◆ **Avoir la grande opération.** Subir une hystérectomie. «Quand j'y ai dit au juge qu'une fois y avait dit aux enfants que j'avais eu la grande opération parce que ch'tais toute pourrite en-d'dans, le juge y a dit : "Dites-en pas plus madame."» (M. Letellier, *On n'est pas des trous-de-cul*, p. 173.) «La mére Thophile contait quand elle avait pardu son troisième… pis quand a s'était faite opérer pour la grande opération, pis comment c'est que ça faisait mal […].» (R. Lévesque, *Le vieux du Bas-du-Fleuve*, p. 136.)

GRANDS MOTS ◆ **Des grands mots.** Des mots savants, un langage châtié. «Des grands mots… Ah, j'le savais…! J'l'ai dit à ma femme avant d'partir. J'vas me faire enterrer de grands mots que j'y ai dit! J'va m'faire chanter une romance!» (Y. Thériault, *Les vendeurs du temple*, p. 69.)

GRAS ◆ **Parler gras.** Blasphémer. «Y bûchait du gros bois comme si ça avait été des r'poussis d'épinette! Ça avait peur de ni yeu ni yable […] Sauf vot' respect, y parlait gras à part de ça.» (Y. Thériault, *Les vendeurs du temple*, p. 95.)

GRATTE ♦ **Manger sa gratte.** Se faire gronder, rabrouer, subir une raclée. «Ça jette un frette. Simon se demande comment qu'y doit prendre ça, c'est ce qu'on appelle manger sa gratte, une tite gratte quand même, y décide de jouer, fait un clin d'œil à Anne, lâche: on se retrouve en avant.» (J.-M. POUPART, *Chère Touffe, c'est plein plein…*, p. 72.)

GRIPPE ♦ **De grippe et de grappe (De grippe et de branche).** De peine et de misère. «Il avait réalisé une centaine de dollars, de grippe et de grappe, et avait fondu le tout dans un commerce de ferronnerie et de réparation, en compagnie d'un individu dont il connaissait tout juste le nom.» (G. ROY, *Bonheur d'occasion*, p. 162.)

GROS BOUT ♦ **Se lever (du lit) le gros bout le premier.** Se lever de mauvaise humeur. «Ce matin-là, notre curé s'était, comme disent nos campagnards, levé du lit le gros bout le premier. / Le cher homme paraissait en avoir tout un monde sur le cœur. / Toute la nuit, il avait subi les assauts des plus horribles cauchemars: Marius pleurant sur les ruines de Carthage; la désolation dans le Lieu saint; la fin des temps.» (R. GIRARD, *Marie Calumet*, p. 41.)

GROS NERF ♦ **Jouer sur (Tomber sur, Tomber à ras) le gros nerf.** Agacer, irriter, fatiguer. «Pour être juste, y a quèques fois qu'a m'a tombé à ras le gros nerf, moi avec.» (J.-M. POUPART, *Chère Touffe, c'est plein plein…*, p. 205.) «Sacre-moé patience, Françoise Guillemette, compris! Sacre-moé patience! Viens pas m'jouer su'l'gros nerf avec le… Viens pas m'jouer su'l'gros nerf avec ton constipé de Charles Guillemette, compris!» (L.-M. DANSEREAU, *Chez Paul-ette, bière, vin…*, p. 112.) ♦ **Prendre le gros nerf.** S'énerver, s'impatienter. «Prends pas le gros nerf! dit Junior. Je suis juste venu vous dire que c'est le temps de souper.» (V.-L. BEAULIEU, *L'héritage / L'automne*, p. 66.)

GUELIGNEGUELAGNE ◆ **Sans gueligneguelagne.** Sans cérémonie, sans tergiversation. «Pour être bizarre c'était bizarre en enfant de nanane qu'une femme qu'il n'avait jamais vue veuille le marier jeudi en trois sans gueligne-guelagne ni farfinage [...].» (S. Rivière, *La s'maine des quat' jeudis*, p. 17.)

GUENILLE ◆ **Chiquer la guenille.** Maugréer, argumenter, rechigner. Calque de l'anglais *to chew the rag*. «Il faut tout leur montrer. Avec ça, qu'ils grognent, ces gars-là. Ils sont pas contents. "Qu'est-ce que vous avez à chiquer la guenille? que je leur ai demandé à soir. Avant de rentrer ici, vous gagniez quinze, vingt cennes de l'heure. Vous en gagnez trente à l'heure qu'il est et quarante pour l'overtime."» (G. Roy, *Bonheur d'occasion*, p. 184.)

GUEULE ◆ **Casser (Péter, Taper sur) la gueule de qqn.** Aussi: **Se faire casser la gueule.** Se faire donner une raclée, se faire tabasser. «Je le sais, moi, ce qu'il veut dire, lança l'enfant, très sérieux. Il lui a pété la gueule, c'est toute!» (Y. Beauchemin, *Le matou*, p. 480.) «La bataille sortait du restaurant. Ça se pétait la gueule à tous les coins de rue. Les grands zazous aux habits roses, verts, se faisaient battre au sang à coups de chaînes de fer par les marins qui s'amenaient à pleins camions.» (C. Jasmin, *Pleure pas, Germaine*, p. 64.) ◆ **Se péter la gueule.** Se faire mal en tombant, trébucher, essuyer un revers. «Notre existence, depuis ce lot d'années, sur la rue Drolet. Salut, deuxième étage en marde! Salut, escalier du cul où on se pétait la gueule tous les hivers, marches branlantes, rampes branlantes, salut p'tite rue Drolet.» (C. Jasmin, *Pleure pas, Germaine*, p. 12-13.)

GUILIGUILIS ◆ **Faire des guiliguilis (guilis guilis, guilis guilis ah! ah!).** Taquiner du doigt un bébé, lutiner, caresser qqn. «Si vous pensez que c'est mieux ailleurs, gênez-vous pas! dit Miville. Nous autres, on est pas payés pour vous faire des guilis guilis ah! ah! rien que pour vous recrinquer le paroissien. On est pas un CLSC, gonnebitche!» (V.-L. Beaulieu, *L'héritage / L'automne*, p. 76.)

H

HART ◆ **Maigre comme une hart.** Très maigre. Hart: lien d'osier ou de bois flexible pour attacher les fagots. «Lucile est rendue maigre comme une hart, c'est vrai, pis tes lumber jacks l'aiment moins. Est pas leu genre, est mieux que ça.» (A. Ricard, *La gloire des filles à Magloire*, p. 48.)

HAUTS ◆ **Dans les hauts.** En amont, dans les hauteurs, au nord, loin. On doit préciser toutefois que pour les habitants de l'extrême nord du Québec, Aller «dans les hauts», cela veut dire aller dans les grandes villes du centre et du sud du pays. «Tu me fais penser aux vieux Sauvages qu'il y avait dans les hauts quand j'étais jeune. S'il survenait quelque chose d'important dans leur vie, ça leur arrivait de se débaptiser pour prendre un nouveau nom qui convenait davantage à ce qu'ils étaient.» (V.-L. Beaulieu, *L'héritage / L'automne*, p. 324.) «J'aurais le goût de vous emmener avec moi, de vous montrer tout ce qu'il faut voir de notre petit coin de pays […] Mais après, on monterait dans les hauts où c'est que c'est plein de petites rivières qui sont restées encore bien sauvages: la Boisbouscache, la Mariakèche, la Sénescoupe.» (V.-L. Beaulieu, *L'héritage / L'automne*, p. 451.)

HERSE ◆ **Voler en herse.** Voler en formation triangulaire. Se dit notamment d'oiseaux qui volent en formation de herse, c'est-à-dire triangulaire. «Deux ou trois jours plus tard un immense volier d'outardes traversa la barre pourpre du soleil couchant. […] Elles volaient en herse par bandes de cinquantaine, les dernières, plus jeunes et moins habiles, d'un vol tourmenté, jetant sans cesse leurs deux notes de détresse auxquelles répondait l'exhortation mélancolique de l'éclaireur. » (G. Guèvremont, *Le Survenant*, p. 136.)

HEURE ◆ **On t'a pas demandé l'heure!** On ne t'a rien demandé! Autrement dit, mêle-toi de ce qui te regarde! «Ah ben bâtard! Toé, la bouteille d'Aspirine, on t'a pas d'mandé l'heure! — Vous êtes rien qu'une traînée, une charrue! — Toé, le laxatif, ferme ta yeule avant que j'flushe!» (L.-M. Dansereau, *Chez Paul-ette, bière, vin…*, p. 40.)

HIVER ◆ **Qu'est-ce que ça mange en hiver?** Qu'est-ce que c'est? C'est bizarre! «Clacmax! — "Cracmax" Qu'est-ce que ça mange en hiver, ça? — Tu comprends pas rapport que c'est pas ta langue. — Beau dommage!» (A. Ricard, *La gloire des filles à Magloire*, p. 65.)

HOLÀ ◆ **Mettre le holà.** Interrompre, mettre fin (à qqch.). «Derrière la grange, avec sa dulcinée, le vieux vivait de beaux moments. Mis au courant de l'affaire, le père Labrisse voulut mettre le holà et faire cesser les rendez-vous, mais lorsqu'il vit la robe donnée par Prosper, il se radoucit et se montra plus tolérant.» (G. Bessette, *Anthologie d'Albert Laberge*, p. 234-235.) «Il y paraissait peu, mais il se tenait au courant, connaissait la conduite, les allées et venues de chacun, et il n'hésitait pas à mettre le holà, quand cela devenait nécessaire.» (H. Bernard, *Les jours sont longs*, p. 94.)

HOMME ◆ **Faire l'homme.** Aussi: **Faire son homme.** Faire le fanfaron. «À quatorze ans, on est pas bon pour les niaiseries d'enfants d'école. Y fait l'homme, mais y manque pas un mot. Murielle l'écoute sans le regarder, le visage tourné vers le fleuve.» (C. Jasmin, *Pleure pas, Germaine*, p. 35.) ◆ **L'homme qui a vu l'homme qui a vu l'ours!** Se dit pour se moquer d'un ouï-dire, d'une chimère, de celui qui les colporte. «Ce qui prend aussi, ce sont les portraits de curés, de policemen, de pompiers, de vénérables jubilaires, de marguilliers, de conseillers municipaux, enfin de l'homme qui a vu l'homme qui a vu l'ours.» (A. BESSETTE, *Le débutant*, p. 44.)

J

JACK IN THE BOX ◆ **Être un jack in the box.** Être un boute-en-train, un farceur imprévisible. «Y prépare en même temps son stock de jokes pour la veillée, parce que c'est un farceur dans les réunions mondaines, un vrai jack in the box!» (J.-M. POUPART, *Chère Touffe, c'est plein plein…*, p. 70.)

JACQUES ◆ **Faire le Jacques.** Se gourmer. En France: faire l'imbécile. «Elle coudrait le bec aux gars du canton toujours prêts à faire le jacques devant les belles filles de Sorel, mais qui se gaussaient d'elle et la traitaient d'avarde, de boiteuse, parce qu'elle était mal bâtie, aussi noire qu'une corneille, et d'un esprit ménager.» (G. GUÈVREMONT, *Le Survenant*, p. 275.)

JAMBE ◆ **Partir rien que sur une jambe.** Déguerpir, filer en oubliant toute civilité. «Ne pars donc pas comme un sauvage, rien que sur une jambe. Tiens, je vais te servir une autre lampée de mon vin de rhubarbe. Regarde-moi ça. C'est clair comme de l'eau de roche. Vois-tu, si ça mousse.» (R. GIRARD, *Marie Calumet*, p. 38.)

JAMBON ◆ **Assis sur son jambon.** Ne rien faire, ne pas réagir. «Mais anyway, au Québec là, les politiciens avaient la couenne dure, y'étaient ben assis sur leur jambon pis y'avaient des idées de lard salé faque y'ont été ben cochons avec nous autres.» (J. DORÉ, *Si le 9-1-1 est occupé!*, p. 173.)

JARNIGOINE ♦ **Avoir de la jarnigoine.** Avoir du jugement, de l'esprit, la parole facile, avoir beaucoup de ressources. «J'avais aussi sûrement défaut de jarnigoine, jeune de même. Le vouloir mou, les promesses faciles, mais l'exécution retardée.» (Y. THÉRIAULT, *Moi, Pierre Huneau*, p. 17.) «Pourquoi ne le prends-tu pas? Il ferait un bon parrain. — Je ne dis pas le contraire, mais vois-tu, il est marié; et j'aime mieux un garçon, vacarme! ça plus de jarnigoine. — Tu crois? Sans compter qu'avec la marraine, des fois, ça peut faire une match.» (L. FRÉCHETTE, *Originaux et détraqués*, p. 229.)

JARS ♦ **Faire le (Faire son, Jouer au) jars.** Faire le pédant, le prétentieux, se vanter. «Un des Mercure, enrôlé en ville, était venu une ou deux fois exhiber son uniforme dans le rang et "faire le jars" devant les filles du canton; mais depuis six mois qu'il était parti pour l'autre bord, en Angleterre, il avait écrit quelques lettres qui eussent suffi à décourager quiconque eût eu l'envie d'en faire autant.» (RINGUET, *Trente arpents*, p. 174.)

JASETTE ♦ **Faire une jasette.** Aussi: **Piquer une jasette.** Bavarder, converser. «Pourtant, quand j'veux faire un' jasette / à Saint-Joseph ou Notr'-Seigneur, / c'est curieux comm' j'ai d'la parlette: / ça march' tout seul, puis à plein cœur.» (É. CODERRE, *J'parle tout seul quand Jean Narrache*, p. 64.)

JEUNESSE ♦ **Être une jeunesse.** Être costaud, enfant. «Réginald Olivier. Je demeure à Montréal. — Vous m'avez tout l'air d'une jeunesse? — Vous dites? — Grand-père demande si vous êtes marié, interpréta la jeune fille. Ici, on est une jeunesse tant qu'on est pas marié. On peut être âgé de quatre-vingts ans et être encore une jeunesse, seulement, on est alors une vieille jeunesse.» (R. GIRARD, *Rédemption*, p. 51-52.) «Il faut que je pense à mes vieux jours, se défendit monsieur Berval. Je ne suis plus une jeunesse, vous savez, et la reine d'Angleterre n'est pas ma cousine… C'est $1 500 par mois, mes trois repas fournis, ou alors je retourne faire la cuisine dans les chantiers.» (Y. BEAUCHEMIN, *Le matou*, p. 41-42.)

JOIES ◆ **Faire des joies (à qqn).** S'exalter, faire des démonstrations intempestives de joie (notamment, d'un enfant), faire plaisir (à qqn). «Elle l'arrêta d'un geste, pâlissant d'émotion, de trop de surprises, d'inattendu qui lui gonflaient le cœur. — Fais-moi pas des joies, dit-elle. — C'est pas des joies en l'air, ma femme.» (G. ROY, *Bonheur d'occasion*, p. 172.)

JOS CONNAISSANT ◆ **Être un (grand) Jos Connaissant.** Aussi: **Faire son (Faire son p'tit) Jos Connaissant.** Faire son connaissant, son savant. «Moé, je le dis ben franchement, je sus pas un grand Jos Connaissant là-dedans. Leu's histoires de budgets pis d'expansion économique pis de Baie James, ça me passe cent pieds par-dessus la tête.» (R. LÉVESQUE, *Le vieux du Bas-du-Fleuve*, p. 40.)

JOUR ◆ **Être le jour et la nuit.** Être opposé, tout le contraire de. «Ça a changé la face des choses immédiatement en arrivant à bord du "France". — Voix d'Alexis: Ça été le jour et la nuit avec New York.» (P. PERRAULT *et al.*, *Le règne du jour*, p. 15.)

JURÉ CRACHÉ ◆ **Juré craché!** Juré, parole d'honneur! «Elle a dit que si tu réparais ce que tu as fait, tu reviendrais peut-être à la tribu. — Elle a dit ça? — Juré, craché!»

(R. Carrier, *De l'amour dans la ferraille*, p. 41.) «Germaine, voyons on gèle à soir. J'aurais pas le front, Germaine. P'is j'ai pas le cœur à fourrer, j'te le jure ! — Juré ? — Juré, craché, la mère.» (C. Jasmin, *Pleure pas, Germaine*, p. 102.)

K

KICK ◈ **Avoir (Pogner)** [poigner] **le** *kick* [*angl.* coup de pied] **(pour, sur qqn).** S'amouracher, s'enticher (de qqn). «"En souvenir de notre amour"… Ouin ! — J'ai jamais compris comment ça se fait que j'ai pogné le kik sur toi. — Wo ! Wo ! Wo ! Ç'a ben fait ton affaire le premier soir que j'ai couché avec toi.» (A. Boulanger et S. Prégent, *Eh ! qu'mon chum est platte !*, p. 65.) ◆ **Donner un (gros)** *kick.* Donner un plaisir (intense). «Comme policier j'aime les gens qui ont peur, ça me donne un kick de les sentir en bouillie rien qu'à se penser en mon pouvoir.» (J.-J. Richard, *Faites-leur boire le fleuve*, p. 194.) ◆ **Être son (un)** *kick.* Être son (un) plaisir. «Même quand y avait d'l'argent dans ses poches, y volait. C'était son kick.» (M. Letellier, *On n'est pas des trous-de-cul*, p. 123.) ◆ **Faire qqch. pour le** *kick.* Faire qqch. par plaisir. «Chien de poche, Simon fait pareil : j'ai comme l'impression que tu voulais essayer ça pour le kik, pis que là, le kik, tu trouves qu'y va s'étendre un peu trop longtemps à ton goût…» (J.-M. Poupart, *Chère Touffe, c'est plein plein…*, p. 112.)

KIT ◈ **Tout le** *kit.* Tout, l'ensemble complet. «Est greyée dans tête de tusortes d'affaires le fun, toute le kit y est, j'pense, à part du plomb.» (J.-M. Poupart, *Chère Touffe, c'est plein plein…*, p. 205.)

L

LACORDAIRE ◆ **Être Lacordaire.** Ne pas boire d'alcool, être astreint au régime sec. Allusion à un mouvement de tempérance pour hommes, fort populaire autrefois. « Oui, un jus d'orange… — T'es devenu lacordaire, mon Pierrot… — C'est pas drôle l'affaire… — Mais pourquoi qu'tu prends un jus d'orange ?… — Parce que tu m'as refilé une chaude-pisse… » (J. RENAUD, *Le cassé*, p. 119.)

LANGUE SALE ◆ **Être (une) langue sale.** Être commère, aimer dénigrer, colporter des ragots. « T'es vraiment une langue sale, j'en reviens pas ! — Je suis peut-être une langue sale, comme tu dis, mais moi, je suis normale, moi, je suis pas une LESBIENNE ! » (M. PELLETIER, *Du poil aux pattes…*, p. 120.)

LAPIN ◆ **En criant lapin !** En un rien de temps, sur-le-champ ! « Commençons d'abord par l'avocat, fit Picquot. J'en ai connu un… qui nous aurait tiré d'affaire en criant lapin. Mais le pauvre, il est mort dans des circonstances plutôt étranges, écrabouillé sous un piano à Miami. » (Y. BEAUCHEMIN, *Le matou*, p. 496.)

LARD ◆ **Mettre du lard sur les épingles.** Engraisser. « Tiens, v'là ton plat de pinottes… Comment ça, non marci ? Envoie, envoie, calvette, ça va te mettre un peu de lard sus les épingles. T'es ben de ton temps, toé, mon gars. Ça a ienque la peau pis les os pis ça a la crigne sus les épaules. » (R. LÉVESQUE, *Le vieux du Bas-du-Fleuve*, p. 87.)

LARGE ◆ **Prendre le large.** Partir, déguerpir. Issu de la langue maritime. « Mais, comme s'il avait eu peur de faiblir, il s'avisa de prendre le large une seconde fois, pour bien mûrir son prône à la fiancée. / [...] sans dire bonjour ni rien, il prit la route du Grand-Lac.» (F.-A. Savard, *Menaud maître-draveur*, p. 110.)

LAST CALL ◆ **Être le *last call*** [*angl.* dernière tournée]. Être la dernière chance, la dernière tournée (dans un bar), le dernier appel. «C'est-tu juste des femmes de quarante et un ans, mariées, séparées, accotées, avocates renommées, pré-ménopausées qui ont le droit d'accoucher? Pour moi, la ménopause, c'est le "last call", ça veut pas dire que t'as pas le droit de prendre un coup avant.» (J. Doré, *Si le 9-1-1 est occupé!*, p. 53-54.)

LAVETTE ◆ **Être trempé (Se mettre) en (comme une) lavette.** Aussi : **Être mouillé en (comme une) lavette (navette).** Être (Se mettre) en nage, trempé. «Ouf! bonjour m'sieur! (il est essoufflé) Excusez-moi, je suis trempé en lavette.» (Pierre Morency, «Naaaiiiaaah!», *Estuaire*, n° 3, février 1977, p. 31.) «Enlevant son veston mouillé, il reste un moment le bras en l'air, distrait. Tante Mélie trottine vers lui. — Ça a-t-y du bon sens, te v'là trempé comme une lavette. D'ousque tu d'sors?» (Ringuet, *Trente arpents*, p. 16.)

LEVÉE DU CORPS ◆ **Avoir la levée du corps facile (difficile).** Se lever du lit facilement (difficilement). «Oké, j'ai la lvée du corps facile... chus faite de même... mais ça pas d'allure pareil... ça pas d'allure d'avoir couru à galipote dans toué pays du monde pis d'm'ête réveillée pareil à toués matin au Camp Maria-Goretti...» (J.-C. Germain, *Les hauts et les bas dla vie d'une diva*, p. 87.)

LIBERA ◆ **Avoir son libera.** Mourir. «Ils s'imaginaient vivre jusqu'au bout de la vieillesse. Des fois, une semaine plus tard, ils avaient eu leur *Libera* et ils étaient enterrés dans un cercueil en satin. Ça coûte cher, ça, monsieur Loiseau.

Savez-vous que la mort coûte plus cher qu'un mariage. »
(R. Carrier, *De l'amour dans la ferraille*, p. 210-211.)

LIGNE ♦ **…sur toute la ligne.** Entièrement, jusqu'au bout.
« Y'était tellement doux qu'il ne pouvait pas comprendre
que les autres hommes soient hypocrites. À moins que… À
moins qu'il m'ait trompée sur toute la ligne… Oh! non…
non ça, ça se peut pas. » (J. Barbeau, *La coupe Stainless*,
p. 143.) ♦ **Tirer une ligne.** Pêcher. Allusion à la ligne à pêche.
« J'ai pris mon congé moé itou. J'avais ben dans l'idée d'aller
tirer une ligne, mais y fait trop chaud : l'poisson voudra
pas. » (M. Laberge, *C'était avant la guerre…*, p. 60.)

LIGUE DU VIEUX POÊLE ♦ **Rentrer** [Entrer] **dans la ligue
du vieux poêle.** Prendre sa retraite, devenir vieux. Allusion à
une chronique sportive animée autrefois par Jean-Maurice
Bailly à la télévision d'État, au Québec. « Stait une poule! —
Parsqu'avait couché avec toué! T'étais pourtant pas loin
d'être le premier! — D'une façon! Mais si jl'avais mariée,
j'aurais jamais pu oublier après que jl'avais eue avant! — Pis
spour ça qu't'as accroché tes patins pis qu'té rentré dans a
ligue du vieux poêle! » (J.-C. Germain, *Mamours et conjugat*,
p. 103.)

LISTE ♦ **Barrer qqn (Être barré) sur la liste.** Écarter, élimi-
ner qqn (être écarté, éliminé). « Germaine, j'aime autant te
le dire, j'suis au bout de ma corde. Au bout! C'est fini Gilles
Bédard, fini. T'es mieux de me planter là. T'es mieux de
m'barrer sur ta liste. Je vaux pas une cenne. » (C. Jasmin,
Pleure pas, Germaine, p. 104.)

LISTE NOIRE ♦ **Être sur la liste noire.** Être fiché, surveillé.
« Mais mé qu'y sorte, faut p'us qu'y s'fasse pogner parce
que ça va être la prison à vie. C't une nouvelle loi pis y est
s'a liste noire. Mais pour toute c'qu'y a faite, y est pas allé

en prison souvent.» (M. LETELLIER, *On n'est pas des trous-de-cul*, p. 123.)

LIT DE MORT ♦ **Être sur son lit de mort.** Être mourant. «Quand j'ai lâché école à 13 ans, mon vieux pére, y était sus son lit d'mort, y dit… mon p'tit garçon, j'peux pas t'laisser d'héritage… m'en doutait un peu, à vitesse qu'y buvait…» (Yvon DESCHAMPS, «Les unions, qu'ossa donne?», dans L. MAILHOT et D.-M. MONTPETIT, *Monologues québécois 1890-1980*, p. 218.)

LIVRE ♦ **Parler comme un (gros) livre.** Parler intelligemment, en termes savants. «Son bras brûlant était collé sur mon épaule; elle écoutait, je me taisais, mon cœur battait encore plus fort. Soudain elle se tourna vers moi: — Tu parles comme un livre.» (R. CARRIER, *De l'amour dans la ferraille*, p. 425.) «Elle se pencha audacieusement sur le livre ouvert. C'était un traité de trigonométrie. […] — C'est pas surprenant, dit-elle, que vous parlez comme un gros livre à lire des affaires comme ça…» (G. ROY, *Bonheur d'occasion*, p. 17.)

LOGES ♦ **Fou à mener aux loges.** Fou, idiot. Loges: asile d'aliénés. «On dirait que t'en veux encore au Survenant? remarqua Marie-Amanda. — Pas tant comme je la trouve folle à mener aux loges, elle, de verser des larmes pour un fend-le-vent qui prenait son argent et qui allait le boire avec des rien-de-drôle.» (G. GUÈVREMONT, *Le Survenant*, p. 285.)

LONG ♦ **Avoir les côtes sur le long.** Être maigre. «Au cours de ses pérégrinations, il avait vu à peu près toutes sortes de choses et tous genres de spécimens, à commencer par des queues de vaches dans le temps, en passant par une jument qui avait les côtes sur le long […].» (S. RIVIÈRE, *La saison des quêteux*, p. 75.)

LONG DE CORDE ◆ **Laisser long de corde à qqn.** Laisser beaucoup de liberté à qqn. «Faut ben forcer l'atmosphère, sont ben trop civilisés pour se sauter dans face. On peut leur laisser long de corde, y s'détruiraient pas, certain!» (J.-M. POUPART, *Chère Touffe, c'est plein plein…*, p. 105.)

LOOK ◆ **Avoir le *look*** [*angl.* allure]. Avoir fière allure, une belle allure. «Ben voyons don, c'est précieux, ça! C'est ta plus belle! Celle que t'aimes le plusse. La "dinner ring"! — La bague des grandes dames. Celle des femmes fatales en robe du soir qui descendent pour dîner… j'ai pus tellement l'âge, pis j'ai jamais vraiment eu le look!» (M. LABERGE, *Aurélie, ma sœur*, p. 27.) ◆ **Jeter un *look*.** Aussi: **Lancer un *look*.** Jeter un regard. Se dit notamment d'un regard méchant. «Venez, monsieur Bédard. On va discuter argent entre hommes. Germaine me jette un look. Le comptable s'inquiète!» (C. JASMIN, *Pleure pas, Germaine*, p. 141.)

LOUP-GAROU ◆ **Sacrer comme un loup-garou.** Blasphémer beaucoup, sans arrêt. Allusion à la croyance populaire voulant que le blasphémateur est transformé en loup-garou après sa mort. «Et puis, il m'a reconnu certain, parce que je l'ai aperçu qui me reluquait dans sa porte, avec sa grosse face de cochon de lait… en sacrant comme un loup-garou!» (Gratien GÉLINAS, «La vitrine brisée», dans L. MAILHOT et D.-M. MONTPETIT, *Monologues québécois 1890-1980*, p. 157.)

LOUSSE ◆ **Avoir du lousse dans sa corde.** Être détendu, conciliant. «Je bloque toujours au même endroit. Je pense qu'y faudrait que j'aye plus de lousse dans ma corde. Bon, Jeanne, y va falloir que tu te décides.» (J. DORÉ, *Si le 9-1-1 est occupé!*, p. 30.) ◆ **Prendre ça lousse.** Se détendre, s'accorder un peu de liberté. «De toute façon, tu devrais savoir que quand je suis au bureau, je suis au bureau… pas chez nous. Monsieur Couture me paie pas pour que je parle de mes affaires personnelles ici. — Peut-être, répond Stéphanie. Mais tu pourrais prendre ça lousse de temps en temps… il y a jamais moyen de te parler vraiment. » (V.-L. BEAULIEU, *L'héritage / L'automne*, p. 16.) ◆ **Se sentir lousse** [*angl.* « loose », mou, jeu]. Aussi : **Être lousse.** Se sentir prodigue, généreux. « Y'en a par icitte qui sont mauditement poignés après leurs cennes. Même quant' y'en ont à pas savoir quoi en faire, y se sentent pas lousses c't'effrayant ! » (Y. THÉRIAULT, *Les vendeurs du temple*, p. 217.)

LUNE ◆ **Tomber (être) dans la lune.** Se mettre à rêvasser, rêvasser. « Excusez-moi, madame Bourque… J'avais la tête ailleurs… — Excuse-toi pas, Bernadette. Je connais ça, moi aussi, avoir la tête ailleurs, tomber dans la lune… Avec des enfants sur les bras à longueur d'année, c'est normal que ça nous arrive une fois de temps en temps, moi je me dis qu'il faut pas se surprendre de ça… » (B. NOËL, *Les fleurs noires*, p. 91.)

M

MÂCHE-PATATES ◆ **Ouvrir (Fermer) le (son) mâche-patates.** Parler (se taire). « Depuis ce qui est arrivé l'autre soir à la table à cause de la Bérubé, c'est à peine si t'ouvres ton mâche-patates de temps en temps. » (V.-L. BEAULIEU, *L'héritage / L'automne*, p. 86.)

MADELEINE ◆ **Brailler comme une Madeleine.** Pleurer à chaudes larmes. « "Vas-tu sortir, espèce de petite gueuse ?"… J'arrive à méson, me crés-tu, en braillant comme une Madeleine… — La mére m'a consolée comme a pu… » (A. RICARD, *La gloire des filles à Magloire*, p. 90.)

MAIGRE ◆ **Piquer qqn au (dans le) maigre.** Vexer, froisser qqn. « Ma finesse s'situe pas dans ma façon de m'exprimer, pas besoin de le remarquer en pensant m'piquer au maigre, pas besoin de le répéter. » (J.-M. POUPART, *Chère Touffe, c'est plein plein…*, p. 159.)

MAIN ◆ **Avoir la main dure.** Infliger des corrections physiques. « Hier soir, le ramenant chez lui, vous avez demandé à Rosaire s'il était vrai qu'il a été battu durant son enfance. "Comme de raison, le père avait la main dure, mais il nous aimait et nous le savions." » (J. FERRON, *Rosaire*, p. 147.) ◆ **Connaître qqch. comme sa main.** Connaître parfaitement qqch. « Attention ! Tit-Jean ! ne va pas trop loin dans les bois, tu vas t'écarter… — Bah ! y'a pas de danger, je connais la forêt comme ma main d'un boutte à l'autre… » (R. LALONDE, *Contes de la Lièvre*, p. 71.) ◆ **Sur la main.** Avec tous les égards. « À partir de la ville de Moréal, j'ai toujours suivi la grand' rivière. Et tout le monde me recevait sur la main. C'est à qui m'aurait offert à manger, à coucher ; on remplissait mon sac de provisions. Je refusais rien, et quand j'en avais trop, j'en r'donnais aux autres quêteux que j'rencontrais le long d'la route… » (VIEUX DOC [E. Grignon], *En guettant les ours*, p. 143.)

MAISON ◆ **Casser maison.** Cesser d'entretenir un foyer, se disperser (d'une famille). « Y a le père Touchette qu'a fini par mourir de son chancre. Les Onias Barrette ont cassé maison icitte. I's sont allés vivre chez des cousins en ville ; lui a une place comme jardinier chez un Anglais. » (RINGUET, *Trente arpents*, p. 283.)

MAL ◆ **Dormir sur son mal.** Se coucher malheureux, insatisfait (en particulier sexuellement). « Bon ben sa vieille, comme disait son père, y a pas trente-six façons dfourrer lchien ! Pis la meilleure st'encore de dormir sus son mal ! » (J.-C. GERMAIN, *Mamours et conjugat*, p. 85.) « Quand t'as la piqûre t'as ben beau prend' ta pilule pis coucher su' ton mal y'a toujours des frissons qui t'passent ent' le pouvoir et l'opposition pour te forcer à amender la constitution du corps de ta moitié renversée par la situation [...].» (S. Rivière, *La s'maine des quat' jeudis*, p. 80.) ♦ **Penser à mal.** Penser mal de qqn, de qqch. «Il est pas si vieux. — Dans les quarante ans. C'est pas jeune pour se mettre à penser à mal, quand on a été tranquille comme il l'a été depuis si longtemps.» (Y. Thériault, *Moi, Pierre Huneau*, p. 94.) ♦ **Tomber dans les mals.** Aussi: **Tomber dans un mal.** Avoir une crise d'épilepsie, défaillir, rester interloqué, sidéré. «Ah oui! Jl'avais oublié celle-là! Stait quoi son nom déjà? — Y-M-A-Z-O-U-M-A-C-Q-U-E! — La picouille qu'y aurait payé du trente pour un! — S'était pas tombée dans é mals en sortant dla piste!» (J.-C. Germain, *Les nuits de l'Indiva*, p. 50.)

MAL DE CORNES ♦ **Un mal de cornes.** Un mal de tête (particulièrement après avoir ingurgité beaucoup d'alcool). «Après un congé bien mérité, le contremaître, de retour au travail, commence les opérations de coupe d'automne. Le jour de son arrivée, il demeure au lit, soignant un mal de cornes… digne d'un député. Trop de rasades, au cours du voyage.» (A. Nantel, *À la hache*, p. 32.)

MANCHE D'ALÈNE ♦ **Ne pas être un manche d'alène.** Ne pas tergiverser, aller droit au but. «Vous savez pas? Y a Bourassa qu'a parlé à Montréal! [...] — Ouais! Pi i' leur-z-a dit qu'i's avaient pas d'affaire à se mêler des chicanes des vieux pays. Et pi i' leur-z-a dit que les Canadiens iraient pas. — Bourassa! dit Euthérius, c'est pas un manche d'alène!» (Ringuet, *Trente arpents*, p. 176.)

MANTEAU ♦ **Virer son manteau de bord.** Changer d'idée, d'attitude, trahir. Aussi: **Virer son capot de bord.** «J'ai besoin de dire! — Ben dites donc au lieu de vous morfondre… Attendez-vous que Michel Jasmin vienne vous introduire ? — Gertrude, vous étiez mon amie et ma confidente tantôt dans les toilettes… Avez-vous viré votre manteau de bord ? » (J. BARRETTE, *Oh ! Gerry Oh !*, p. 99.)

MARDE ◈ **…à (en) marde.** …manqué, de pacotille. « Pourquoi rechercher le bonheur quand on est malheureux ? Apprécions le malheur et soyons heureux. — Maudit philosophe à marde. Tu veux rien comprendre. Tu grossis toutte. Je suis fâchée contre toé. » (A. BOULANGER et S. PRÉGENT, *Eh ! qu'mon chum est platte !*, p. 56.) ◆ **Donner de la marde à qqn.** Engueuler, injurier qqn. Aussi : **Prendre, se faire donner de la marde.** Se faire injurier, chicaner, engueuler. Calque de l'anglais *to give someone shit.* « Mon Ti-Noir y était flambant nu pis y s'lavait. Y avait pas fermé l'rideau d'la chambre des enfants pis y s'prom'nait d'même dans l'appartement en nous donnant d'la marde. » (M. LETELLIER, *On n'est pas des trous-de-cul*, p. 172.) ◆ **Être (Mettre qqn) dans la marde.** Être (Mettre qqn) en mauvaise position, en difficulté, faire des misères à qqn. « Y paraît que quand Marie-Louise s'est réveillée après l'accouchement, la première affaire qu'à l'a dit c'est : "Si la première chose qu'un enfant voit en venant au monde c'est le cul de sa mère, demandez-vous pas pourquoi c'que le monde est dans 'marde !" » (M. TREMBLAY, *Sainte Carmen de la Main*, p. 16-17.) « […] chaque fois que j'me fais sauter à fiole avec ma trois cent trois, immanquablement, c'est pour la mettre dans marde, elle… » (J.-M. POUPART, *Chère Touffe, c'est plein plein…*, p. 30.) ◆ **Être de la marde.** Être de peu de valeur, rien du tout. « La Gaspésie, c'est de la marde ! Vous autres, vous venez comme ça, en touristes, c'est b'en beau. Mais restez, passez un hiver. Vous rirez jaune, vert ! Tout le monde en arrache. » (C. JASMIN, *Pleure pas, Germaine*, p. 95.) ◆ **Faire (Brasser) (de) la marde.** Aussi : **Faire (de) la marde.** Causer du désordre, des ennuis, ressasser des événements désagréables, de mauvais souvenirs. « I'se brasse d'la marde chez l'dépanneur / Même la coiffure d'Réjeanne tient pus / Madame Robidas a disparu / Une queue d'renard trouvée perdue / Pis Vicky Paquette qui s'cherche un… / I' se brasse d'la marde chez l'dépanneur. » (L.-M. Dansereau, *Chez Paul-ette, bière, vin…*, p. 76.) ♦ **Fou comme (de) la marde.** Étourdi, écervelé, turbulent, agité (notamment en raison d'une grande joie). « Elles pétaient heureuses, saoules, mais elles pétaient, comme un gars parti sur une balloune, fou comme d'la marde, se tue dans un accident de la route. » (J. Renaud, *Le cassé*, p. 30.) « Pocheton, t'es fou comme de la marde… toffe de même trois quatre ans pis y t'enferment. » (J.-M. Poupart, *Chère Touffe, c'est plein plein…*, p. 156.) ♦ **Manger de la marde.** Traverser des épreuves, essuyer des difficultés, des revers de fortune. « T'avouerai-je, mon amour, que j'ai mangé pas mal de marde avant de te connaître. » (J.-M. Poupart, *Chère Touffe, c'est plein plein…*, p. 259.)

MARDE DE PAPE ♦ **Rare comme de la marde de pape.** Très rare, précieux. « Chus tu seule pis j'travaille dur, hein… Ah, la force pour moé c'est rare comme d'la marde de pape… J'en ai pus… Qu'est-ce que vous voulez ? Faut ben gagner sa vie, hein. Mais c'est pas drôle, une femme malade comme moé obligée d'travailler, hein ? » (L.-M. Dansereau, *Chez Paul-ette, bière, vin…*, p. 44.)

MARDI-GRAS ♦ **Déguisé en Mardi-Gras.** Avoir l'air d'un clown, porter des vêtements voyants, extravagants. « Un nouveau costume ! rugit Xavier en allant vers la fenêtre. Il serait aussi bien avec une peau de vache sur le dos ! C'est déjà déguisé en Mardi-Gras tous les jours et c'est pas encore content ! » (V.-L. Beaulieu, *L'héritage / L'automne*, p. 58.)

MARÉE ♦ **Faire marée.** Marcher sur le rivage au reflux de la marée, traverser à marée basse et revenir à la marée suivante. « C'est pas encôr l'été, ben manque ! Y resse pas mal de frâsis sus l'fleuve. J'me promenais sus l'écore à matin, l'soleil est bon, mais c'est pas l'été. Y a pas grand'monde encôr pour faire marée. » (M. Laberge, *C'était avant la guerre…*, p. 42.)

MARGOULETTE ◆ **Se faire aller la margoulette.** Parler, déblatérer. « Y a pas arrêté de se faire aller la margoulette. En dix coins de rue, y a raconté toute sa vie, un vrai film comique. » (C. Jasmin, *Pleure pas, Germaine*, p. 80.)

MAUDIT ◆ **Ça parle au (beau) maudit !** Exclamation : c'est incroyable, étonnant ! Exprime la surprise, l'ahurissement. « Si je peux pas rencontrer Destreilles, toujours. S'il fallait qu'il me remette mon argent, ça parlerait au maudit. » (C.-H. Grignon, *Un homme et son péché*, p. 170.) « Consternés, les trois hommes se regardèrent. — Y en a deux, dit Lucien Laflamme. — Ça parle au beau maudit ! proféra Cormier. » (Y. Thériault, *Les vendeurs du temple*, p. 52.) « Un inspecteur ! s'écria le maire Meloche en s'arrêtant net sur le trottoir […] Ça parle au maudit ! Première nouvelle que j'en ai, Hector ! Que les moineaux viennent me faire sur la tête si je mens ! Qui t'a raconté ça ? » (Y. Beauchemin, *Le matou*, p. 391.) ◆ **…comme le maudit.** Superlatif : très, à l'excès. « C'était un bon petit gars, lui dit le journaliste en lui serrant la main, l'œil humide. Tannant comme le maudit, mais plein de cœur. Il vivrait encore s'il vous avait eus comme parents, au lieu de cette grosse plorine. » (Y. Beauchemin, *Le matou*, p. 567-568.) ◆ **…du maudit.** Superlatif : grand, important. « Les vidangeurs viennent de passer. Un remue-ménage du maudit qui a secoué tout le quartier. » (M. Tremblay, *Des nouvelles d'Édouard*, p. 301.)

MAUVAIS BORD DU LIT ◆ **Se lever du mauvais bord du lit.** Se lever de mauvaise humeur. « Tu sais ben que ça servira à rien. Il y a rien qui change, tout est aussi monotone… Toujours pareil pour moi. — Tiens, tu t'es levé du mauvais bord du lit aujourd'hui ? Ça tombe bien, moi qui voulais te faire des compliments. » (M. Riddez et L. Morisset, *Rue des pignons*, p. 205.)

MAUVAIS TOUCHERS ◆ **Faire des mauvais touchers.** Faire des attouchements sexuels. « À l'âge de dix-onze ans, elle se faisait déjà des mauvais touchers, assise dans la balançoire, la main sour le tablier. » (Y. Thériault, *Moi, Pierre Huneau*, p. 109.)

MAUVAISE HERBE ◆ **Pousser comme de la mauvaise herbe.** En avoir abondamment, en quantité. « Mozusse Chabotte ! Y va y avoir des élections ! Cours au bureau du ministre. Mozusse ! Quand il y a des élections, les jobs poussent comme de la mauvaise herbe. Mozusse ! » (R. Carrier, *De l'amour dans la ferraille*, p. 30.)

MÈCHE ◆ **Ça fait une mèche.** Ça fait longtemps. Allusion à la mèche du fanal à huile. « S'parler d'amour ? S'fair' des tendresses ? / Y'a ben longtemps qu'ça leur dit plus. / Tous les espoirs de leur jeunesse, / Ça fait un' mêch' qu'i' sont foutus. » (É. Coderre, *J'parle tout seul quand Jean Narrache*, p. 101.)

MEILLEURES FAMILLES ◆ **Ça arrive dans les meilleures familles.** Ça arrive chez les meilleures personnes, c'est dans l'ordre des choses, c'est le destin. Pour excuser une erreur, expliquer un état de fait. « Eh bien ! oui ça y est, avoua celui-ci en se levant piteusement. Ça arrive dans les meilleures familles. » (R. Girard, *Marie Calumet*, p. 265.)

MÊLANT ◆ **C'est pas mêlant.** C'est sûr, c'est évident. « Ben, je sais que cette affaire-là, c'est aussi une question d'époque pis de culture… J'aurais dû naître ailleurs à un autre moment, c'est pas mêlant. » (J. Doré, *Si le 9-1-1 est occupé !*, p. 14.)

MENTAL ◆ **Être mental.** Être fou, idiot. «Jules, un aut'
affaire que j'aime pas d'lui, c'est qu'y déparle quand y boit.
Y dit tu'sortes d'affaires sans bon sens. Y m'a déjà traitée de
bâtarde pis devant Ti-Noir. Ben y a été mental plus jeune. Y
a été obligé d'avoir des soins.» (M. LETELLIER, *On n'est pas
des trous-de-cul*, p. 141.) «J'sais pas comment j'ai pu faire
mon compte pour pas rire avant, dit Foviolain. — Tu dois
être mental, fit oncle Juvu. — En Christ! hurla Ignace.»
(J. BENOÎT, *Les voleurs*, p. 150.)

MENTERIES ◆ **Forger les (des) menteries.** Mentir, inventer
des mensonges. «Les forgerons ont toujours eu la réputation de "forger les menteries" et d'être mauvaises langues.»
(J.-C. DUPONT, *L'artisan forgeron*, p. 263.)

METS-EN ◆ **Mets-en (c'est pas de l'onguent)!** Tu exagères!
Tu y vas fort! Aussi: tu as parfaitement raison. «"Femme
qui a la grâce et les qualités d'une princesse désire rencontrer son prince charmant." Woo! mets-en, c'est pas de l'onguent!» (J. DORÉ, *Si le 9-1-1 est occupé!*, p. 51.)

METTRE ◆ **Se (faire) mettre.** Baiser (se faire baiser). «Mais
avec c'te pâte-là [de la pâte d'amiante] on pourrait faire
des affaires payantes. T'as rien qu'à modeler des hommes
pis des femmes qui s'mettent ou ben deux tapettes ensemble: le monde y s'arracheraient ça. Ah oui!» (M. LETELLIER,
On n'est pas des trous-de-cul, p. 99.) «C'est de sa faute si
Johnny McRead est à sec, s'il est plus capable de faire son
sperme, si je suis obligée de sortir pour me faire mettre.»
(J.-J. RICHARD, *Faites-leur boire le fleuve*, p. 115.)

MI-CARÊME ◆ **Avoir une face de mi-carême.** Avoir une
mine renfrognée, avoir mauvaise mine. «...les deux gars
Edmont pis Florent sont v'nus avec leu déguisements de
mi-carême faire peur aux enfants, pis à moué par la même

occasion. […] J'me r'tourne pis j'vois c'te face de mi-carême-là. Me v'là tout pâmée, pis lui, c'tait Florent, y était toute mal à son aise d'avoir si ben réussi son coup. » (S. Rivière, *La s'maine des quat' jeudis*, p. 71.) ♦ **Habillé en (comme un, Un) mi-carême.** Mal habillé, habillé de manière ridicule. « Pis à part de d'ça, ienqu'à voir on voit ben : regarde leu' les accoutrements, aux artistes : y s'habillent ben souvent comme des maudits mi-carêmes. » (R. Lévesque, *Le vieux du Bas-du-Fleuve*, p. 21.)

MIETTE ♦ **Pas […] une miette.** Pas […] du tout, aucunement, nullement. « Oh ! c'est vous qui êtes fâchée, dit Emmanuel avec douceur. — Moi ! Pas une miette. Pas gros comme ça. » (G. Roy, *Bonheur d'occasion*, p. 114.) « Pis après ça, j'ai vu leurs catins de cire, avec des belles robes de bal sur le dos, pis d'autres, qui sont pas habillées une miette. Qu'est-ce que vous voyez-t-y pas su la rue Sainte-Catherine ? » (G. Roy, *Bonheur d'occasion*, p. 59-60.)

MINUTE ♦ **…une minute et quart.** Longtemps. « Vous savez à c't'heure comme ça pisse beau, une bête puante, quand elle est pas d'adon et qu'a veut pas s'laisser flatter… Mais vous êtes chanceux qu'a vous a pas attrapé dans les yeux, parce que ça chauffe une minute et quart, c'te liquide-là… » (H. Bernard, *Les jours sont longs*, p. 92.)

MISE ♦ **Mettre la mise au boutte** [bout] **du fouette** [fouet]. Exagérer. « Tu penses p'têt' ben que je sus en train de nous vanter pis que je mets la mise au boutte du fouette ? Si tu me crés pas, prends le cornet du téléphone, appelle ti-Léon, Gendron pis parles-en avec lui, tu vas voir. » (R. Lévesque, *Le vieux du Bas-du-Fleuve*, p. 53.)

MITRAILLE ♦ **Partir en mitraille.** S'égailler, se disperser en s'envolant. Par allusion à la mitraille d'un fusil. « Tous les moineaux sont partis en mitraille, Monsieur le Curé n'a pu terminer son De Profundis. Même Jos Breton qui braillait comme un veau.» (B. Lacroix, *Les cloches*, p. 52.)

MOINE ♦ **Se pogner le moine.** Perdre son temps à des futilités, se caresser les organes génitaux, se masturber. «...se pogner le moine dans le zip en fermant son magasin, c'est-y gai, ça?» (J.-M. Poupart, *Chère Touffe, c'est plein plein...*, p. 79.)

MONSIEUR ♦ **Avoir l'air (Être) monsieur.** Avoir l'air (être) digne, guindé, respectable. «Il voulait vous montrer qu'il y avait du monde en arrière qui méritait d'être icitte autant que vous autres. À part de ça, il a dit qu'il était aussi monsieur que le roi, et que vous veniez vous-même le rencontrer, car lui ne viendrait pas, il n'a pas peur de vous.» (R. Lalonde, *Contes de la Lièvre*, p. 78.) ♦ **...en monsieur.** ...Bien, courtoisement, convenablement. «S'y faut que je prenne une souince à méson, autant que ça soèye pour quèque chose. — Ça c'est parler en monsieur!» (A. Ricard, *La gloire des filles à Magloire*, p. 123.)

MONTÉ ♦ **Être monté.** Être prétentieux, faire l'important. Être en colère. «Et votre père? Que dira-t-il, quand il saura? [...] — Depuis l'hiver dernier, c'est à ne rien comprendre. Il dit que vous n'êtes pas *monté*, comme la plupart des citadins. Il s'est habitué à vous. Moi aussi d'ailleurs, et les autres...» (H. Bernard, *Les jours sont longs*, p. 150.) «Y'en a qui restent avec vous, monsieur le curé, mais c'est les brasseurs de chapelets, les rongeurs de bois de balustre. Le p'tit Loiselle, le fancy de la Caisse Populaire, pis des vieilles. Le reste des gens du village, c'est pas drôle comme y sont montés!» (Y. Thériault, *Les vendeurs du temple*, p. 61.)

MONTER ♦ **Se monter.** Se mettre en colère, s'énerver. «Tu te montes pour rien, dit-il. — C'est bien ce que je disais! reprend Xavier. Dès que tu y fais face, un renard ça se

retourne de bord, la queue entre les jambes! Pareil à toi!»
(V.-L. Beaulieu, *L'héritage / L'automne*, p. 206.)

MORPIONNE ♦ **Le temps se morpionne.** Le temps se gâte.
«Quand le temps se morpionne, que l'air s'enmalice, que
grogne le tonnerre et qu'à travers toutes sortes de bouscu-
lades de nuages, on voit les éclairs se tordre comme des
anguilles […] il nous prend de ces peurs folles à faire chavi-
rer toutes les goélettes du fleuve.» (B. Lacroix, *Les cloches*,
p. 56.)

MORS AUX DENTS ♦ **Prendre le mors aux dents.** S'embal-
ler, prendre panique, s'énerver. Issu du vocabulaire éques-
tre. «[…] ça descend, ça prend une seconde avec, mais ça
peut remonter aussi vite, autant pas prendre de chance,
pas partir le mors aux dents, autant être certain de rien en
toute, la grande noirceur plutôt qu'une tite assurance ben
pâle, autant attendre tranquille.» (J.-M. Poupart, *Chère
Touffe, c'est plein plein…*, p. 31-32.)

MORT ♦ **Faire le mort.** Se taire, s'abstenir d'agir, ne pas se
faire remarquer. «Y vont m'étouffer. Je fais le mort. Je ren-
tre sous l'eau. Germaine se met à crier. L'énervée! Je fais le
mort. Y me tirent.» (C. Jasmin, *Pleure pas, Germaine*, p. 27.)

MOT ♦ **…c'est pas le mot!** …c'est peu dire! «Gorille que tu
es, je te hais… Superbe!/C'est pas l'mot.» (J. Barrette,
Oh! Gerry Oh!, p. 102.) «Surprendre, c'est pas l'mot! Une
vraie claque! On s'attendait pas personne à c't'affaire-là.»
(Y. Thériault, *Les vendeurs du temple*, p. 107.) «Tant et si
bien qu'en s'échinant d'avril à août il arrivait d'une année à
l'autre à produire le plus beau blé jamais fauché en Gaspésie de mémoire d'homme… / Beau c'était pas l'mot… / Du
beau foin blond comme chevelure de femme qui se laissait
crêper dans le vent d'est sans le moindre scrupule […].»
(S. Rivière, *La s'maine des quat' jeudis*, p. 169.)

MOTTON ◆ **Avoir le motton (dans la gorge).** Avoir le cœur gros, la gorge serrée. «Mais eux autres, là… ben eux autres, on dirait qu'y m'aiment pas… Je sais ben que je suis pas une carte pâmée… mais, sac… (Elle a le motton.)» (M. PELLE-TIER, *Du poil aux pattes…*, p. 103.)

MOUCHE À MARDE ◆ **Être (comme) une mouche à marde.** Être raseur, importun. Se dit particulièrement d'un enfant. «C'est vrai qu'astheure c'est pus comme avant : les gardes-pêches sont rendus comme des mouches à marde, torrieu !… y sont auras toé pour te compter tes truites à mesure que t'en pognes !» (R. LÉVESQUE, *Le vieux du Bas-du-Fleuve*, p. 17.) «Tooth Pick est une mouche à marde, Maurice, mais les mouches à marde transportent des mala-dies… C'est ça, hein, t'as peur de lui ? — J'ai pas peur de lui tant que j'le garde avec moé.» (M. TREMBLAY, *Sainte Carmen de la Main*, p. 23.)

MOUCHES ◆ **Tomber comme des mouches.** Tomber en quantité, nombreux. «Une bonne fois, je me décide à dégraisser mon fusil. Mes vieux ! ça tombait comme des mouches : des pluviers dorés, de la sarcelle, des français, des noirs, des cous rouges, des becs bleus, tout ce qu'il y a de mieux.» (G. GUÈVREMONT, *En pleine terre*, p. 61.)

MOULE ◆ **Être faite au moule.** Être bien proportionnée (d'une femme). «À Joliette encore, mes vieux, y avait ane coureuse, faite au moule, mais sainte Nitouche comme tout, devant l'monde. A passait son temps à dire à ses voi-sines, à ses compagnes : "Vous savez, quand j'me marierai, j'vas pardre queque chose."» (A. NANTEL, *À la hache*, p. 199.)

MOULIN ÉLECTRIQUE ◆ **Ronfler comme un moulin élec-trique.** Ronfler bruyamment. «Mon oncle ronfla comme un moulin électrique toute la soirée et toute la nuit et fila sans broncher jusqu'au lendemain matin. » (J. Benoît, *Les voleurs*, p. 90.)

MOUVE ◆ **Faire un (des) mouve(s)** [*angl.* « move », mouvement]. Poser un (des) geste(s), agir. « Y paraît que c'est une bonne moyenne mais là, ça fait un bout de temps pis chus mieux. Je me sens prête pis je fais des moves… J'ai mis une petite annonce… » (J. Doré, *Si le 9-1-1 est occupé!*, p. 118.)

MOYEN MERLE ◆ **Être un moyen merle.** Être hors de l'ordinaire, un phénomène. « Maudit Pit à marde ! Y nous a ben faite rire avec ça. Mais faut dire qu'y avait quèque chose à détenir : son pére, le Gédéon Thériault, c'était un moyen marle lui itou. » (R. Lévesque, *Le vieux du Bas-du-Fleuve*, p. 128.)

MOYENS ◆ **Être en (Avoir les) moyens.** Être fortuné, avoir de l'argent. « Mais c'est pas quand on est mort qu'on doit prendre du bon temps. C'est ben assez d'être obligé de travailler tout le temps quand on est pauvre. Quiens, regardez le père Barrette ! C'est vrai qu'il est pas mal en moyens, lui. — Le père Barrette ? Ben, j'ai autant les moyens que lui. » (Ringuet, *Trente arpents*, p. 229.)

N

NÈGRE NOIR ◆ **Travailler comme un nègre (noir).** Travailler beaucoup, à l'excès. « Ça faisait ben trois heures qui travaillait comme un nègre-noir, y avait sorti cinq ou six grosses pelletées de terre qui avait mis en tas à côté de son trou lorsque le contremaître, in homme qu'était pas avenant pour ane coppe y vint lui dire qui travaillait pas assez fort pis que tous les autres y travaillaient plus fort que lui. » (P. Coutlée, « Siméon a lâché sa job », dans L. Mailhot et D.-M. Montpetit, *Monologues québécois 1890-1980*, p. 122.)

NERFS ◆ **Pogner** [poigner] **(Perdre, Prendre) les nerfs.** Se mettre hors de soi, perdre son sang-froid. « J'ai ce que j'ai, pas moins pas plus. Et de la main montrant la porte à Gabriel, il ajoute : — Si t'es pas capable de le comprendre, t'as rien qu'à déguédiner. — Prends pas les nerfs, tabarnance ! Je dis plus rien, là. » (V.-L. Beaulieu, *L'héritage / L'automne*, p. 40.) « Je t'ai dit de t'ôter ! cria-t-elle. — Perds pas les nerfs, ma Jeannine, fit Agnès, apparemment très calme. C'est pas nécessaire. » (J. Benoît, *Les voleurs*, p. 64.)

NET FRET SEC ◆ **Faire qqch. net fret sec !** Faire qqch. d'un coup sec, sans détour. « Même quand on leur parlait poli, ni Marine ni Chomedey n'avaient l'air de saisir un mot. Et d'un mot perdu à l'autre, Arsène leur a dit net, fret, sec ! » (J.-J. Richard, *Faites-leur boire le fleuve*, p. 274.)

NIAISER ◆ **Se faire niaiser.** Faire rire de soi, faire moquer de soi. Aussi : **Niaiser (qqn).** Blaguer, se moquer de qqn. « J'me suis tanné en calvaire. J'ai colissé ça là. C'est de même. Y a toujours un maudit bout' d'être tout seul dans l'affaire... J'ai jamais aimé m'faire niaiser... J'ai dit à Jésus-Christ d'manger d'la marde longue de même pis j'ai commencé à m'crosser en pensant à Marie-Madeleine... » (J. Renaud, *Le cassé*, p. 74-75.)

NIAISERIES ◆ **Dire des niaiseries.** Dire des insanités, des stupidités. « Je lui souris : "Si je suis pas mort d'ici là, m'man, on sait jamais." Ma mère déteste ce genre de propos fatalistes, elle fait un signe de croix bâclé. "Dis donc pas de niaiseries, t'es plus un enfant." » (C. Jasmin, *La sablière*,

p. 16.) «Es-tu catholique, le jeune? — Oui, à gros grains. — Bon, b'en dis donc pas des niaiseries. Un singe, c'est un singe. Ça a rien d'un humain, ça a pas d'âme!» (C. JASMIN, *Pleure pas, Germaine*, p. 47.)

NOCES ♦ **Ne pas s'en aller aux noces.** Ne pas se hâter. «Modère donc, la blonde! Modère, la Gaillarde. Tu t'en vas pas aux noces, à matin. Prends ton pas de tous les jours. On a du temps en masse.» (G. GUÈVREMONT, *Le Survenant*, p. 163.) ♦ **Ne pas s'en (res)sentir le jour de ses noces.** Ne plus en souffrir rapidement. «Au départ, je remarquai son air abattu. — Rien de grave, m'avait-elle dit, s'efforçant de sourire. Je ne m'en sentirai pas, le jour de mes noces. Venez nous trouver là-bas, si vous avez le temps.» (H. BERNARD, *Les jours sont longs*, p. 152-153.)

NŒUD ♦ **Frapper un nœud.** Rencontrer un obstacle, une embûche. Sur le métier à tisser, s'il y a un fil en chaîne — un nœud — le fil casse, d'où l'expression. Aussi, quand un bûcheron frappe un nœud dans le bois, la coupe est plus difficile. «Eh bien, mon garçon, je pensais que tu avais plus de chien que ça... J'ai déjà frappé des nœuds, moi aussi, dans ma carrière. Je m'en suis toujours tiré. Mon secret? J'ai une tête de cochon.» (Y. BEAUCHEMIN, *Le matou*, p. 198.) «Simon grouille pas encore, y a pas envie de frapper un nœud, y attend que ça soye sûr...» (J.-M. POUPART, *Chère Touffe, c'est plein plein...*, p. 31.)

NOMBRIL ♦ **Ne pas avoir le nombril sec.** Aussi: **Ne pas être sec du nombril.** Être trop jeune, inexpérimenté. Aussi: **Se laisser sécher le nombril.** Prendre de l'expérience, vieillir. «Moé itou, je sus pas pire su'le pic... si vous voyez ce que je veux dire. — Mouais! C'est à croère! Ça a pas le nombril sec, chose!» (A. RICARD, *La gloire des filles à Magloire*, p. 9.) «Moé, les chantiers, j'connais ça, pas mal mieux qu'lui. J'peux vous dire que c'est pas du mauvais monde là-dedans, mais c'est pas non plus une place pour un garçon d'son âge, qu'a pas l'nombril sèche…» (H. Bernard, *Les jours sont longs*, p. 93.) ♦ **Se flatter le nombril.** Se réjouir, se féliciter, se flatter (mutuellement). «C'est lors de la cérémonie d'intronisation, dans la capitale canadienne et à la face des hauts dignitaires réunis pour se flatter le nombril tout en se rinçant le dalot, que Ti-Jos à Pit Landry décida de venger son honneur…» (S. Rivière, *La s'maine des quat' jeudis*, p. 50.)

NOTICE ♦ **Donner sa notice à qqn.** Envoyer promener, chasser, congédier qqn. Calque de l'anglais *to give someone his notice*. «Simon: pis Guillaume, lui?; y peut quand même pas y donner sa notice, vu qu'y est marié avec…» (J.-M. Poupart, *Chère Touffe, c'est plein plein…*, p. 200.)

NOUNOUNE ♦ **Avoir l'air (Être, Faire la) nounoune.** Avoir l'air (être, faire l') idiote (d'une femme). «M'as vous l'dire carrément, moé, Monsieur Lafleur, trente piasses pour s'arracher la luette en criant pis en plus faire nos minounes, c'est du vol, c'est trente piasses pour faire les nounounes… Carrément, c'est du vol direct!» (J. Barrette, *Oh! Gerry Oh!*, p. 45.) «Tu ferais mieux de te concentrer sur ta p'tite gang! Inquiète-toi pas pour les autres, j'm'en occupe. — Ma gang! Y sont même pas là. Y a juss Cassandre. Shit que j'ai l'air nounoune!» (F. Noël, *Chandeleur*, p. 59.)

NU BAS ♦ **Marcher (Être) nu bas.** N'avoir que ses chaussettes aux pieds. «Il y a aussi "nu bas": quelqu'un qui est nu bas est quelqu'un qui a ses bas et pas de souliers, qui se promène en pieds de bas comme on dit.» (G. Godin, *Cantouques et Cie*, p. 160.)

NUMÉRO UN ♦ **…numéro un.** …authentique, parfait. «Quel Simon? — Le Cyrénéen! Un véreux qui m'a pas aidé

pour la peine. Un feignant numéro un, j'te le dis!» (L. Fréchette, *Originaux et détraqués*, p. 238.)

O

ŒUF ♦ Rond comme un œuf. Aussi: **Pacté** [paqueté]**, Plein
comme un œuf.** Ivre mort. «Moi aussi, j'vas prendre un
coup! Tu vas voir ça, pas plus tard que ben vite, c'que c'est
qu'une femme soûle! J'vas t'montrer c'que t'as l'air, mon
cochon, quand t'es rond comme un œuf.» (H. Bernard,
Les jours sont longs, p. 83.)

OFF ♦ **Être *off*** [*angl.* libre]. Être libre, en congé. «C'est
sûr, quant à ça… ben si vous êtes décidée à faire vot' peintu-
rage aujourd'hui, j'serais d'équerre pour en fére un boutte.
— En quel honneur? Êtes-vous off aujourd'hui, Honoré?»
(M. Laberge, *C'était avant la guerre…*, p. 59.)

OISEAUX ♦ Être aux (p'tits) oiseaux. Être comblé, heureux.
«Le trône épiscopal de Saint-Ildefonse mérite une description spéciale. C'était une de ces anciennes chaises percées
avec dossier très élevé. […] — Là d'dans, fit-elle remarquer au curé, Monseigneur va-t-être aux p'tits oiseaux.»
(R. Girard, *Marie Calumet*, p. 121.) «Regarde, p'pa, un ba-
teau là-bas. / Y en manquent pas un. C'est un vrai film, un
vrai. Y sont aux oiseaux, y battent des mains. — Est-ce que
c'est à nous autres, ce pays-là, p'pa? — Oui, Murielle, c'est
notre pays, ça aussi. Beau pays, grand pays.» (C. Jasmin,
Pleure pas, Germaine, p. 121.)

OR EN BARRE ♦ C'est (C'est pas) de l'or en barre! C'est
(ce n'est pas) précieux, inestimable. «On en reparlera, v'là

ta mère, parle pas de ça, ça pourrait y faire de la grosse peine. Tu sais, ses enfants, c'est de l'or en barre!» (C. JASMIN, *Pleure pas, Germaine*, p. 133.)

ORDINAIRE ◆ **Faire l'ordinaire.** Accomplir les tâches quotidiennes (sur la ferme, dans la maison, etc.), faire la cuisine. «À moins qu'y s'contente d'une femme capable de faire l'ordinaire, de la bonne ordinaire comme y sortent par icitte.» (J.-M. POUPART, *Chère Touffe, c'est plein plein…*, p. 178.)

OREILLE ◆ **Apprendre par oreille.** Apprendre en écoutant les autres, par imitation, sans suivre d'enseignement. «Elle a appris le français "par oreille" en écoutant la radio et elle prend parfois le ton et l'accent des autres personnages.» (F. NOËL, *Chandeleur*, p. 12.)

OREILLES ◆ **Avoir les oreilles dans le crin.** Maugréer, prendre un air sournois, être irrité. «Les oreilles dans le crin, les gars du 5 ont suivi la marche des recherches. Quand le sergent et l'officier sont passés, ils étaient très occupés. De plus, le gibier de police, on ne regarde pas ça, même pas pour viser juste quand on crache dessus.» (J.-J. RICHARD, *Faites-leur boire le fleuve*, p. 72.) ◆ **Chauffer les oreilles à qqn.** Agacer, irriter qqn. «Ah! si tu veux payer les dégâts de ta poche, j'suis ben prêt à pas réclamer aux assurances! […] — Toi, mon p'tit morveux, tu commences à me chauffer les oreilles… Décidez-vous vite ou j'demande la police.» (C. JASMIN, *Pleure pas, Germaine*, p. 116.)

OUATE ◆ **Ne pas être élevé dans (la) ouate** [l'ouate]. Ne pas être élevé dans le confort douillet, dans la facilité. «C'est pas des petits peureux, vos deux mômes? — Non, c'est pas des peureux. On les a pas élevés dans ouate.» (M. RIDDEZ et L. MORISSET, *Rue des pignons*, p. 22.)

P

PAIN ◆ **Du (Bon comme du) (bon) pain.** Aussi : **Bon comme du pain bénit.** Très bon, charitable. En France : « C'est pain bénit », c'est bien mérité. « Le curé Gagnon, c'est bon comme du pain. Le plaisir qu'il prendra à la bénir, ta maison, tu ne peux pas le comprendre, c'est pas croyable. Et tu verras, en dessous de son manteau, il portera l'étole. » (J. FERRON, *Rosaire*, p. 110.) « Pauvre Donalda, c'était du bon pain, mais elle menaçait de me coûter cher. Rien que pour un an que j'ai vécu avec elle, ça m'a coûté quinze piastres de plus, rien que pour elle. » (C.-H. GRIGNON, *Un homme et son péché*, p. 141.) ◆ **Perdre un pain de sa cuite (de sa fournée).** Perdre en partie son bien, essuyer un revers, subir une déception. « Tu m'as ben l'air d'être en bibite, / Quoi c'est qui va pas à ton goût ? / As-tu perdu un pain d'ta cuite, / C't'effrayant comm' t'es marabout ! » (É. CODERRE, *J'parle tout seul quand Jean Narrache*, p. 26.)

PAIN BÉNIT ◆ **Ambitionner sur le pain bénit.** Abuser de qqn, de qqch. Se dit parfois à l'impératif. « On pourrait semer du trèfle dans la vieille prairie. En amendant la terre, comme de raison […] — Aïe ! Ambitionne pas sur le pain bénit. Qui c'est qui s'occupera des cageots, des casseaux, du cueillage ? » (G. GUÈVREMONT, *Le Survenant*, p. 223.) « Ouain… vous avez d'la façon à matin, Honoré. Continuez sus vot'allant pis vous allez pouvoir partir avec la tarte. — J'prendrais ben la ménagère avec, tant qu'à faire. — Là j'trouve que vous ambitionnez sus l'pain béni, Honoré. » (M. LABERGE, *C'était avant la guerre…*, p. 20.)

PAIN BLANC ◆ **Manger son pain blanc.** Jouir de la facilité, du bonheur. « Ça se pourrait bien qu'on soit en train de vouloir manger notre pain blanc trop vite, mon homme, mais bon Dieu du ciel, le pain blanc, on l'a pas tous les jours, on fait p't-être mieux d'y goûter quand il passe.» (G. Roy, *Bonheur d'occasion*, p. 181.)

PAIN NOIR ♦ Manger son pain noir. Connaître la misère, le malheur, traverser des épreuves. Pain noir : malheur, par opposition au pain blanc : bonheur. «Le fallait : el pére nous envoèyait pus rien […] — M'as dire comme on dit : vaut mieux manger son pain noèr de bonne heure.» (A. Ricard, *La gloire des filles à Magloire*, p. 88.)

PAIN SEC ♦ Manger son pain sec. Se plier à la sanction, essuyer la punition. «Pour ne pas y aller avec le dos de la cuillère, Ti-Jos n'y allait point avec le dos de la cueillère, lui qui avait coutume de prendre les bouchées doubles… / Le député en fut quitte pour manger son pain sec et cracher les cadeaux demandés…» (S. Rivière, *La s'maine des quat' jeudis*, p. 50.)

PAIX ♦ Sacrer la paix à qqn. Laisser qqn en paix. «Sacrez-moé la paix, maudite gang de cochons ! Si j'en pogne un dans gang, i' va faire un boutte sue les schnolles !» (L.-M. Dansereau, *Chez Paul-ette, bière, vin…*, p. 33.)

PÂMANT ♦ Être pâmant. Être drôle, hilarant. «Des bouttes, a s'adonne à être pâmante sus le vrai temps… Pauvre Simon, a l'a quasiment mis sus les épines tout le temps qu'a l'a été là…» (J.-M. Poupart, *Chère Touffe, c'est plein plein…*, p. 205.)

PANSE ♦ Ouvrir les yeux grands comme la panse. Écarquiller les yeux. «R'garde comme faut, on va prendre "la route en l'air", t'aimes tant ça. — Ronald se secoue et ouvre les yeux grands comme la panse.» (C. Jasmin, *Pleure pas, Germaine*, p. 14.)

PAON ◆ **Fier comme un paon.** Orgueilleux, poseur. «Fier comme un paon, Cyprien ne venait dans son comté éloigné de Bonaventure que pour cabaler, manger du homard en saison et du saumon en tout temps […].» (S. Rivière, *La s'maine des quat' jeudis*, p. 46.)

PAPIER ◆ **Je t'en passe un papier!** Je t'assure. Tu as ma parole. «De l'aut'bord de moi, c'était un vieux qui marchait, tout ramassé dans le vent comme un paquet de linge. Un vieux… en tout cas, un gars qu'avait ben passé la quarantaine, et pas mal essoufflé, je t'en passe un papier.» (G. Roy, *Bonheur d'occasion*, p. 313.)

PAPIERS ◆ **Être mêlé dans ses papiers.** Avoir l'esprit confus, embrouillé, être confus dans ses propos. «[…] certaine qu'a s'était pas mêlée dans ses papiers, ses flûtes pis ses pilules, qu'a s'retrouverait pas engrossée, pleine aux as, le tit mongol qui gigote déjà.» (J.-M. Poupart, *Chère Touffe, c'est plein plein…*, p. 110.)

PAQUET ◆ **Faire son paquet.** Partir, faire ses bagages. «Et j'vous préviens, sous vot' respect, m'sieu le curé, que si vous m'alliez pas comme vous m'allez, eh! ben, ma foi du bon Dieu, j'ferais mon paquet et tout serait dit. V'là!» (R. Girard, *Marie Calumet*, p. 104.)

PAQUETER ◆ **Se paqueter (Se pacter) (la fraise).** S'enivrer. «Mon Dieu! Tooth Pick! J'ai oublié d'en parler à Maurice! […] Y s'est faufilé entre les tables tu-suite après la dernière chanson, comme un rat. — Y doit être allé se paqueter, encore! Pense pus à lui. Carmen, y'est pas important.» (M. Tremblay, *Sainte Carmen de la Main*, p. 69.)

PAR AMONT ◆ **Par amont qqn.** Devant qqn. «Ou bien tu oublies la terre de Delphis et tu t'excuses par amont moi d'avoir entraîné Gabriel là-dedans, ou bien tu pactes tes petits et tu claires le chemin! C'est clair!» (V.-L. Beaulieu, *L'héritage / L'automne*, p. 207.)

PARADIS ◆ **Ne pas l'emporter en paradis.** Ne pas s'en sauver, s'en sortir. «Tu l'connais, Philias. Tu l'connais. Il va s'emporter. Pis s'il s'emporte, tu l'emporteras pas en paradis… Emporte-toi pas, Phil… J'm'en porte garant du p'tit…» (J. Barbeau, *La coupe Stainless*, p. 56.)

PARLE ◆ **Parle, parle, jase, jase.** Tergiverser, perdre son temps à parler. «Patience, ma fille, le feu va quitter ta bouche et le mal avec… — Parle, parle, jase, jase, et pendant ce temps les microbes font leur chemin, ronchonnait madame Gratton en reprenant place dans son lit.» (Y. Beauchemin, *Le matou*, p. 227.)

PARLETTE ◆ **Avoir de la parlette (de la parlote).** Être bavard, volubile. «Pourtant, quand j'veux faire un' jasette / à Saint-Joseph ou Notr'-Seigneur, / c'est curieux comm' j'ai d'la parlette : / ça march'tout seul, puis à plein cœur.» (É. Coderre, *J'parle tout seul quand Jean Narrache*, p. 64.) «J'avais fréquenté une fille ben ménagère aussi, la fille à Hermas Hardy, de Saint-Gélas. Une grande rousse qui avait d'la parlote, pis du bon vouloir.» (Y. Thériault, *Les vendeurs du temple*, p. 157.) ◆ **Faire la parlette.** Faire un brin de causette. «J'aime pas gros les familiarités, moi, mais dans un cas comme ça, quand tu pars pour une walk qui pourrait ben finir au bout du monde, faut ben que tu fasses un peu la parlette avec ceux qui se grouillent à côté de toi.» (G. Roy, *Bonheur d'occasion*, p. 312.)

PAROISSIEN ◆ **Se réjouir (Se recrinquer, Se requinquer) le paroissien.** Trinquer, se revigorer (en buvant de l'alcool). «Rien qu'à me nourrir, et à me vêtir, me v'là riche! — Puis un trois-demiards pour te réjouir le paroissien de temps à autre?» (G. Guèvremont, *Le Survenant*, p. 176.)

PARTICULIER ♦ **Dans le particulier.** En privé, privément. «Pis à part de d'ça ces histoires-là de bâtarde, j'ai checké ça c't été à Trois-Riviéres chez ma sœur. J'y ai d'mandé ça dans l'particulier. Elle, a dit à moé : "Moé ch't'ai vu naître telle date pis ch'sais qu't'es la fille à ton pére" [...].» (M. LETELLIER, *On n'est pas des trous-de-cul*, p. 164.)

PARTY ♦ **Casser le party** [*angl.* fête, sauterie]. Interrompre brusquement le plaisir, la fête, notamment par des propos intempestifs. «Mais les Anglais sont arrivés / Ça pas mal cassé le party / Swingne la baquaise dans le fond de la boîte à bois / Demande-moi pas pourquoi je suis resté là» (Y. DESCHAMPS, *Monologues*, p. 162.) ♦ **Virer (Revirer) un party** [*angl.* fête]. Partir en fête, s'amuser follement. «Comme ça, tu veux payer les dettes ? — Oui, parce que j'trouve qu'il est temps qu'on en sorte. — C'est pas une mauvaise idée, seulement tu devrais en garder un peu de c'te verdure-là pour virer un beau p'tit party avec les gars. Ça fait longtemps qu'on s'est pas amusés.» (M. RIDDEZ et L. MORISSET, *Rue des pignons*, p. 298-299.)

PAS À DIRE ♦ **Il n'y a pas à dire.** Assurément, c'est certain. «Pour tomber su'l'cul, y'a pas à dire, les tenants du secret tombaient su'l'cul en varice généralisée [...].» (S. RIVIÈRE, *La s'maine des quat' jeudis*, p. 173.)

PAS(-)BON ♦ **Être (un) (faire le) pas(-)bon.** Être (un) incapable, idiot. «Touchez-moi pas, bandes de pas-bons ! — Bandes de quoi ? On l'emmène comme complice ! C'est un premier de gang. Responsable de ses hommes. C'est ptêtre un de vos séparatistes, un planteur de dynamite.» (J.-J. RICHARD, *Faites-leur boire le fleuve*, p. 44.) «Y avait trop d'enfants dans maison / C'est pour ça qu't'as sacré ton camp / T'as eu des "boss", c'était des pas-bons / Faque tu chômes d'l'été au printemps.» (Y. DESCHAMPS, *Monologues*,

p. 86.) «Nous autres, les gars, on est des pas bons, des pas fins, des têtes croches. J'vas déserter un bon jour, j'vas sacrer le camp dans l'Ontario.» (C. JASMIN, *Pleure pas, Germaine*, p. 61.)

PAS D'ALLURE ◆ **Être (un) (Faire le, son) pas d'allure.** Être imbécile, incapable. «Tu parles d'un grand insignifiant! — De quoi je me mêle? dit Junior. — Un pas d'allure, c'est un pas d'allure! réplique Miville. Le père t'attend en bas.» (V.-L. BEAULIEU, *L'héritage / L'automne*, p. 90.)

PAS FIN ◆ **Être (un) pas fin.** Avoir l'esprit lent, être méchant. «Nous autres, les gars, on est des pas bons, des pas fins, des têtes croches. J'vas déserter un bon jour, j'vas sacrer le camp dans l'Ontario.» (C. JASMIN, *Pleure pas, Germaine*, p. 61.)

PAS POUR RIRE ◆ **...(en) pas pour rire.** Très, beaucoup, merveilleusement. «Après les conseils de beauté, une bonne pensée pour la tite sœur de Thérèse, Simone, qui touchait l'organe pas pour rire, habillée en dimanche sept jours par semaine, casseuse de glace pas manchotte pentoute.» (J.-M. POUPART, *Chère Touffe, c'est plein plein...*, p. 180.)

PASSÉ FLEUR ◆ **Être (Avoir) passé fleur.** Ne plus être jeune. «Sèches et ossues, jaunes de teint, Ombéline et Énervale, les filles à Déi Mondor, avaient passé fleur depuis longtemps: elles approchaient de la soixantaine.» (G. GUÈVREMONT, *En pleine terre*, p. 118.)

PATACLAN ◆ **Tout le pataclan.** Aussi: **Tout le bataclan.** Tout le reste, tout l'ensemble. «Moi aussi, j'vis pas mal de même, / D'idéal, de tout l'pataclan; / Seul'ment, tous les jours j'suis plus blême / Puis je r'sserr' ma ceintur' d'un cran.» (É. CODERRE, *J'parle tout seul quand Jean Narrache*, p. 83.)

PATATE ◆ **Faire patate (pétaques).** Échouer, manquer son coup. «Si au moins j'avais affaire à une photo truquée… Mais non! maudit cave! je me suis jeté moi-même dans le piège… Mon mariage vient de faire patate… Et dire qu'elle est enceinte…» (Y. BEAUCHEMIN, *Le matou*, p. 434.)

PATATES ◆ **Être dans les patates (pataques, pétaques).** Être dans l'erreur, se tromper. «Eh! ben Pierrot si tu sais si ben le latin qu'ça, peux-tu me dire le nom de celui qui a tué Notre-Seigneur, j'veux dire celui qui y a donné son coup de mort avec une lance, tu sais! — Ah! ben là vous m'embêtez, m'sieu Lavictoire, et j'sus dans les pataques par-dessus la tête.» (VIEUX DOC [E. Grignon], *En guettant les ours*, p. 77.)

PATIENCE ◆ **Sacrer patience.** Laisser en paix. S'emploie parfois à l'impératif. Autrefois: **Quitter (Larguer) patience.** «On pourrait par exemple… fournir un utérus artificiel en forme de truck de pompiers à Jean-Guy Tremblay pour qu'y nous sacre patience.» (J. DORÉ, *Si le 9-1-1 est occupé!*, p. 28.) «Oublie pas de dire à ta sœur que c'est demain, l'autre paiement. Papa voulait que j'lui rappelle ça. — Il pourrait pas nous sacrer un peu patience, ton père? — Y en est pas question.» (M. RIDDEZ et L. MORISSET, *Rue des pignons*, p. 216.) «J'ai dit non… comprenez pas? Et sacrez-moé l'camp, si vous êtes pas capables de m'sacrer patience!» (H. BERNARD, *Les jours sont longs*, p. 98.)

PATINS ◆ **Perdre les patins.** S'embrouiller, perdre son sang-froid. «S'agit de pas perdre les patins, de placer son mot à bonne place, de pas y laisser entendre trop d'affaires.» (J.-M. POUPART, *Chère Touffe, c'est plein plein…*, p. 167.)

PÂTIRA ◆ **Être un pâtira.** Être une victime, souffrir. Pâtira: de pâtir, souffrir. «Prendre de la touée, j'comptais pas ça pocheton, mais seulement de pas vouloir être un pâtira jusqu'à sa mort parce que moi, j'restais vivant et c'était pas ma faute. » (Y. THÉRIAULT, *Moi, Pierre Huneau*, p. 118.)

PATTE ◆ **Mettre la patte sur le corps de qqn.** Attraper, rejoindre qqn. « De tous nous autres, Stéphanie était la fille qui dansait le mieux quand elle restait par ici. Moi, j'aimerais voir ça si elle en a reperdu depuis que le Grand Morial lui a mis la patte sur le corps. » (V.-L. BEAULIEU, *L'héritage / L'automne*, p. 444.) ◆ **Traîner (de) la patte.** Suivre, traîner difficilement en arrière, boiter, flânocher, perdre son temps. En France : être épuisé. « Là… j'ai été déclarée en même temps apte d'un bras, inapte de l'autre… parce qu'y disaient que je traînais de la patte. » (J. DORÉ, *Si le 9-1-1 est occupé!*, p. 106.) « Les p'tits vieux c'est toute de même, ça traîne la patte… Ça fait perdre du temps à tout l'monde… Ça pue… » (J. RENAUD, *Le cassé*, p. 43.)

PATTES ◆ **Ne pas avoir mis les pattes aux mouches (parce qu'elles auraient boité)!** Être niais(e), abruti(e), peu éveillé. « Qu'est-ce que tu veux… Il me parle de son fils! Je pouvais tout de même pas lui dire que je le prends pour un génie, Conrad! — Non… c'est certain que Conrad a pas mis les pattes aux mouches! » (M. RIDDEZ et L. MORISSET, *Rue des pignons*, p. 76.) ◆ **Lever les pattes.** Mourir, partir, s'en aller. « J'suis fière de toi, mon Philias… Tu t'es conduit en vrai champion. — Viens-t'en… On lève les pattes… — T'auras jamais choisi meilleure expression… » (J. BARBEAU, *La coupe Stainless*, p. 56.) « Y sont morts tous les deux, la grand-mère, ça fait deux ans, le vieux, un tit peu plusse. Quand y ont levé les pattes, c'est le père à Clothilde qu'a hérité de la maison. » (J.-M. POUPART, *Chère Touffe, c'est plein plein…*, p. 18.)

PEAU ◆ **Aller (Jouer, S'en aller, etc.) à la peau.** Rechercher une aventure amoureuse, faire l'amour. « Et une bonne partie de son enfance est remontée à la figure de Marine comme un coup de poussière, un vent venu de loin qui donne froid aux yeux, qui… — Ça me fait penser aux hommes qui disent qu'ils s'en vont à la peau!» (J.-J. RICHARD, *Faites-leur boire le fleuve*, p. 84.)

PEAU COURTE ◆ **Avoir la peau courte.** Être susceptible, irritable, à court de moyens, de ressources. «Je t'avertis, Provençal, laisse-la tranquille. Tu m'entends? À partir d'aujourd'hui, laisse-la en paix ou t'auras affaire à moi. Tu comprends? […] — Apparence qu'il y en a un qui a la peau courte, à soir!» (G. GUÈVREMONT, *Le Survenant*, p. 174.)

PEAU DU COU ◆ **Chercher qqn par la peau du cou.** Ramener qqn par la force. On dira aussi: **Chercher qqn par le chignon du cou.** «Gilles, si tu y vas pas, tu vas voir ça, j'vas aller te la chercher par la peau du cou. — Ça y est, regarde, y l'a eue!» (C. JASMIN, *Pleure pas, Germaine*, p. 36.)

PÉCHÉ ◆ **Laid (Lette) comme un péché mortel.** Aussi: **Laid comme un péché capital.** Très laid. «Lette comme une mi-carême? Oube donc… comme une queue de poêlon? — Lette comme un péché… Mortel.» (A. RICARD, *La gloire des filles à Magloire*, p. 70.)

PEINTURE ◆ **…en peinture.** Se dit d'une ressemblance, d'une similitude parfaite. En France, «Ne pas pouvoir voir qqn en peinture», détester qqn. «Ne viens pas me parler de ton frère. Je connais mon fils, c'est moi en peinture. Quand y veut prendre, y prend. Il l'a envoyé lui ramasser des framboises, ton frère. Dieu merci, il ne s'est pas noyé en cet état.» (R. LEMELIN, *Au pied de la pente douce*, p. 258.)

PELLE ◆ **…à la pelle.** Beaucoup, en grand nombre. S'emploie en France. «Ç'a l'air d'être un gros paquet de troubles en plus d'être un gros paquet de Pampers. Pourtant, s'y veulent qu'on en fasse à la pelle [des enfants], ben y va falloir qu'y fournissent les chaudières. » (J. Doré, *Si le 9-1-1 est occupé!*, p. 54.)

PERDU ◆ **Chanter (Crier, Hurler, etc.) comme un perdu.** Chanter (crier, hurler, etc.) à tue-tête, sans retenue. «Bernadette, furieuse, cria comme une perdue: — Son père! regardez votre beau Eugène, et le dégât qu'il vient de commettre. Il mériterait de manger une bonne volée. À votre place, je le battrais comme du blé. » (G. Guèvremont, *Le Survenant*, p. 178.) «Nous étions là, tous les trois en arrêt au milieu du trottoir, le nez en l'air à regarder un immense chien jaune qui aboyait comme un perdu…» (J. Benoît, *Les voleurs*, p. 98.)

PET-EN-L'AIR ◆ **Être (un) pet-en-l'air.** Être orgueilleux, méprisant. «Tous se montraient fiers d'avoir été remarqués par ce jeune homme de la ville, qui gagnait gros *asteur*, et pas *pet-en-l'air* avec cela. » (A. Bessette, *Le débutant*, p. 161.)

PÉTANT DE SANTÉ ◆ **Être pétant de santé.** Être en pleine santé. «Mais, non, toi t'es t'un artistique / Qui crèv' de faim à fair' de l'art, / Au lieu d'êtr' comm' les gens pratiques / Pétant d'santé à s'fair' du lard. » (É. Coderre, *J'parle tout seul quand Jean Narrache*, p. 26.)

PÉTER ◆ **Péter au frette.** Mourir subitement, crever de froid, abandonner, avoir perdu la raison, être éliminé. «Ah! j'ai les nerfs qui m'pètent au frette. J'm'en viens, Charles, j'm'en viens… Vous auriez pas un calmant, madame Robidas? J'ai les nerfs qui m'pètent au frette, j'en peux pus… — Attends, Françoise, j'vas t'donner un café, ça va t'calmer. » (L.-M. Dansereau, *Chez Paul-ette, bière, vin…*, p. 83.) ◆ **Péter plus haut que le trou.** Snober, parader, s'afficher. «De l'autre côté, en arrière de la maison, il y a les St-Amant, à qui nous n'adressons jamais la parole parce que ces gens-là ne sont pas de notre monde, ils sont snobs et pètent plus haut que le trou […]. » (B. Noël, *Les fleurs noires*, p. 85.)

PÉTEUR DE BROUE ◆ **Être péteur (péteux, péteuse) de broue.** Être vantard, parler à tort et à travers. « Quand les gars vont aux femmes, c'est des femmes qu'y ont envie, pas des pèteuses de broue ! » (A. Ricard, *La gloire des filles à Magloire*, p. 48.)

PETI-PETA ◆ **(Avancer, Marcher) peti-peta (petit[-]petan).** Avancer (marcher) lentement, nonchalamment, à petits pas, de-ci, de-là. « L'hiver, avec les poules et le cheval, ça se dégourdissait dans un coin de l'écurie, en paquet petit petan, sans trop de mal. » (Y. Thériault, *Moi, Pierre Huneau*, p. 52.)

PETIT BANC ◆ **S'asseoir sur le petit banc.** Siéger comme juge de paix. « …pourvu qu'un homme eût un peu d'instruction et un assez bon jugement, fût-il pauvre comme Job, il pouvait s'asseoir sur le petit banc. » (Vieux Doc [E. Grignon], *En guettant les ours*, p. 230.)

PETIT BOUTTE ◆ **Avoir (Se sentir) le cœur le p'tit boutte [bout] en l'air.** Avoir le cœur gros, être triste, affligé. « Quand j'oué qu'j'ai-t été obligé d'laisser quésiment toute en foin c't'année, parce que j'avais parsonne pou m'aider, j'me sens l'cœur le p'tit boute en l'air. » (Basibi [Joseph Charlebois] dans L. Mailhot et D.-M. Montpetit, *Monologues québécois 1890-1980*, p. 66.)

PETIT CHANGE ◆ **Prendre tout son p'tit change** [*angl.* monnaie] pour faire qqch. Puiser ses dernières ressources (physiques, intellectuelles) pour accomplir qqch. « Merci ben. Ça a pris tout mon p'tit change pour le décider, mais, en fin de compte, mon Honorius, y va m'emmener au combat de Maurice. — C'est bien, madame Roberge, c'est ce qui s'appelle de la solidarité. » (M. Riddez et L. Morisset, *Rue des pignons*, p. 368.)

PETIT TRAIN ◈ **Aller (Faire qqch.) p'tit train (Aller p'tit train va loin).** Aller (faire qqch.) lentement, en prenant son temps. «Ça va toujours à la maison? — Ça va petit train, mais… monsieur le curé, j'aurais affaire à vous privément. » (G. Guèvremont, *Le Survenant*, p. 292.) «La grande joie des kids, ça a été le passage d'un gros paquebot venant du bout du fleuve, du haut du golfe, de l'autre bord, de l'Atlantique, des vieux pays, avec plein de monde aux balustrades. Y filait, p'tit train, p'tit train, vers Montréal. » (C. Jasmin, *Pleure pas, Germaine*, p. 57.)

PETITE BIÈRE ◈ **C'est (pas) de la p'tite bière!** C'est (ce n'est pas) rien, négligeable! La «p'tite bière», la bière d'épinette; la «grosse bière», la bière de houblon. «Quand t'es habitué, un affaire de même, c'est rien, a déjà fait ben pire. Cent fois pire. Simon a pus à se choquer pour si peu, c'est de la p'tite bière. » (J.-M. Poupart, *Chère Touffe, c'est plein plein…*, p. 31.)

PETITE NATURE ◈ **Être une p'tite nature.** Être faiblard, de constitution fragile. «C't'effrayant tout l'monde est malade / on est rien qu'des p'tites natures / C'pas comme dans not'temps j'vous jure / Dans not'temps c't'ait différent / D'la maladie y en avait pas / Pis si y en avait, ben on la voyait pas. » (Y. Deschamps, *Monologues*, p. 93.)

PETITEMENT ◈ **Être petitement.** Être à l'étroit, dans un espace restreint. «En tout cas, ça peut pas être pire que notre autre maison, dit-elle. On était ben trop petitement. Y aura toujours plus de place là-bas. » (G. Roy, *Bonheur d'occasion*, p. 278.)

PETITS ◆ **Paqueter (Pacter, Ramasser) ses p'tits.** Faire ses bagages, partir, déguerpir. «C't'à cause d'la crise. […] Pis ça, ça laisse des traces, qu'on l'veille ou non. R'garde-toé, Marianna, t'es presquement prête à paqueter tes p'tits pis à t'en aller en ville, comme ton imbécile de frére.» (M. Laberge, *C'était avant la guerre…*, p. 39.)

PETITS OIGNONS ◆ **Soigner (Traiter) qqn aux p'tits oignons.** Traiter qqn avec tous les égards. «Non seulement il prend la peine de souligner qu'il existe une série d'expressions dans lesquelles on rencontre ce mot dévoyé, mais encore, nous apprend M. Beaudry, il le traite aux petits oignons.» (Adrien Thério, «Gens de mots qui ont peur des mots», *Les Lettres québécoises*, n° 4, nov. 1976.) «J'vous garantis que depuis ce temps-là les criatures me soigent aux p'tits oignons, parce que c'est moé le berger du troupeau, comme dit mossieu le curé. J'aime mieux ça que d'être soldat, mais c'est une job, ôtez vos pieds de d'dans l'blé d'Inde!» (Armand Leclaire, «Le conscrit Baptiste», dans L. Mailhot et D.-M. Montpetit, *Monologues québécois 1890-1980*, p. 111.)

PETITS OISEAUX ◆ **Être aux p'tits oiseaux.** Être parfaitement heureux, euphorique. «Seulement que d'entendre mâcher cette bande de défoncés, le cœur me lève. Élise va être aux petits oiseaux… et on partira en vacances pour la Floride, larmoya-t-il tout à coup. Excuse-moi, fit-il au bout d'un moment. Tu as raison, il était temps que je vende.» (Y. Beauchemin, *Le matou*, p. 136.)

PETITS PAINS CHAUDS ◆ **Se vendre comme des p'tits pains chauds.** Aussi: **Partir comme des petits pains chauds.** S'écouler rapidement. «Y cherchent des agates. C'est pour les revendre. Les touristes en demandent tout le temps. Ça se vend comme des p'tits pains chauds. — C'est facile à trouver ? — Ah, non, faut le tour ! Michel, Paul ! » (C. Jasmin, *Pleure pas, Germaine*, p. 172.)

PEUPLE ◆ **Écœurer le peuple.** Dégoûter, ennuyer, inspirer de l'aversion. « "...mais quand même, ma grand foi du bon yeu... / C'est ben vrai : des limites à écœurer le peuple..." Ou bien tu oublies la terre de Delphis et tu t'excuses par amont moi d'avoir entraîné Gabriel là-dedans, ou bien tu pactes tes petits et tu claires le chemin ! C'est clair ! » (J.-M. Poupart, *Chère Touffe, c'est plein plein...*, p. 135.)

PEURS ◆ **Faire des peurs.** Aussi : **Conter des peurs.** Raconter des faussetés, tromper qqn, plaisanter. « Bon. Murielle, j'veux pas te faire des peurs, j'veux pas t'empêcher de vivre tranquille, j'te dis rien qu'une chose, faut que tu deviennes plus... plus méfiante. » (C. Jasmin, *Pleure pas, Germaine*, p. 93.)

PIASTRE ◆ **Faire la (Faire une, Gagner une) piastre.** Gagner de l'argent. « Monsieur le Ministre, ze veux vous dire qu'au lieu du 10 p. cent habituel, ze serais prêt à souscrire zousqu'à 20 p. cent pour le Bon Parti. [...] — Verrochio, tu hypothéquerais le lit de ta sainte mère en Italie pour gagner une piasse... » (R. Carrier, *De l'amour dans la ferraille*, p. 93.) « Probable que tu vas me répondre, comme les autres, que le temps c'est de l'argent pis que ce qui vous intéresse c'est de faire la piasse. Mais quand vous l'aurez faite, la piasse, vous allez faire quoi avec ? » (R. Lévesque, *Le vieux du Bas-du-Fleuve*, p. 15.)

PIC ◆ **Avoir (Donner, Prendre, Reprendre, etc.) du pic.** Avoir de la force, reprendre des forces, du piquant, de l'assurance, être tranchant. « T'nez, l'boss, goûtez donc à mes fèves. J'les ai fait rôtir avec ane queue de castor. Rien comme ça pour donner du pic. » (A. Nantel, *À la hache*,

p. 90.) «Il prit le pouls d'Élise et demeura immobile quelques instants. — Bon! le cœur a repris du pic. Ça va mieux?» (Y. Beauchemin, *Le matou*, p. 231.) ♦ **Être (Travailler) au pic p'is à la pelle.** Faire de gros travaux, travailler manuellement. «Tu prends un Anglais, maudit. Dans l'temps passé, i appelaient ça des "blokes"; ça valait pas cinq cennes… C'était bon au pic pis à la pelle.» (P. Perrault *et al.*, *Le règne du jour*, p. 158.) ♦ **Maigre comme un pic.** Très maigre. «"Où est votre malade?" et sur un signe d'eux, elle s'approcha de son chevet. Il était maigre comme un pic. — Ouais!? fit-elle, prise de pitié, vous êtes ben malade, qu'avez-vous?» (R. Lalonde, *Contes de la Lièvre*, p. 99.)

PICHOU ♦ **Laid comme un pichou.** Très laid. «…il avait commis la gaucherie de confondre Bernadette Salvail, dont la réputation de beauté s'étendait au delà de la Grand'Rivière, et la petite maîtresse d'école, d'une laideur de pichou, laideur que la nature, par caprice, s'était plu à accentuer en la couronnant d'une somptueuse chevelure noir-bleu.» (G. Guèvremont, *Le Survenant*, p. 118.)

PIEDS ♦ **Se placer les pieds.** Décrocher une bonne place, une bonne situation. «Là, le jeune Labbé a commencé à aller la voir. Il paraît que ça va finir au balustre, comme de bonne… / Les femmes hochèrent la tête. — Elle se place les pieds, dit gravement la veuve.» (V.-L. Beaulieu, *L'héritage / L'automne*, p. 400.)

PILULE ♦ **Prendre sa pilule.** Avaler sa leçon. «J'ai pris ma pilule même si j'ai eu bien de la misère à l'avaler. Mais j'ai compris que c'est difficile d'admettre que quelque chose vient de mourir.» (Y. Thériault, *Les vendeurs du temple*, p. 101.)

PINOTTE ♦ **Gros comme une pinotte.** Minuscule, de petite taille. «Tooth Pick est une mouche à marde, Maurice, mais les mouches à marde transportent des maladies… C'est ça, hein, t'as peur de lui? […] — T'as quand même pas envie de me faire accroire que c'est ton body-guard, Jésus Christ! Y'est gros comme une pinotte!» (M. TREMBLAY, *Sainte Carmen de la Main*, p. 23.) ♦ **…(rien que) sur une pinotte.** Aussi: **…juste sur une pinotte.** …à fond de train, en un rien de temps, immédiatement. «Les larmes me sont immédiatement monté aux yeux et je lui ai répondu rien que sur une pinotte: "Me laissez-vous au moins…"» (M. TREMBLAY, *Des nouvelles d'Édouard*, p. 291.) ♦ **Une (C'est une) pinotte** (*peanut*) [*angl.* «peanut», arachide]! (C'est) rien du tout, peu, facile. Calque de l'anglais *it's peanuts!* «C'est sûr ça, on me demande pas ce que je pense. Qu'est-ce que je compte dans maisonnée? Pour rien, une peanut.» (C. JASMIN, *Pleure pas, Germaine*, p. 59.)

PINOTTES ♦ **Des pinottes** (*peanuts*). Peu, pas beaucoup. «Prenons un jeune de moins de trente ans sur l'aide sociale. On lui donne des peanuts. Avec ça, y'arrive si y reste pas nulle part, si y s'achète jamais de linge, y'arrive, mais difficilement.» (J. DORÉ, *Si le 9-1-1 est occupé!*, p. 121.) «Pis quand t'allais à confesse, oh donc! Je t'en passe un papier que tu y allais pas pour des pinottes. Le curé te lavait à grande eau.» (R. LÉVESQUE, *Le vieux du Bas-du-Fleuve*, p. 94.)

PIQUET ♦ **Droit(s) (Planté[s]), Raide[s], etc.) comme un (des) piquet(s) (de clôture).** Immobile, interdit, au garde-à-vous, ne pas faire le moindre geste, droit. «Eux autres, ils laissaient tomber leur fusil par terre, ils le relevaient, ils l'envoyaient en avant, ils l'envoyaient en arrière, pis y s't'naient le corps raide comme des piquets de clôture.» (Armand LECLAIRE, «Le conscrit Baptiste», dans L. MAILHOT et D.-M. MONTPETIT, *Monologues québécois 1890-1980*, p. 110.)

PISSER ♦ **S'écouter pisser (sur les écopeaux** [copeaux]**).** Avoir conscience (prendre conscience) de sa virilité. Se dit d'un adolescent. « Ces sacrés pistolets-là, c'est long comme rien et pis ça commence déjà à s'écouter pisser su l'z-écopeaux… et pis ça veut pu travailler, ça veut pu rien faire… Ça pense pus yen qu'à se stocker… » (BASIBI [Joseph Charlebois] dans L. MAILHOT et D.-M. MONTPETIT, *Monologues québécois 1890-1980*, p. 65.)

PITON ◆ **Sur le piton.** En forme, d'attaque. « Le pain tranché réapparaît, le toaster est branché, ça chauffe, le pain brûle jamais, ses deux mains sont comme des mécaniques, le beurre revole, la confiture Raymond baisse, un autre pot se vide en criant ciseau ! Un café, et j'sus sur le piton, les yeux clairs. » (C. JASMIN, *Pleure pas, Germaine*, p. 153.) « En ajoutant à l'Eno une bonne grosse bolée de sirop d'aspirines, y serait vite sus le piton. » (J.-M. POUPART, *Chère Touffe, c'est plein plein…*, p. 94.) « J'pense à ça quand j'ai l'z'idées noires, / Que j'me sens pas trop su'l'piton, / Qu'j'ai envie d'ruer dans les menoires, / Pis ça me r'met te-suit' su' l'ton. » (É. CODERRE, *J'parle tout seul quand Jean Narrache*, p. 120.)

PLAN DE NÈGRE ◆ **Un plan de nègre.** Un projet irréaliste, chimérique. « Lui : what a bouquet ! un plan pour qu'à l'automne, plan de nègre, j'soye obligé d'acheter un gallon de vin de pissenlit. » (J.-M. POUPART, *Chère Touffe, c'est plein plein…*, p. 57.)

PLANCHE ◆ **…à la planche.** Très, à l'extrême, à fond de train. « Castor Rivard / Faut vio'à planche / Surtout l'dimanche… » (J.-C. GERMAIN, *Les hauts et les bas dla vie d'une diva*, p. 119.) « Une étudiante dans le couloir, juge pour son amie l'œuvre immortelle de George Sand : "è broyard à planche !" » (François RICARD, « À suivre », *Liberté*, n° 126, nov.-déc. 1979, p. 138.)

PLANS ◆ **Tirer des plans.** Élaborer des projets, réfléchir. « Au lieu de penser, de penser, de tirer des plans, je me laisse aller à mon idée fixe de vengeance, de plus en plus, à mesure qu'on approche de l'Anse-à-Beaufils, du petit baveux qui m'a tué ma Rolande.» (C. JASMIN, *Pleure pas, Germaine*, p. 136.)

PLANTÉ ◆ **Être (bien) planté.** Avoir une carrure imposante. «Pas loin de Maskinongé vivait un homme ben riche qui avait six filles à marier [...] Y a-ti pas un gars de la ville qui s'amène dans le rang. À part d'être ben planté et de parler un peu d'anglais, il avait rien, pas même une taule.» (G. GUÈVREMONT, *En pleine terre*, p. 83.)

PLEIN DE MARDE ◆ **Être (un) plein de marde.** Être (un) bon à rien, menteur, incapable. «T'oublies que l'gouvernement c'est un peu toi, mon Flaille. — Cou'donc, veux-tu m'traiter de plein d'marde, mon liche-député foireux ? — Arrêtez donc d'palabrer, pis d'argumenter pour rien.» (S. RIVIÈRE, *La s'maine des quat' jeudis*, p. 79.)

PLEIN TEMPS ◆ **...à plein temps.** Superlatif: beaucoup, en quantité, abondamment. «La dernière fois qu'il entra dans la maison, vers les cinq heures du matin, l'assistance laissa échapper un formidable "Ah! ben, maudit!" en le voyant tout couvert de neige. — Ça tombe à plein temps, dit-il.» (C.-H. GRIGNON, *Un homme et son péché*, p. 137.)

PLEUMER ◆ **(Se faire, Se laisser, etc.) pleumer** [plumer] **(qqn) (au trognon, jusqu'au trognon).** Escroquer (se faire escroquer) (au maximum). «Quand on est pauvre, il faut rien dire / Mais s'laisser pleumer au trognon ; / Faut pas penser su' c'qu'on peut lire... / Faut mêm' pas avoir d'opinion.» (É. CODERRE, *J'parle tout seul quand Jean Narrache*, p. 27.)

PLOMB ◆ **Ça met du plomb dans l'aile.** Ça assagit, ça rend plus réfléchi, ça affaiblit. En France: Avoir du plomb dans l'aile, avoir des empêchements, avoir des motifs d'échouer. «Ceux qui clament la turpitude des autres pour y noyer la leur. Qui inventent l'aventure pour distraire l'attente vaine de leur désir ou tromper leur ennui. Ils préfèrent l'insinuation aux jugements péremptoires. Les coups qu'ils portent ne sont pas mortels. "Ça met quand même du plomb dans l'aile", songea Antoine. » (M. FERRON, *La fin des loups-garous*, p. 102.)

POCHE ◆ **Être rendu à la poche.** Être rendu à la dernière extrémité, être ruiné. «J'mens vas en manger, dit le maire, en se pourléchant, c'est mon mets favori. — Et moi donc! surenchérit le notaire. J'vous ai une fringale […] — Si v'nait qu'à v'nir ben des gourmands comme ça on s'rait betôt rendu à la poche. » (R. GIRARD, *Marie Calumet*, p. 273.)

POCHER ◆ **Se faire pocher.** Se faire quêter, se faire demander de l'argent. «J'm'suis fait pocher souvent, un deux par 'citte, un deux par là, par des plus pauvres, des gueux toujours en peine. J'pense que je prêtais un deux, un cinq, parce qu'y savaient parler. » (C. JASMIN, *Pleure pas, Germaine*, p. 56.)

POCHETON ◆ **Être pocheton.** Être bon à rien, mou, incapable. «Prendre de la touée, j'comptais pas ça pocheton, mais seulement de pas vouloir être un pâtira jusqu'à sa mort parce que moi, j'restais vivant et c'était pas ma faute. » (Y. THÉRIAULT, *Moi, Pierre Huneau*, p. 118.)

POGNÉ ◆ **Être (un) pogné** [poigné]. Être timoré, complexé, timide. «J'veux pas que vous pensiez que tout le monde parle comme elle, on est pas toutes des pognés, chez nous! C'est elle, l'actrice! C'est pas surprenant que vous vous soyiez ennuyée avec du monde pareil! » (M. TREMBLAY, *Des nouvelles d'Édouard*, p. 135.)

POIGNET ◆ **Tirer au (du) poignet.** Jouer au bras-de-fer. « Des voix avinées chantaient faux. Les forts à bras tiraient au poignet et des paris s'engageaient. Qu'importait, si l'on perdait ses derniers sous. » (H. BERNARD, *Les jours sont longs*, p. 98.)

POIL ◆ **Flatter qqn dans le sens du poil.** Flatter, amadouer qqn. « Y a rien qu'Saül qui m'a dit "non" carré. Ben j'aime mieux ça d'même que d'entendre tu'sortes d'excuses. […] — Y avait des r'mords d'avoir dit non. Ça fait que j'l'ai flatté dans l'sens du poil. Lui y marche su' l'orgueil. » (M. LETEL-LIER, *On n'est pas des trous-de-cul*, p. 143.) « Mais est-ce une raison pour se mettre à plat ventre devant lui et le flatter dans le sens du poil ? Il y a des limites quand même ! » (Adrien THÉRIO, « Et deux affaires à dénoncer », *Lettres qué-bécoises*, n° 7, août-sept. 1977.)

POIL DES JAMBES ◆ **S'exciter (S'énerver) le poil des jam-bes !** S'énerver, prendre panique. « Hey-hey-hey, capitaine ! j'aime bien l'argent que tu me donnes, mais j'aime autant que ce soit moi qui le dépense plutôt que mes héritiers ! — Voyons, tu t'énerves le poil des jambes pour rien. À cette heure-ci, il se trouve sûrement à La Binerie. » (Y. BEAU-CHEMIN, *Le matou*, p. 535.)

POING ◆ **Mettre son poing dans la face de qqn.** Tabasser, frapper qqn. « Mets pas tes mains là iousque tu comprends pas. Si tu r'commence, j'vas t'mettre mon poing dans la face. Ta face qui a tout ce qu'il faut pour r'sembler à un derriére qui a jamais rien pondu que des bêtises. » (R. CARRIER, *De l'amour dans la ferraille*, p. 170.)

POINTU ◆ **Avoir le caractère pointu.** Être susceptible, prompt à se mettre en colère. « Gladu venait au restaurant tous les jours et se plaignait à Florent de la susceptibilité

de son ami. — Y'a le caractère pointu en joualvert!» (Y. BEAU-
CHEMIN, *Le matou*, p. 94.)

POISSON POURRI ♦ **Engueuler qqn comme du poisson
pourri.** Engueuler vertement qqn. Se dit en France. «En
sortant, en attendant André, j'en suis venue aux mots avec
une fille réactionnaire comme ça se pouvait pas […] Je me
suis choquée et je l'ai engueulée comme du poisson pourri.»
(S. DESROSIERS, *T'as rien compris, Jacinthe…*, p. 48.)

POLOQUE ♦ **Se rouler (Fumer) une poloque (*polock*).**
Fumer une cigarette roulée à la main. Poloque : polonaise.
Allusion aux immigrants polonais, qui avaient l'habitude
de rouler leurs cigarettes. «Profitant d'une pose pour se
rouler une "Polock", le prédicateur improvisé précisait en
continuant […].» (S. RIVIÈRE, *La saison des quêteux*, p. 28.)

POMME ♦ **Chanter la pomme.** Flatter, tromper avec de
belles paroles, faire du marivaudage, faire la cour. «J'me
sus faite des contacts, aux États, ma belle Bec-de-Lièvre,
pis aussitôt que j'vas avoir fini de me ramasser une petite
fortune en vous chantant la pomme, j'vas sacrer mon camp,
j'vas disparaître dans les airs, comme une fumée, pis vous
me reverrez pus jamais la face!» (M. TREMBLAY, *Sainte
Carmen de la Main*, p. 78.)

POMMES ♦ **Tomber dans les pommes.** Perdre conscience,
se pâmer. «"Mange d'la marde, maudite chienne, faut toujours qu'tu nous fasses faire que'que chose. Moé ch'us tannée." Pis ma mére à c'moment-là a tombe dans 'es pommes
mais Lynda a l'sait pas, elle, parce qu'a pense que ma mére
a fait comme d'habitude, qu'a fake.» (M. LETELLIER, *On n'est
pas des trous-de-cul*, p. 108.) «Chtombbe dans lé pommes /
Cé sans mérite / Chaqu'fois qu'un homme / Va pas trop
vitte / J'aime lé-z-hommes / Non non merci! / J'aime lé-z-

hommes / Quand jlé choizis!» (J.-C. GERMAIN, *Les nuits de l'Indiva*, p. 45.)

POMPER ♦ **Pomper qqn.** Mettre qqn en colère, faire fâcher qqn. «Tu sais pourquoi qu'on l'appelle Shinto? — On va te le pomper! — Chaque fois qu'on a un Japonais, y ressemble à un saint dans l'eau bénite.» (J.-J. RICHARD, *Faites-leur boire le fleuve*, p. 169.)

PONCE ♦ **Prendre une ponce** [*angl.* «punch», boisson alcoolisée]. Boire (se préparer) un grog, trinquer, s'enivrer. «Ben mais… moi, c'que j'trouve de curieux, moi, vous prenez pas la ponce souvent. Quand on fait boucherie, on s'fait une ponce… / Léopold: On prend la ponce quand on a chaud.» (P. PERRAULT *et al.*, *Le règne du jour*, p. 43.)

PORTE ♦ **Sacrer (Câlisser, etc.) qqn à la porte.** Mettre qqn à la porte, jeter qqn dehors. «Pour se sentir moins seul, le commis Pierre a sacré à la porte, il y a quelques mois, sa tendre maîtresse Louise, qui alors s'est découvert des instincts volages et y a obéi.» (J. RENAUD, *Le cassé*, p. 121.)

PORTE DE DERRIÈRE ♦ **Ne pas avoir de porte de derrière!** Parler sans détour. Ne pas être hypocrite. «Tu sais, Belpreau, que j'ai pas de porte de darrière, moé, j'vas t'dire ce que t'es: t'es rien qu'un homme à deux faces et t'as les doigts croches comme ça, quiens! quiens!…» (VIEUX DOC [E. Grignon], *En guettant les ours*, p. 136.)

PORTE-CROTTE ♦ **Se faire aller le porte-crotte.** Se remuer, se faire aller, balancer le postérieur de droite à gauche. «Comme une siamoise "qui se branle la chatte", Esméralda se fait aller le porte-crotte sans pudeur en se disant que si les hommes complotent les femmes convergent et que si la jeune religieuse est folle de messes la vieille est molle de fesses.» (S. RIVIÈRE, *La s'maine des quat' jeudis*, p. 86.)

PORTER ◆ **Porter à gauche (à droite).** Porter le pénis à gauche (à droite) dans sa culotte. « C'est ainsi que ses talents commencèrent à se multiplier de tous bords et de tous côtés. De voyeuse elle devint graphologue, sachant d'instinct qui était gaucher et qui portait à droite. » (S. RIVIÈRE, *La s'maine des quat' jeudis*, p. 67.)

PORTES DE GRANGE ◆ **Avoir les oreilles en portes de grange.** Avoir les oreilles décollées. « [...] monter jusqu'au boulevard des filles et risquer que le gars arrive à Saint-Stanislas rouge comme une tomate d'avoir été le point de mire de tant de femelles gloussantes et soupirantes quand il était beau ou moqueuses et cruelles quand il avait les oreilles en portes de grange trop importantes ou l'acné trop agressive. » (M. TREMBLAY, *Le premier quartier de la lune*, p. 25.)

PORTRAIT ◆ **Organiser le portrait à qqn.** Aussi : **Arranger (Faire, Défoncer, Démolir) le portrait à qqn.** Donner une raclée à qqn, tabasser qqn, régler son compte à qqn. « C'est peut-être une bonne idée... mais, si ça marche pas, je lui organise le portrait à ce vieux salaud ! — Ben oui, mon Maurice, franchement, ça serait un bon départ pour ta carrière de boxeur ! » (M. RIDDEZ et L. MORISSET, *Rue des pignons*, p. 97.) ◆ **Tirer le portrait de qqn.** Aussi : **Connaître (Avoir, Prendre, Reconnaître) le portrait de qqn.** Régler son compte à qqn, avoir appris à connaître qqn. « Quant au Survenant il lui est arrivé malheur, je l'admets et je lui ai tiré son portrait correct. De son bord il verra à ce que ça se renouvelle pas. Même si c'est pas toujours une méchante chose qu'un chacun fasse un écart icitte et là : ça lui montre qu'il est pas l'homme fort qu'il se pensait. » (G. GUÈVREMONT, *Le Survenant*, p. 206.) ◆ **Veux-tu mon portrait ?** Cesse de me regarder, de m'importuner ! « Elle apostropha Greta-la-vieille qui sursauta un peu : "Veux-tu mon portrait !" » (M. TREMBLAY, *Des nouvelles d'Édouard*, p. 21.) « Qui c'est, ton

Octavie ? demanda Ignace. Une vieille ? Une jeune ? […] Puis il fixa Ignace d'un regard vide, posa sa casquette sur l'appareil. — "Veux-tu mon portrait, câlice ! s'exclama Ignace…" » (J. Benoît, *Les voleurs*, p. 168.)

POUCE ◆ **Faire du (Monter, Voyager sur le) pouce.** Faire de l'auto-stop (voyager en auto-stop). « Gisèle avait l'vé un mandat contre lui parce qu'y avait rien que que'que chose comme dix-sept ans. Y était monté su' l'pouce de Montréal à Québec pis y avait faite les poches des gars qui l'avaient embarqué. Y avait même volé un char. » (M. Letellier, *On n'est pas des trous-de-cul*, p. 117.)

POUILLE ◆ **Chanter pouille.** Enjôler, se quereller, enguirlander, importuner. Pouil [*étym.*] : pou. En France, chanter pouille : injurier. « J'men vas t'les frotter, moé, les oreilles ! / Et pour ne pas laisser s'éteindre leur belliqueuse ardeur, les deux adversaires se chantèrent pouille à qui mieux mieux, jusqu'à ce qu'ils fussent arrivés sur le théâtre du combat. » (R. Girard, *Marie Calumet*, p. 153-154.) « Jos était chaud, y chantait pouille à Desbiens. Monsieur Tardif a commencé à vouloir y couper le sifflette, mais Jos s'est choqué pis y a dit que les directeurs d'école c'était ienque bon pour fumer des pissettes d'agnelles pis pour se promener toute la semaine longue en habits des dimanches. » (R. Lévesque, *Le vieux du Bas-du-Fleuve*, p. 49.) « …quelques voisins s'abîment de bêtises / quelques voisines se chantent pouilles… » (Gilbert Dupuis, « Les poètes », *Estuaire*, n° 2, octobre 1976, p. 36.)

POULET ◆ **Partir (Mourir) comme un (p'tit) poulet.** Mourir tout doucement, agoniser sans tourment. « Est-ce que votre mari avait des troubles avec ses bronches ? — Avec ses bronches ? Chit qu'y avait des problèmes ! C'qui l'a rach'vé, c'est qu'il éliminait pus. Alors il est parti comme un p'tit poulet. » (C. DesRochers, *La grosse tête*, p. 65.)

POURRI ◆ **Être pourri de...** Être plein, déborder, accablé (de dettes, etc.). «Il est pourri d'argent. S'il prive sa fille ce sera par le cœur et c'est tout.» (J.-J. RICHARD, *Faites-leur boire le fleuve*, p. 221.)

PRESSÉ ◆ **Se marier pressé.** Se marier par obligation (parce que la femme est enceinte). «Tu vas me payer ça, la Boucher! — Tu peux me dire madame, à moi. Oui madame. On s'est pas mariés pressés, nous autres, Barloute! — T'en as eu pressé, par exemple! rugit Germaine.» (R. LEMELIN, *Au pied de la pente douce*, p. 84.)

PRIS ◆ **Être (bien) pris.** Avoir une carrure imposante. «J'te regarde, Paulo, t'as l'air à être ben pris, toé aussi. — Ah, chus pas pire. En bras, chus pas pire. — J'vois ben ça, pis t'sais qu'j'ai l'œil. Ouan, j'ai l'œil dans l'bras.» (L.-M. DANSEREAU, *Chez Paul-ette, bière, vin...*, p. 36.)

PROMESSE D'ÉLECTION ◆ **Faire une promesse d'élection.** Faire une fausse promesse. Allusion aux promesses des politiciens en période d'élection. «Amance Truchon, el garagisse, c'ti-là qu'est organisateur du parti... y a faite une promesse d'élection su'le perron d'église, dimanche passé. — Beau dommage! On pogne pas de mouches avec du vinaigre.» (A. RICARD, *La gloire des filles à Magloire*, p. 43.)

Q

QUATRE ◆ **Manger comme quatre.** S'empiffrer. «C'pour ça que j'l'aime pas moé. Plutôt r'cevoir des étrangers. À part ça y mange comme quatre, c'est pas pour rien qu'y est gros.» (M. LETELLIER, *On n'est pas des trous-de-cul*, p. 134.)

♦ **Se fendre (le cul) en quatre.** Se donner du mal, se dépenser sans compter. «Il n'y a pas un concierge à Montréal qui va se fendre le cul en quatre pour fournir une chambre à cinq piasses. Ti-Jean le sait bien.» (J. RENAUD, *Le cassé*, p. 13.)

QUATRE AS ♦ **Ça bat quatre as!** C'est sensationnel, formidable, mieux que tout! Allusion à certaines donnes au jeu de cartes, où le joueur qui détient quatre as remporte la partie, d'où l'expression. «Mon petit frère, faut pas t'occuper ni de la petite Labarre qu'a pas le sou, ni de la petite Girouard qu'est laide comme dix-neuf péchés capitaux. J'ai ton affaire: mamzelle Maguire, de Tréchemin. C'est une Irlandaise, mais vacarme! ça bat quatre as, sous tous les rapports.» (L. FRÉCHETTE, *Originaux et détraqués*, p. 232.)

QUATRE FACES ♦ **En donner sur les quatre faces.** En imposer, régenter. «Ça fait que Tipite Vallerand ayant plus d'ordre à recevoir de personne, nous en donnait sus les quatr'faces, et faisait son petit Jean-Lévesque en veux-tu en vlà, comme s'il avait été le bourgeois de tous les chantiers, depuis les chenaux jusqu'à la hauteur des terres.» (L. FRÉCHETTE, «Tipite Vallerand», *Contes de Jos Violon*, p. 16.)

QUATRE FERS ♦ **Les quatre fers en l'air.** Par terre. Allusion aux quatre fers d'un cheval. S'emploie en France. «C'était mon Tom Caribou, sans connaissance, qui venait s'élonger en plein travers de l'ourse les quat' fers en l'air, avec un rôdeux de coup de griffe dans le fond… de sa conscience, et la tête… devinez, les enfants!… La tête toute blanche!» (L. FRÉCHETTE, *La Noël au Canada*, p. 231.)

QUÉBEC ♦ **Passer un Québec.** Tromper, berner, jouer un (sale) tour. «Le vieux docker revient avec ses chapelets. Arsène trouve à dire: — Viens pas essayer de nous passer un Québec!» (J.-J. Richard, *Faites-leur boire le fleuve*, p. 129.) «Écoutez, vous, docteur, essayez pas d'nous jouer dans les cheveux! Essayez pas d'nous passer un Québec! Des gars comme vous, ça s'rencontre souvent.» (Y. Thériault, *Les vendeurs du temple*, p. 134.)

QUEQU'UN ◆ **Être que'qu'un** [quelqu'un]. Être un phénomène, un personnage (d'une personne), hors de l'ordinaire. Être fort, puissant (d'un produit). «J'la connaissais ben elle. Ça c'tait que'qu'un. Était rough en pas pour rire. Mais c'était une belle femme. Une vraie belle femme. Était ben faite. Mais était aux femmes.» (M. Letellier, *On n'est pas des trous-de-cul*, p. 125.)

QUÉTAINE ◆ **Être quétaine (kétaine, kétainne).** Être vieux jeu, banal, de mauvais goût (d'une chose). Être niais, benêt. «Y a pas dméritte à êtte kétainne! Tout lmondde l'est! Mais lseul moyen dpas lrester, cé d'avoir le courage de devnir ri-di-cu-le!» (J.-C. Germain, *Les nuits de l'Indiva*, p. 124-125.)

QUEUE DE VEAU ◆ **Être (Courir comme) une (vraie) queue de veau.** S'agiter (courir) en tout sens, en vain, être hyperactif. «...se déplaçant sans cesse, vivant un mois aux États-Unis, deux semaines à Montréal, repartant de nouveau, "jamais content, précisait-il, toujours comme une queue de veau".» (J. Benoît, *Les voleurs*, p. 45.)

QUIQUEUX ◆ **Être (Faire le) quiqueux (kikeux).** Être (faire le) plaignard, le geignard. «Fais pas le "kikeux", bon Dieu, moé veux être ben fait, avaler le vent doucement. Veux être droit, moé. / Puis il s'arrêta, désespéré, et fixa un dessin qu'il avait crayonné du frère André.» (R. Lemelin, *Au pied de la pente douce*, p. 66.)

R

RAIDE ♦ **…(b'en) raide.** Entièrement, complètement, brusquement. « Tsé, des fois, tu bloques, tu bloques… c'est l'impasse, le trou noir, pis tu sais pus comment t'en sortir. T'as le mind jammé, jammé ben raide là, pis ça te prendrait du drano mental, un siphonnage du cervelet ou de la bonne volonté pour t'en sortir. » (J. DORÉ, *Si le 9-1-1 est occupé!*, p. 35.) ♦ **Être raide.** Être sévère, dur. « Mon pauvre Tit-Jean. T'es ben mal amanché là ; il est ben raide, mon père, mais toi aussi tu le fus avec lui, tu lui as enlevé ses chevaux, ses bœufs à cornes d'or. » (R. LALONDE, *Contes de la Lièvre*, p. 34.) ♦ **Prendre son raide pour faire qqch.** Avoir besoin de toutes ses ressources, de toute son énergie pour faire qqch. « J'étais même venu au village en plein désespoir, et ça m'avait pris mon raide pour me décider. » (Y. THÉRIAULT, *Moi, Pierre Huneau*, p. 82.)

RAISON ♦ **Comme de raison.** Bien entendu, évidemment. « Il a pas plus l'air d'un prêtre, celui-là… Il est ben trop jeune, d'abord ! Et il nous parle comme s'il était un de nous autres. — Comme de raison, ça change d'avec celui qu'on avait avant. » (M. RIDDEZ et L. MORISSET, *Rue des pignons*, p. 367.) « Des fois, on s'plaint de pas êtr' riches, / D'pas êtr' rentiers, comm' de raison, / D'pas vivr' fournis d'pièc's et d'babiche, / D'pas avoir d'auto ni d'maison. » (É. CODERRE, *J'parle tout seul quand Jean Narrache*, p. 35.) « Hier soir, le ramenant chez lui, vous avez demandé à Rosaire s'il était vrai qu'il a été battu durant son enfance. "Comme de raison, le père avait la main dure, mais il nous aimait et nous le savions." » (J. FERRON, *Rosaire*, p. 147.)

RANQUÉ ♦ **Avoir (Prendre) le ranqué (rankey, rinqué…).** Avoir un tour de rein, un lumbago. « J'vous cache pas que des fois, ça m'prend le rankey… parce que y a ben au-dessus de cent criatures, pis ça en fait des champs à cultiver!» (Armand Leclaire, «Le conscrit Baptiste», dans L. Mailhot et D.-M. Montpetit, *Monologues québécois 1890-1980*, p. 111.)

RARE ♦ **…qqch. (de) (sur un temps) rare.** Superlatif: très, beaucoup, à l'extrême, à toute vitesse. Ainsi, peureux, malade, etc. rare. «J'ai rougi, je me suis gourmé et je n'ai pas rouvert la bouche du repas, sauf pour manger, évidemment. / Et laissez-moi vous dire que je me suis bourré, rare!» (M. Tremblay, *Des nouvelles d'Édouard*, p. 247.) «Y a du monde, 'Charis; tu sais qu'i' a ben du monde. — Ouais. C'est un bel enterrement. Y a ben du monde. — M'a dire comme on dit, 'Charis, y a du monde rare!» (Ringuet, *Trente arpents*, p. 203.)

RÂTEAU ♦ **Maigre comme un râteau.** Très maigre. «Sais-tu à quoi tu me fais penser, planté deboutte de même dans le milieu de la place? Tu me fais penser à une moppe plantée sus son manche, torrieu! C'est maigre comme un râteau pis ça a la tête grosse de même…» (R. Lévesque, *Le vieux du Bas-du-Fleuve*, p. 87.)

RAVAUD ♦ **Faire du (Mener le) ravaud.** Faire du tapage, du désordre, se démener. «Albert Plouffe, au-dessus de lui, croise des branches de sapin avec art. Le fier homme se pique d'imagination et veut bien dormir en écoutant les écureuils qui mènent le "raveau" sur la couverture.» (A. Nantel, *À la hache*, p. 66.) «…trois heures à écornifler, à mener le ravaud sus le terrain des morts… Les docteurs sont ben capables!» (J.-M. Poupart, *Chère Touffe, c'est plein plein…*, p. 133.) «Dehors la tempête faisait un ravaud de plus en plus terrible. / Elle alluma le cierge bénit. / Malgré lui, le Lucon levait la tête vers les murs à chaque coup de vent.» (F.-A. Savard, *Menaud maître-draveur*, p. 178.)

REFUS ◆ **C'est pas de refus!** Volontiers! «Ben assiez-vous, Honoré, restez pas là dret comme un piquette. Mettez vot' calotte sua table pis bourrez-vous une pipe. Z'avez ben une minute? — Ah, c'est pas de r'fus, Marianne, c'est pas de r'fus… pour dire, là, j'ai ben mérité d'prendre mon resse, moi.» (M. LABERGE, *C'était avant la guerre…*, p. 16.)

RELIGION ◆ **Entrer en religion.** Entrer dans une communauté religieuse. «Ah, mon père, quel beau sermon nous avons eu! — Oui, en effet, plat à mort. — J'en reste pénétrée, mon père. — Lorraine Létourneau, ne va pas me parler d'entrer en religion, tu me damnerais. Sais-tu ce que je ferais? Je bouterais le feu à l'église et au presbytère.» (J. FERRON, *La chaise du maréchal ferrant*, p. 43.)

RENARD ◆ **Être (Fin, Rusé comme un) renard.** Être rusé, prudent, perspicace, espiègle (d'un enfant). «Fin comme un renard, Hector avait jusqu'ici fait fi des contrats plus ou moins alléchants qui s'offraient à lui.» (S. RIVIÈRE, *La s'maine des quat' jeudis*, p. 86.)

REQUIENS BEN ◆ **Ne pas avoir de r'quiens ben** [retiens bien]. Ne pas avoir de retenue, de pudeur, de discipline. «Ben j'vous dis moé que les criatures d'astheure ça vous a pas plus de r'quiens ben que la grise à mon défunt père.» (Albéric BOURGEOIS, «Ladébauche parlant de la mode», dans L. MAILHOT et D.-M. MONTPETIT, *Monologues québécois 1890-1980*, p. 138.)

RESSE ◆ **Prendre son resse** [*angl.* «rest», repos]. Se reposer, prendre du repos. «Ben assiez-vous, Honoré, restez pas là dret comme un piquette. Mettez vot' calotte sua table pis bourrez-vous une pipe. Z'avez ben une minute? — Ah, c'est pas de r'fus, Marianne, c'est pas de r'fus… pour dire, là, j'ai ben mérité d'prendre mon resse, moi.» (M. LABERGE, *C'était avant la guerre…*, p. 16.)

RESTANT ◆ **C'est le restant (des écus)!** C'est le comble!
«Dans son temps de gaillard aurait-il eu du contentement
à rencontrer face à face un véritable bandit [...] Mais le
bandit qui s'attaquerait au père Drapeau maintenant qu'il
ne lui reste plus que l'erre d'aller... oui, ça serait bien le
restant des écus.» (G. Guèvremont, *En pleine terre*, p. 126.)

RESTE ◆ **En avoir (b'en) de reste...** En avoir assez, en faire
assez. «Comment...? gronda-t-il, p'tit ver de terre, qui t'a
permis de faire paître sur ma pièce de blé...? — Personne.
— Mon frère en a eu ben de reste de t'avoir fait passer...
— pas autant que tu penses. — Comment...? pas autant
que tu penses...?» (R. Lalonde, *Contes de la Lièvre*, p. 56.)
◆ **Tirer au reste.** Tirer à sa fin. «On fut presque étonné, un
soir, d'apprendre de la bouche du commerçant de Sainte-
Anne que plus bas la glace se trouvait par endroits. L'hiver
tirait donc au reste.» (G. Guèvremont, *Le Survenant*, p. 189.)

REVENEZ-Y ◆ **Il y a pas de r'venez-y!** C'est définitif! Aucun
retour en arrière! «Chus contente, parce que j'peux pus
reculer. Qu'y'arrive n'importe quoi, j'vas être obligée de
continuer, d'aller plus loin, asteur. C'est-tu assez mer-
veilleux, y'a pas de r'venez-y! Chus rendue trop loin pour
regarder en arrière!» (M. Tremblay, *Sainte Carmen de la
Main*, p. 65-66.)

RICHE ◆ **C'est pas riche (riche)!** C'est pas très bon, c'est
pas extraordinaire. «Mais moi, la "ball", je l'ai reçue dans la
face une couple de fois déjà, faque... Ouan, c'est pas riche
riche, hein!» (J. Doré, *Si le 9-1-1 est occupé!*, p. 50.)

RIEN ◆ **C'est comme rien...** Ça va de soi... c'est sûr...
«Nathalie et Xavier, c'est pas demain que ça va fiter tous les
deux. Un corps comme celui de Nathalie, c'est comme rien:
depuis le temps que Xavier est au sec, ça doit lui chatouiller
les bijoux de famille en tabarnance!» (V.-L. Beaulieu,

L'héritage / L'automne, p. 60.) «Sur de l'herbe-à-perchaude, des perches à la douzaine, de la superbe perchaude d'août, les ouies rouge vif, plus un bon nombre de crapets, remuent encore. — C'est comme rien, s'extasie-t-elle, t'as dû tomber tout dret dans le nid.» (G. Guèvremont, *En pleine terre*, p. 130.) «Non. Elle ne peut pas deviner qu'est-ce que Ti-Jean va faire tout à l'heure quand Philomène va arriver… Parce que c'est comme rien, Philomène va venir rejoindre Bouboule… L'obsession…» (J. Renaud, *Le cassé*, p. 57.) ♦ **…comme rien.** Court (de taille), minuscule. «Ces sacrés pistolets-là, c'est long comme rien et pis ça commence déjà à s'écouter pisser su l'z-écopeaux… et pis ça veut pu travailler, ça veut pu rien faire…» (Basibi [Joseph Charlebois], «Y f'ra pas un avocat», dans L. Mailhot et D.-M. Montpetit, *Monologues québécois 1890-1980*, p. 65.) ♦ **N'avoir rien devant soi.** N'avoir aucun avenir, ne rien posséder. «Papa, pourquoi que vous l'aimez pas, les grands, l'oncle Ferdinand. — Parce qu'il n'a rien devant lui. Ni feu, ni foyer. Parce qu'il se sauve toujours on dirait. De qui? De quoi? On le sait pas trop. C'est une tête de pioche, Clovis, ton oncle, toujours à bourlinguer d'un bord à l'autre du monde.» (C. Jasmin, *La sablière*, p. 50.)

RINCE ♦ **Manger (Attraper) (Donner, Sacrer) une rince.** Essuyer (donner) une raclée. «J'y sacre une bonne rince. Au grand coton. Les yeux y roulent dans l'eau, a l'en redemande encore, est *prime* juste ce qu'y faut; plusse, a m'énerverait pis j'casserais avant à fin.» (J.-M. Poupart, *Chère Touffe, c'est plein plein…*, p. 246.)

RIPOUSSE ♦ **…en (Tout d'une) ripousse.** Subitement, tout d'un coup. «Un vrai sauvage, quoi! Ces survenants-là sont presquement pas du monde. Ils arrivent tout d'une ripousse. Ils repartent de même.» (G. Guèvremont, *Le Survenant*, p. 273.)

RIT ♦ **On rit pas.** C'est du sérieux. «Une entrée en asphalte, on rit pas, doivent avoir voté du bon bord. Elle : crains rien, y ont pas besoin de ça pour se payer du luxe…» (J.-M. POUPART, *Chère Touffe, c'est plein plein…*, p. 71.)

RÔDEUX ♦ **Avoir un rôdeux (une rôdeuse) (de…).** Superlatif : vrai(e), gros(se), important(e), beau (belle). «C'était mon Tom Caribou, sans connaissance, qui venait s'élonger en plein travers de l'ourse les quat' fers en l'air, avec un rôdeux de coup de griffe dans le fond… de sa conscience, et la tête… devinez, les enfants !… La tête toute blanche !» (L. FRÉCHETTE, *La Noël au Canada*, p. 231.) «Trouvant le grand silence argenté de la nuit de Noël, la voix de Joseph Laurence pénètre les vitres. Il est encore à répéter à son intime, le forgeron : — Cré gué ! on a eu ane rôdeuse de belle messe…» (A. NANTEL, *À la hache*, p. 210.)

ROFFE ♦ **Être roffe (and toffe** [*angl.* «rough and tough», dur à cuire]). Être dur, brusque, revêche. «Peu à peu, au collège, il se forme dix, vingt petits clans. […] D'une part les nonos, selon nous, les petits fifis des pères, les forts en thèmes, les petits génies souvent élevés sous les jupes de leur mère. D'autre part, les "roffes and toffes", les déniaisés, les débrouillards qui savent fuir les pièges des directeurs de conscience.» (C. JASMIN, *Pointe-Calumet boogie-woogie*, p. 65.)

ROI ♦ **Heureux comme un roi.** Superlatif : très heureux. «Jésus-Christ s'en va, le grand chien jaune dans ses bras, comme si c'était une brebis. Y nous a salués cinquante-six fois, heureux comme un roi.» (C. JASMIN, *Pleure pas, Germaine*, p. 37.)

ROMANCE ♦ **Conter (Chanter) une (des) romance(s).** Flatter, raconter un (des) mensonge(s), emberlificoter, faire la cour. «Mais j'suis franc aussi. C'est pour ça que j'ai pas à me gêner pour te dire que, pour moi, t'es la plus belle fille du quartier. — Viens pas me chanter des romances. — Comme chanteur de romances, y a mieux que moi...» (M. Riddez et L. Morisset, *Rue des pignons*, p. 127.) «Des grands mots... Ah, j'le savais...! J'l'ai dit à ma femme avant d'partir. J'vas me faire enterrer de grands mots que j'y ai dit! J'va m'faire chanter une romance!» (Y. Thériault, *Les vendeurs du temple*, p. 69.)

RONDE ◆ **Donner une ronde à qqn.** Donner une raclée à qqn. «Mais moé j'ai pour mon dire qu'ils devraient arranger ça entre eux autres ; une belle bataille, un dimanche après-midi, quéque chose comme une bataille de coqs. Pi, au plus fort la poche. Tu verrais qu'avec deux, trois bons Canayens, les Anglais se feraient donner une ronde.» (Ringuet, *Trente arpents*, p. 71.) «Viens avec nous aut'es, pis on va leur donner leur ronde aux Allemands. — Comme de raison si y manque pus rien que moé pour faire gagner la guerre, que je leur ai répondu, j'suis pas pour berlander.» (Armand Leclaire, « Le conscrit Baptiste », dans L. Mailhot et D.-M. Montpetit, *Monologues québécois 1890-1980*, p. 109.)

RONNE ◆ **Toffer la ronne (run)** [*angl.* tournée]. Endurer, supporter. «Lui : bon ben, ça veut dire qu'y faut pas se contenter de grignoter, manger comme faut pour se faire un fond solide, être capable de toffer à run jusqu'au boutte.» (J.-M. Poupart, *Chère Touffe, c'est plein plein...*, p. 70.)

RONNE DE LAIT ◆ **Faire la ronne de lait** [*angl.* «run», tournée]. Faire la tournée domestique, régionale. Allusion à la tournée du laitier. Se dit notamment dans l'aviation commerciale. «On rmet no-z-habits du dimanche! On rdevient in-ter-na-tio-nal et cos-mo-po-li-te! Pis on rprend l'avion qui fait a ronne de lait! Entte les ruines pis les musées!» (J.-C. Germain, *Les nuits de l'Indiva*, p. 152.)

ROSE ◆ **Rose nanane (Rose nénane, Rose nénane sucé longtemps).** Mièvre, banal, rose pâle, rose bonbon. «Les bons films américains, aussi rares que les mauvais. Rose nénane sucé longtemps.» (J.-M. Poupart, *Chère Touffe, c'est plein plein…*, p. 132.)

ROULE ◆ **Prendre le roule.** Vivre le quotidien, remplir les occupations routinières, journalières. «C'est pour dire que si on connaissait l'avenir, souvent on lâcherait, ou ben on prendrait le roule aisé, vous savez, la côte moins raide, l'effort moins suant.» (Y. Thériault, *Moi, Pierre Huneau*, p. 117.)

S

S'IL-VOUS-PLAÎT ◆ **…en s'il-vous-plaît.** Superlatif: très, à l'extrême. «J'ai très bien connu monsieur Lussier: c'était un homme capable en s'il-vous-plaît! Je ne pense pas qu'un seul client lui ait jamais retourné son assiette en trente ans.» (Y. Beauchemin, *Le matou*, p. 62.)

SACRANT ◆ **Au plus sacrant.** Au plus tôt. «Et Delphis Cayouette de lambiner un bon moment, rappelant à Xavier la maladie de Fleur-Ange, l'achat de sa nouvelle maison et le besoin qu'il a de se débarrasser au plus sacrant d'une terre qu'il n'a plus les moyens de se payer.» (V.-L. Beaulieu, *L'héritage / L'automne*, p. 290.) «Va boère ton eau au plus sacrant/ Pis surtout, réveille pas môman!… / — OK, POPA. / Bon y est parti, on est corrects.» (Y. Deschamps, *Monologues*, p. 168.) ◆ **Être sacrant.** Être dommage, exaspérant, mettre en colère. «S'il fallait qu'il me remette mon argent, ça parlerait au maudit. J'ai presque envie de pas y aller, à la beurrerie. D'un autre côté, ça serait pas mal sacrant de laisser perdre ce lait-là. J'y vas.» (C.-H. Grignon, *Un homme et son péché*, p. 170.)

SACRE ◆ **Va au sacre!** Va au diable! Déguerpis! «Holà! vous autres; y s'en va minuit. V'là le dernier coup de la messe qui sonne. C'est pas ben chrétien c'que vous faites là. Deux voix répondirent: — Allez au sacre! et laissez-nous tranquille!» (L. Fréchette, *La Noël au Canada*, p. 269.)

SAINT-JEAN-BAPTISTE ◆ **Doux comme un Saint-Jean-Baptiste.** Candide, innocent. «J'ai ben eu envie de lui raconter ça, à lui… Il aurait compris, il me semble… Il m'aurait pas jugée… Y'avait l'air doux comme un Saint-Jean-Baptiste… Y'avait une espèce de voix dangereuse… C'était chaud…» (J. Barbeau, *La coupe Stainless*, p. 141.)

SAINTE CATHERINE ◆ **Coiffer (la) sainte Catherine (Sainte-Catherine).** Rester célibataire (d'une femme), «vieille fille». «M'en vas vous dire une chose, Honoré, y a pas une fille à vingt ans qui a pas une peur terrible de coiffer la Sainte-Catherine. Pis moé ben, pareille aux autres, j'avais peur de rester fille. Fa que j'ai dit oui au premier qui a osé d'mander.» (M. Laberge, *C'était avant la guerre…*, p. 69.)

SANDWICH ◆ **Être pogné** [poigné] **(pris) en sandwich.** Être pris en porte-à-faux. «Ah! Moi! je comprends tout, je comprends tout, mais j'me comprends pas… — Pourquoi tu dis ça? — Toute la semaine, j'ai eu l'émotif pogné en sandwich entre ma tête pis mes fesses…» (A. Boulanger et S. Prégent, *Eh! qu'mon chum est platte!*, p. 60.)

SANGS ◆ **Se manger les sangs.** Aussi: **Se revirer, Se ronger les sangs.** S'inquiéter, se tourmenter. «Comme vous pouvez croire, ça pas été facile. La bourgeoise voulait pas, pas pour un diable. Mais plus elle disputait et s'mangeait les sangs, plus j'étais malade de v'nir. — Vous allez finir par mettre du trouble dans le ménage.» (H. Bernard, *Les jours sont longs*, p. 56.) «L'an dernier, à pareille date, il n'était pas à se manger les sangs ainsi puisque son amie, Alphonsine Ladouceur… avait consenti à l'accompagner à la messe de minuit.» (G. Guèvremont, *En pleine terre*, p. 13.)

SAUCETTE ◆ **Faire une (petite) saucette.** Rendre une courte visite à qqn. «À cinq heures, je serai là, monsieur Marsouin. Je resterai pas longtemps parce que c'est le temps où mes clients arrivent, mais j'irai faire une saucette. Puis je vous souhaite bien bonne chance.» (M. Riddez et L. Morisset, *Rue des pignons*, p. 353.)

SAUVAGE ◆ **Le(s) Sauvage(s) est (sont) passé(s).** Se dit d'une femme devenue enceinte, qui accouche. «Moi, les sauvages, j'en avais entendu parler avant que mon petit frère vienne au monde. Ma mère disait : Les sauvages sont à la veille de passer.» (R. Carrier, *De l'amour dans la ferraille*, p. 117.) «Pour l'accouchement, on envoie les enfants chez des parents parce que le Sauvage est passé et la mère doit rester au lit neuf jours car le Sauvage l'a blessée à une jambe.» (C. Asselin et Y. Lacasse, *Corpus… : Région de la Mauricie*, p. 214.)

SCIANT ◆ **Être sciant.** Être direct, brusque. «Ben, ça valait cent piasses pour voir la figure de Tit Toine quand le pére lui a dit ça. Vous savez, il était sciant, le pére. Alors on a vidé le flacon, et Tit Toine est retourné chez lui ben saoul.» (G. Bessette, *Anthologie d'Albert Laberge*, p. 56.)

SCORE ◆ **Petter** [péter] **son score.** Se surpasser, dépasser son pointage, sa performance. «Cent quatorze femmes sus ton plancher! — Ouais! Pas cent disse! Pas cent vingt! Cent quatorze! Pis ljour de l'Armistisse j'ai faitte le tour du chapeau, pis j'ai petté mon score avec la cent quatorzième dan-z-un lodeur sous une bâche!» (J.-C. GERMAIN, *Mamours et conjugat*, p. 103.)

SENS DU POIL ♦ **Flatter qqn dans le sens du poil.** Flatter, flagorner. «Y vous l'a pas dit encore, hein? continua Didace. Y vous l'a toujours ben pas dit pourquoi y veut l'déménager son cimequiére. Y vous a fait parler, y vous a flattés sur le sens du poil, y'a fait semblant de vous gratter la démangeai-son, mais y vous l'a pas dit!» (Y. THÉRIAULT, *Les vendeurs du temple*, p. 65.)

SEPT CULS ♦ **Laid comme sept culs (pendus sur une corde à linge).** Très laid. «Des fois on se voyait pris pour donner un bec à des tantes ou à des cousines qui étaient laites comme sept culs pendus sus une corde à linge, mais un dans l'autre on aimait mieux toutes les embrasser que pas en embrasser pantoute!» (R. LÉVESQUE, *Le vieux du Bas-du-Fleuve*, p. 104.)

SÉRAPHIN ♦ **Être Séraphin (séraphin).** Être avare. D'après le nom bien connu du protagoniste du roman de Claude-Henri Grignon, *Un homme et son péché*. «Quoi? Ménager quand ils sont riches / En cas qu'tout ça aurait un' fin? / Les prenez-vous pour un lot d'chiches / Ou pour un' band' de Séraphins?» (É. CODERRE, *J'parle tout seul quand Jean Narrache*, p. 50.)

SERPENT ♦ **Être serpent.** Être rusé, espiègle. «Monsieur le Ministre, la déclaration que vous avez faite à Pommette Rossignol était trop belle pour tomber dans l'oubli. — T'es devenu assez serpent que, des fois, j'ai peur que tu me piques mortellement. — Qu'est-ce que vous me dites là, Monsieur le Ministre? J'ai bien trop de respect pour vous et pour le Bon Parti.» (R. CARRIER, *De l'amour dans la fer-raille*, p. 67.)

SERRE-LA-CENNE ◆ **Être serre-la-cenne** [cent]. Être avare, pingre. «Slipskin continuait de faire le coq chaque matin en passant devant *Chez Florent* […] — Et dire qu'il est trop serre-la-cenne pour s'acheter une climatiseur, ricanait Florent derrière son comptoir.» (Y. Beauchemin, *Le matou*, p. 537.)

SIFFLET ◆ **Couper le sifflet (sifflette) à qqn.** Interrompre qqn, couper la parole à qqn, empêcher qqn de nuire. «Mais sans s'en rendre compte elle a pété ma balloune (ou alors elle est beaucoup plus intelligente qu'elle ne le paraît). Elle m'a coupé le sifflet, à un moment donné, pour me dire sur un ton très doux: — Tout ça est passionnant mais je ne m'explique toujours pas votre choix du théâtre National pour votre essai!» (M. Tremblay, *Des nouvelles d'Édouard*, p. 112.) «Jos était chaud, y chantait pouille à Desbiens. Monsieur Tardif a commencé à vouloir y couper le sifflette, mais Jos s'est choqué pis y a dit que les directeurs d'école c'était ienque bon pour fumer des pissettes d'agnelles pis pour se promener toute la semaine longue en habits des dimanches.» (R. Lévesque, *Le vieux du Bas-du-Fleuve*, p. 49.)

SIX PIEDS SOUS TERRE ◆ **Être (à) six pieds sous terre.** Être mort. «Pourvu qu'il se grouille le cul, maintenant. Je ne veux pas être six pieds sous terre quand le train va reprendre son service.» (Y. Beauchemin, *Le matou*, p. 430.)

SLAQUER ◆ **Se faire slaquer (slacquer)** [*angl.* «slacked», congédié]. Être congédié, être remercié de ses services. «Si tu tiens tant que ça à savoir la vérité, soupira-t-il, eh ben! ma femme, je me suis fait slaquer. Mais c'est aussi ben comme ça. J'étais pour lâcher moi-même. Comment est-ce que je peux m'occuper de mes affaires pris dans c't outfit-là du matin au soir.» (G. Roy, *Bonheur d'occasion*, p. 92.)

SMATTE ◆ **Avoir l'air smatte.** Avoir l'air penaud, fou. «Y m'a laissée, enceinte d'Éric, pour une fille de 22 ans. J'avais l'air smatte, là. Avec mon immense don de moi-même suspendu dans les limbes. J'ai quasiment eu pitié de moi, faque j'ai décidé de m'en occuper.» (J. DORÉ, *Si le 9-1-1 est occupé!*, p. 87.) ◆ **Faire le (Faire son, Faire son beau) smatte (smart, smat)** [*angl.* «smart», intelligent, perspicace]. Parader, plastronner, faire le fanfaron. «"C'est quoi ces T.V.-là? T'as volé ça à campagne?" J'y ai dit: "Ah, oui, tu veux faire le sma't? Amène-moé au poste, c'correct." Y m'amène au poste pis y s'essayait de m'faire peur.» (M. LETELLIER, *On n'est pas des trous-de-cul*, p. 115.) «Je ne l'intéresse même pas! Aïe, a' s'en sacre-tu, rien qu'un peu, du petit vendeur de chaussures de Montréal, qui vient faire son smatte dans les vieux pays parce que sa mère lui a laissé quequ'piasses en héritage!» (M. TREMBLAY, *Des nouvelles d'Édouard*, p. 237.)

SOIN ◆ **Y a pas de soin(s)!** De rien… Bien sûr, aucun doute, aucune crainte… «Ensuite, en route avec elle, elle te dira quoi faire. Avec elle, y'a pas de soins, elle te dira quoi faire.» (R. LALONDE, *Contes de la Lièvre*, p. 32.)

SORCIER ◆ **Y avoir du sorcier…** Il y a de la magie, du mystère, c'est bizarre. «Mais ils eurent beau chercher et fureter dans tous les coins et racoins, tout était correct; y avait rien de dérangé. — Y a du sorcier là-dedans! qu'y dirent en se grattant l'oreille.» (L. FRÉCHETTE, *La Noël au Canada*, p. 270.)

SOUIGNE ◆ **Se donner une souigne** [*angl.* «swing», allant] **(swing).** Se donner un allant. «Mon Dieu, faut que je grimpe là? Comment que je vas faire? — Faut que tu te donnes une bonne swing en partant, après ça t'es correcte… Regarde! — C'est facile pour toi, t'es grande.» (M. PELLETIER, *Du poil aux pattes…*, p. 20.)

SOUINCE ◆ **Prendre une souince.** Prendre une cuite, se faire tabasser. «S'y faut que je prenne une souince à méson, autant que ça soèye pour quèque chose. — Ça c'est parler en monsieur!» (A. RICARD, *La gloire des filles à Magloire*, p. 123.)

SOULEUR ◆ **Avoir (une) souleur (de qqch.).** Pressentir (qqch.), avoir peur (de qqch.). «Vous avez dû vous en souvenir longtemps. — Longtemps? Je m'en souviens encore. Souvent, la nuit, vers la même heure, il me prend une souleur, et je me rendors rien qu'à l'aurore.» (G. GUÈVREMONT, *En pleine terre*, p. 80.)

SPARAGES ◆ **Faire des sparages.** Gesticuler, faire un esclandre, parader. «C'est Pierre, y fait des grands sparages, ben que trop grands, m'a tout l'air que ça veut dire de faire le tour.» (J.-M. POUPART, *Chère Touffe, c'est plein plein…*, p. 71-72.) «Mais l'arbitre voulait pas comprendre ça, y a commencé à engueuler Romuald en anglais pis à faire des sparages; ça fait que Romuald a pas faite ni une ni deux, y lui a blasphèmé son poing en pleine face.» (R. LÉVESQUE, *Le vieux du Bas-du-Fleuve*, p. 34.) «Je t'ai connu adolescent fendant / Ti-Oui Grolier. / Tu faisais des sparages en patinant / Tu fumais tu crachais tout l'temps, / T'avais le geste élégant.» (C. DESROCHERS, *La grosse tête*, p. 127.)

SPOTTER ◆ **En spotter (à qqn).** En imposer (à qqn), faire l'important. «C'est pas parce que ton Charles est professeur de français que tu vas v'nir nous en spotter pis nous dire quoi faire, compris! Si tu veux l'savoir, ton Charles est platte comme une barre de savon.» (L.-M. DANSEREAU, *Chez Paul-ette, bière, vin…*, p. 62-63.)

STOCK ◆ **Du bon stock.** De la qualité, du bon. «Madame Bousquet secoue d'un coup ses bouclettes teintes "blond" qui dépassent de son chapeau, puis elle regarde avec admiration, presque avec gourmandise, les garçons dans l'arène.

[...] — Hum! Y a du bon stock là-d'dans, monsieur Berri-chon. » (M. RIDDEZ et L. MORISSET, *Rue des pignons*, p. 289.)

STONE ◆ **Être stone** [*angl.* « stoned », étourdi, drogué]. Être étourdi, drogué. « Pis toé, as-tu un chum? — J'ai pas eu l'temps, je faisais du ménage. Aïe, j'ai été stone à l'eau de javel pendant deux semaines! » (A. BOULANGER et S. PRÉGENT, *Eh! qu'mon chum est platte!*, p. 25.)

STRAIGHT ◆ **Prendre qqch.** *straight* [*angl.* droit]. Prendre de l'alcool pur, sans soda, accepter les propos durs sans broncher. Aussi : **Être** *straight*. Être vertueux, honnête, sans détour. « Lui : j'suppose que j'dois prendre ça straight? Elle : ben non, ben non… » (J.-M. POUPART, *Chère Touffe, c'est plein plein…*, p. 45.)

SUCE-LA-CENNE ◆ **Être (un) suce-la-cenne.** Être pingre, avaricieux. « Vieille suce-la-cenne, marmonna-t-il. Sept cents dollars! Sept cents dollars pour s'être arraché le cœur pendant deux mois! Avoir su, je ne me serais pas donné tant de mal pour sa baraque. » (Y. BEAUCHEMIN, *Le matou*, p. 328.)

SUCEUX DE CUL ◆ **Être (un) suceux de cul.** Être homo-sexuel. « Les Bouchard sont radicalement anti-cléricaux. Ils disent haïr les curés et les sœurs, ce qui n'empêchera pas Monique d'aller voir ces dernières en cas de besoin. Ti-noir est très catégorique : pour lui les curés sont des "suceux d'cul". » (M. LETELLIER, *On n'est pas des trous-de-cul*, p. 105.)

SUCRES ◆ **Aller aux sucres.** Se rendre à la cabane à sucre. « Où sont-ils allés? — Aux sucres, je crois ben. En effet, papa a parlé d'aller aux sucres à matin. Ça fait qu'ils ont dû se décider. » (G. ROY, *Bonheur d'occasion*, p. 208.)

SURVENANT ◆ **Arriver en survenant.** Surgir à l'impro-viste. D'après le protagoniste du roman du même nom de

Germaine Guèvremont. « L'on croyait la fête de l'été encore loin d'achever lorsque l'homme arriva en survenant. Cependant aux grandes bourrasques de pluie succéda un temps clair et assez doux. » (G. GUÈVREMONT, *En pleine terre*, p. 121.)

T

TABLE ◆ **Faire qqch. par en dessoure (en dessous) de la table.** Faire qqch. en cachette, à la dérobée, à l'encontre des règles établies. « Un bon soir tu vois les cheufs syndicaux qui s'promènent avec des pancartes bras-dessus, bras-dessoure [...] pis l'autre lendemain y en a un qui accuse l'autre d'être arrangé avec le ménisse du travail par en dessoure de la table, pis envoie donc ! » (R. LÉVESQUE, *Le vieux du Bas-du-Fleuve*, p. 43.) ◆ **Passer en dessous de (sous) la table.** Être privé de repas (en guise de punition ou pour être arrivé en retard). « Aurélie ? — Passe en d'sous d'la table ! — Chus en retard, han ? — T'es pas mal française si t'arrives pour souper à huit heures et demie. — Ben oui... » (M. LABERGE, *Aurélie, ma sœur*, p. 117.)

TACHE DE GRAISSE ◆ **Faire tache de graisse.** Lambiner, prendre son temps. « Quand on traversait, on faisait pas tache de graisse non plus. Pour mon pére, laisser les arriéres en plan, c'était de mauvais conseil. » (Y. THÉRIAULT, *Moi, Pierre Huneau*, p. 14.)

TALONS ◆ **Se friser sur les talons.** Faire l'important, se pavaner, se tortiller, avoir la diarrhée. « J'en ai connu des députés qui chiaient plus haut que l'trou, qu'ont été les premiers à s'friser su'les talons un lendemain d'élections [...]. » (S. RIVIÈRE, *La s'maine des quat' jeudis*, p. 78.) « Comme

Six-Pintes disait, tant qu'à atteler, aussi bien atteler pour quelque chose, par pour aller à la bécosse se friser sur les talons, comme une vache qui vèle… » (S. Rivière, *La saison des quêteux*, p. 82.)

TANNANTE ♦ **…une tannante.** Une grosse, étonnante, considérable. «Que j'en ai donc promis une tannante à sainte Anne : tiens, dur comme ça que j'en prendrais pu. Il donna un solide coup de poing sur sa poitrine velue, comme s'il avait pu enfoncer son émoi.» (R. Lemelin, *Au pied de la pente douce*, p. 321.) «Toé, 'Charis, qu'as jamais fait les chantiers, j'm'en vas t'en conter une tannante, pi c'est la vérité vraie.» (Ringuet, *Trente arpents*, p. 59-60.)

TATA ♦ **Un (grand) (Faire) tata.** Un (grand) (faire) niais, benêt. «J'aime la crème glacée de couleur verte mais je déteste accompagner la famille. J'arrive à l'âge où elle nous semble ridicule et où on a honte de s'y coller. Cela fait "tata". J'aurai quinze ans en novembre.» (C. Jasmin, *Pointe-Calumet boogie-woogie*, p. 98.) «Y s'prend pour Robin-des-bois, le grand tata. Albert lui arrache la branche, la casse en deux. Chiâlage encore.» (C. Jasmin, *Pleure pas, Germaine*, p. 42.)

TAULE ♦ **Ne pas avoir une taule.** Ne rien avoir, être pauvre, sans le sou. «Pas loin de Maskinongé vivait un homme ben riche qui avait six filles à marier […] Y a-ti pas un gars de la ville qui s'amène dans le rang. À part d'être ben planté et de parler un peu d'anglais, il avait rien, pas même une taule.» (G. Guèvremont, *En pleine terre*, p. 83.)

TAXI-BOTTINE ♦ **Faire du taxi-bottine.** S'agripper au pare-choc et se laisser tirer par une voiture. «…s'agripper aux voitures / qui les traînent / sur la glace bleue des rues / ils appellent ça / du taxi-bottine…» (G. Godin, *Cantouques et Cie*, p. 153.)

TÉLÉGRAPHE ◆ **Passer un (des) télégraphe(s) (king size[s]).** Déposer un bulletin de vote trafiqué dans l'urne. Télégraphe king size : déposer en même temps plusieurs bulletins de vote trafiqués dans l'urne. «[…] il faut tout faire pour empêcher que des personnes tentent de fausser les résultats en votant à la place d'autres. Il s'agit d'éviter de se faire passer des "télégraphes". (Comité des Québécois pour le Oui, *Instructions au représentant d'un comité national dans les bureaux de votation*, mars 1980, p. 11.) «Il tira ceux [les bulletins] qu'il avait dans sa poche et les fourra dans l'urne à la surprise générale… à l'époque, cette manœuvre électorale, baptisée plus tard "télégraphe king-size", était encore peu connue.» (J. Benoît, *Les voleurs*, p. 208.)

TEMPS ◆ **Dans l'temps comme dans l'temps.** En temps voulu, au moment opportun. Se dit pour inviter à la patience. «Avant que vous montiez niaiser dans le grenier, je voudrais savoir ce que Miville est venu faire ici. — Dans le temps comme dans le temps, rétorque Junior. De toute façon, tu le sauras bien assez vite.» (V.-L. Beaulieu, *L'héritage / L'automne*, p. 431.) ◆ **…sur le (un) vrai (maudit, drôle de, etc.) temps (sur un temps rare, riche).** Superlatif : très, beaucoup, considérablement, en trombe, en vitesse, en un rien de temps. «Sur les quais, y a une foule de petits gamins. Chacun a sa corde de pêche, les p'tits poéssons sortent sur un temps riche. J'ai jamais vu ça, y en poignent un à seconde ma foi du bon yeu ! Y a des grandes cabanes vides tout le long de la grève.» (C. Jasmin, *Pleure pas, Germaine*, p. 171.) «Il est mieux de pas réclamer aux assurances, lui. Ça lui ferait grimper sa prime sur le vrai temps.» (M. Riddez et L. Morisset, *Rue des pignons*, p. 28.) «Des bouttes, a s'adonne à être pâmante sus le vrai temps… Pauvre Simon, a l'a quasiment mis sus les épines tout le temps qu'a l'a été là…» (J.-M. Poupart, *Chère Touffe, c'est plein plein…*, p. 205.)

TERMES ◆ **Parler en (dans les) termes (tarmes).** Parler bien, en termes choisis. « En entendant le heurlement, Tom Caribou était parti à descendre ; mais bougez pas ! l'ourse qui l'avait entendu grouiller, avait fait le tour de l'âbre, et avant que le malheureux fût à moitié chemin, elle lui avait posé, sus vot' respèque, pour parler dans les tarmes, la patte dret sur le rond-point. » (L. FRÉCHETTE, *La Noël au Canada*, p. 235-236.)

TÊTE ◆ **Crier par la tête à qqn.** Engueuler, crier à tue-tête après qqn. « T'arais pu attendre d'être dans'maison pour y crier par la tête comme ça, franchement… / La grosse femme sirotait un coke avec deux pailles. » (M. TREMBLAY, *Le premier quartier de la lune*, p. 244.) « Tout ce temps-là, tu le savais, pis tu m'as torturé, saigné à blanc, juste pour le plaisir… — J'ai juste fait ce que tu me cries par la tête, depuis trois ans, Phil… — Moi, Te crier par la tête ? Jamais, voyons… » (J. BARBEAU, *La coupe Stainless*, p. 123-124.)
◆ **Monter la tête de qqn avec qqch.** Tromper, influencer qqn avec des chimères. « Papa, pourquoi que vous l'aimez pas, les grands, l'oncle Ferdinand. […] — Oui, oui, je le sais que tu l'admires, pauvre innocent. Il vous a monté la tête avec toutes ces histoires d'aventures en Orient et en Afrique. Des histoires incroyables qu'on peut pas vérifier. A beau mentir qui vient de loin. » (C. JASMIN, *La sablière*, p. 50.)
◆ **Une tête croche.** Une personne désobéissante, rebelle, méchante, têtue (se dit notamment d'un enfant). « Cé qu'ça t'donne de lire tant d'livres, si t'apprends jamais rien ? Faut s'escompter chanceux qu'les têtes croches comme toé vo-tent pas ! — J'ai p'tête une tête croche, mais vous, vous l'avez proche du bonnet sus un maudit temps ! » (M. LABERGE, *C'était avant la guerre…*, p. 91.) ◆ **La (une) tête à Papineau.** Personne intelligente, perspicace, fanfaron, pédant. Allusion à Louis-Joseph Papineau, célèbre tribun populaire, qui passait pour très intelligent. « À propos, n'oubliez pas de

remercier l'agent qui a conseillé à Rosaire d'avoir recours à moi : sans ce conseil, la bande de chipies qu'il avait après lui qui n'a pas la tête à Papineau, un homme simple et malchanceux, à cause de son métier justement… » (J. FERRON, *Rosaire*, p. 89.) « Quelle sorte de plan pouvait bien hanter cet étrange Théodore à Pit qui, jusqu'à maintenant, sans se montrer tête à Papineau, avait toujours su garder son rang sans déranger l'ordre établi. Après tout, "bon sang ne peut mentir". » (S. RIVIÈRE, *La saison des quêteux*, p. 31.)

TÉTEUX ◆ **Faire le téteux.** Aussi : **Être téteux.** Faire le (être) flagorneur, l'éteignoir, l'imbécile, tergiverser. « On s'en va. Allons-nous en ! Sacrons le camp ! On reviendra demain. Faites pas les téteux ! Venez-vous en ! » (J.-J. RICHARD, *Faites-leur boire le fleuve*, p. 223.)

TI-JEAN CREMETTE ◆ **Faire son ti-Jean Cremette.** Faire son pédant, son arrogant. D'après un personnage passé dans la légende. « Après ça monsieur le maire est rentré ; tu l'as pas connu, toé, le gros Desbiens… J'te dis qu'y faisait son ti-Jean Cremette, avec son capot de poils pis son casse de cremeur. J'te mens pas, en le voyant rentrer on aurait quasiment dit qu'y se prenait pour le premier menisse. » (R. LÉVESQUE, *Le vieux du Bas-du-Fleuve*, p. 48.)

TIGUIDOU ◆ **C'est tiguidou (diguidou) (*right through* su' 'a bine).** C'est d'accord, épatant. « Ça vous va ? — Tiguidou right trou s'a bine ! crie presque Miville tellement il est content, serrant la main de Ludger Ouellette avant de sortir du bureau, suivi de Nathalie. » (V.-L. BEAULIEU, *L'héritage / L'automne*, p. 289.)

TIRE SAINTE-CATHERINE ◆ **Mou comme de la tire sainte-catherine.** Étourdi, très mou, malléable. « …pi qu'y r'commençait… jusqu'à temps que ch'soueille molle comme d'la

tire sainte-catherine… jusqu'à temps que ch'soueille pus
capabbe de l'attende… PUS CAPABBE!…» (J.-C. GERMAIN,
Les hauts et les bas dla vie d'une diva, p. 42.)

TOASTS ◆ **Y aller aux toasts.** Filer, aller vite. «Pis je me suis
transformée successivement en teddy bear, en pot de cheeze
whizz (ça y allait aux toasts, ça), en discothèque, en bar-
reau de chaise.» (J. DORÉ, *Si le 9-1-1 est occupé!*, p. 36.)

TOILE ◆ **Faire (de) la toile.** S'évanouir, avoir les dernières
convulsions avant de mourir. Allusion au faseillement de
la voile. «La bête pousse un grognement, étend les pattes,
lâche l'âbre, fait de la toile, et timbe sus le dos les reins
cassés.» (L. FRÉCHETTE, *La Noël au Canada*, p. 230-231.)

TÔLE ◆ **Ne pas (Ne plus) avoir une tôle (token)** [*angl.*
jeton]. Être sans le sou. «Tu veux dire qu'il te reste plus
rien? — Plus une tôle! Mais je te jure que je te remettrai ça
aussitôt que je toucherai ma première paye.» (M. RIDDEZ
et L. MORISSET, *Rue des pignons*, p. 70.)

TOMBE ◆ **Avoir un pied dans la tombe.** Aussi: **Avoir deux
pieds, Avoir les deux pieds dans la tombe.** Être mourant, à
la veille de mourir. «I' vont se défoncer l'estomac ces deux
vieux-là; ça jeûne pendant des semaines comme Jésus
dans le désert, pis, tout à coup, ça veut manger comme des
cochons; ça a déjà deux pieds dans la tombe pis ça fait
encore des péchés de la gourmandise.» (R. CARRIER, *De
l'amour dans la ferraille*, p. 260.) ◆ **Muet comme la (Pas
plus jasant qu'une) tombe.** Parfaitement muet. *Muet
comme la tombe* s'emploie en France. «Ça, c'est un secret
pour ma prochaine conférence de presse. — À moé, tu peux
ben le glisser dans le tuyau de l'oreille… J'vas être muette
comme la tombe.» (J. BARBEAU, *La coupe Stainless*, p. 126.)
«Mais quand j'y parle d'la bombe, / Y vient vert comme

un "cocombe" / Pis y'est pas plus jasant qu'une tombe. »
(J. BARRETTE, « Poléon le révolté », dans L. MAILHOT et D.-M.
MONTPETIT, *Monologues québécois 1890-1980*, p. 279.)

TOMBOY ◆ Être (un) *tomboy* [*angl.* garçon manqué]. Être
un garçon manqué. « Quand je tombais à terre en slow
motion et qu'Huguette commençait son monologue sur
le fait qu'elle était un tomboy, c'est-à-dire quelque chose
d'asexué entre un gars et une fille, le monde riait comme
des malades… » (S. DESROSIERS, *T'as rien compris, Jacinthe…*, p. 18.)

TONNE ◆ **Sentir la tonne.** Empester l'alcool. « Aussi, Brassard préférait-il avoir affaire à Poudrier plutôt qu'à son
cousin, qui sentait souvent la tonne et la femme, et qui le
faisait endêver. — Nous autres, on se comprend, avait-il
accoutumé de dire à son ami. » (C.-H. GRIGNON, *Un homme
et son péché*, p. 172.)

TOP ◆ (Être) le (au) *top* [*angl.* sommet, comble] ! (C'est) le
comble ! Le (au) maximum, à l'extrême. « Tu sais dans
l'Union, c'est 45 ans le top ! Les assurances, tu vois ! Mais tu
rentres pas dans l'Union. » (J.-J. RICHARD, *Faites-leur boire
le fleuve*, p. 255.) « Le top, ça serait d'écouter le téléjournal
pis de penser s'instruire en l'apprenant par cœur. » (J.-M.
POUPART, *Chère Touffe, c'est plein plein…*, p. 260.) « Ça me
réjouissait au top, comme on dit à Trois-Rivières, d'être
traité de poète vulgaire, grossier, malpoli, malvenu, mal
dégrossi. » (G. GODIN, *Cantouques et Cie*, p. 173.)

TORCHETTE ◆ **Net comme (une) torchette !** Propre, imma-
culé. « Me semble le voir à table, les p'tits ben rangés de
chaque long bord. Mon Florent mangeait, mais si par accident un des jeunes avait dédain ou farfinait sus le plat,
Florent prenait la grosse voix : "Mange, mange ! C'est péché

en laisser. J'veux voir ton assiette nette comme torchette." » (Y. Thériault, *Moi, Pierre Huneau*, p. 59.)

TORQUETTE ♦ Ficher la torquette. Jouer un mauvais tour, jeter un mauvais sort. «Le lendemain matin tous les sauvages étaient décampés, à l'exception de deux sorciers qui laissèrent la place, de fort mauvaise humeur, dans l'après-midi, allant chacun de son côté. / Je suis bien sûr que l'un d'eux n'aura pas manqué de ficher la torquette à l'autre; mais pour ma part je n'en ai plus entendu parler. [Note de bas de page: Ficher la torquette, en langage de voyageur appliqué à la cabale sauvage, veut dire jouer un vilain tour, donner un sort, une maladie ou la mort même]. » (J.-C. Taché, *Forestiers et voyageurs*, p. 187.)

TOUCHE ♦ Avoir la touche forte. Donner de grands coups. «Il obliqua vers les pins, à travers les sables jaunes, et poussa sa barque vers les roseaux du Mitan. / Hé! diable! il avait la touche forte, comme on dit. À chaque coup, la proue se mâtait et, derrière, ondulait la queue du sillage […]. » (F.-A. Savard, *Menaud maître-draveur*, p. 111.) ♦ **Tirer une touche.** Tirer une bouffée de cigarette. «Tous les deux, on va tirer une touche en se r'posant d'la vie, pendant que toé, mon p'tit verrat, tu vas sortir… » (R. Carrier, *De l'amour dans la ferraille*, p. 304.) «On rit. Sur un autre ton. On tire une touche et on rit moins. On est à l'étroit. » (J.-J. Richard, *Faites-leur boire le fleuve*, p. 298.) «À soir, j'suis v'nu tirer un' touche / dans l'parc Lafontain', pour prendr' l'air / à l'heure ousque l'soleil se couche / derrière la ch'minée d'chez Joubert. » (É. Coderre, *J'parle tout seul quand Jean Narrache*, p. 123.)

TOUR ♦ Tournée au tour. Bien tournée, bien proportionnée. Se dit d'une femme. «Je me r'vire: alle est rendue toute nue elle itou. Ah! bonne sainte viarge, si t'aurais vu ça! Un vré patron, mon gars, tournée au tour.» (R. Lévesque, *Le vieux du Bas-du-Fleuve*, p. 90.)

TOUR DE COCHON ◆ **Jouer un tour de cochon (à qqn).** Jouer un mauvais tour (à qqn). «Mais j'y pense, là, tout d'un coup. Ma clôture était correcte la semaine passée. Ça doit être quelque v'limeux de jaloux qui m'a joué un tour de cochon. Viande à chiens! que je le poigne jamais!» (C.-H. Grignon, *Un homme et son péché*, p. 190.)

TOUR DU CHAPEAU ◆ **Faire le tour du chapeau.** Compter trois buts dans un match sportif (particulièrement de hockey). «Quand j'pense que ça fait trois joutes qu'y fait rien… Trois, sans un but, sans une assistance, sans une punition. Trois. Le tour du chapeau de la honte… — J'ai toujours cru que les buts étaient trop petits…» (J. Barbeau, *La coupe Stainless*, p. 20.)

TOUT À SOI ◆ **Ne pas être tout à soi.** Être un peu timbré. «C'est de sa faute! Ou la faute que chus maquereau. Ha! Ch'sais pus!… Chus pas tout à moé.» (J. Renaud, *Le cassé*, p. 73.) «Le Bon Dieu, le Bon Dieu! Mon œil, le Bon Dieu! Nous autres, les humains, on laisserait pas un chien dehors pis l'Bon Dieu permet qu'une femme honnête comme moi mette au monde un bébé qui est pas toutte à lui. Ben, leur Bon Dieu, i' peut ben aller se cacher dans son paradis…» (J. Barrette, *Oh! Gerry Oh!*, p. 77.)

TOUT CRACHÉ ◆ **Être qqn tout craché.** Ressembler beaucoup à qqn. «Ça veut dire que t'es prête à aimer les autres, mais debout, jamais à genoux. Pis ça, si tu savais, si tu savais comme ça ressemble à ta mère. C'est elle tout crachée.» (M. Laberge, *Aurélie, ma sœur*, p. 88.)

TOUT NU ◆ **Être (un) tout nu (dans la rue).** Être pauvre, sans le sou. «Ça me donne le vertige. Un tout nu, sans instruction, et toutes ces vies-là accrochées après toé, qui attendent tes décisions.» (C. Jasmin, *Pleure pas, Germaine*, p. 147.) «Au pied des marches de pierre, une limousine blanche attendait. [...] mais savez-vous qui j'ai vu s'y engouffrer après m'avoir gentiment salué de la main? Mon gars de Bogota! Dans une Packard blanche, moi qui le prenais pour un tout nu comme moi! C'était peut-être une star qui voyageait incognito!» (M. Tremblay, *Des nouvelles d'Édouard*, p. 178.)

TOUT ROND ◆ **Se coucher tout rond.** Se coucher tout habillé, sans faire sa toilette. «Là j'voulais p'us rien savoir de Ti-Noir, pis lui pareil. Depuis qu'y a l'feu au cul, y couche tout l'temps dans l'salon. Y s'couche tout rond, y s'lave pas. Y arrive à quatre-cinq heures du matin pis y r'part le matin de bonne heure.» (M. Letellier, *On n'est pas des trous-de-cul*, p. 165.)

TOUTE ÉREINTE ◆ **Courir à toute éreinte.** Courir de toute sa force, à toute vitesse. «Partagé entre l'envie de se jeter à la nage et celle d'accompagner l'embarcation en courant à toute éreinte sur la grève, il sautait en tous sens.» (G. Guèvremont, *Le Survenant*, p. 130.)

TRACK ◆ **À côté de la *track*** [*angl.* voie]. Dans l'erreur. «Envoie fort, dit-il. T'es intéressant quand même. À côté de la track par moments, mais t'es drôle à écouter.» (G. Roy, *Bonheur d'occasion*, p. 61.)

TRAIL ◆ **Piquer une *trail*** [*angl.* piste, sentier]. Partir, venir, se pointer. «T'es bon pour piéger, bon ben tu devrais apprend' à piéger la députation quand à s'pique une trail par icitte pour venir manger le saumon qu'on a pas l'droit de pêcher, pis le homard qu'a pas sa mesure, parce qu'apparence, ça s'rait le meilleur, bordel à bras...» (S. Rivière, *La saison des quêteux*, p. 70.)

TRAIN ◆ **Djomper** [*angl.* «jump», sauter] **un train.** Sauter dans un train en marche. «La vie nous semble belle et attirante ailleurs. On rêve de "jumper" des trains de marchandises, voir du pays, fuir toutes ces petitesses qui nous étouffent. Ah! pouvoir aller écrire des poèmes de feu et de sang dans des îles lointaines et primitives!» (C. Jasmin, *Pointe-Calumet boogie-woogie*, p. 127.) ◆ **Faire du train.** Aussi : **Mener du train, Mener un train d'enfer, un train du beau diable.** Faire du (faire beaucoup de) bruit, du tapage. «Le train qu'ils faisaient avec les autres enfants — ceux de c'te femme-là… Le train c'était à devenir fou!» (G. Roy, *Bonheur d'occasion*, p. 260.) ◆ **Faire le train.** Traire les vaches, faire l'ordinaire sur la ferme. «Il n'y avait qu'à soigner les bestiaux : à "faire le train", comme on dit dans le Québec, à couper sur le coteau la provision de bois pour l'hiver, à bâcler les menus travaux des champs et de la ferme. » (Ringuet, *Trente arpents*, p. 24.) ◆ **Se mettre en train.** S'éveiller, se mettre en marche. «Le v'là rouge comme un coq. C'est jeune pour avoir des coups de sang. Où c'est qu'on s'en va si les jeunes se mettent en train à quinze ans à cet'heure. » (C. Jasmin, *Pleure pas, Germaine*, p. 48.)

TRAÎNERIE ◆ **Ne pas être une traînerie !** Ne pas traîner, ne pas être long, rapidement. « "Aïe, j'ai ben assez de t'avoir sur le dos à longueur de journée, le soir, ça me prend mon espace vital, faque va moisir ailleurs" ; Y'a revolé partout, ç'a pas été une traînerie… pis là, j'ai le garde-robe à moi tu-seule… c'est bon. » (J. Doré, *Si le 9-1-1 est occupé!*, p. 74.)

TRAITE ◆ **Payer la traite.** Offrir un verre, une tournée, régaler, faire plaisir. Par ironie : tabasser, fustiger qqn. «Tout ce qu'ils demandaient, c'était *une petite reconnaissance*, comme qui dirait dix, quinze, vingt-cinq ou cinquante dollars, et puis de l'argent pour acheter quelques gallons de *whisky*. Car il faut payer la traite aux électeurs qui viennent au comité, pour les attirer en plus grand nombre chaque soir. » (A. Bessette, *Le débutant*, p. 195.) « À propos, connais-tu un reporter de *L'Éteignoir*, du nom de Solyme Lafarce ? — Comment, est-ce qu'il t'aurait déjà induit à lui payer la traite ? » (A. Bessette, *Le débutant*, p. 48.) « Tu pars à courir pis tu t'essouffles mais t'avances pas. / Mais pendant qu'tu cours, tu t'payes la traite au coton, / Tu manges du crédit pis des T.V. dinners. » (Jacqueline Barrette, « Poléon le révolté », dans L. Mailhot et D.-M. Montpetit, *Monologues québécois 1890-1980*, p. 281.)

TRANSPORTS ♦ **Modérer ses transports.** Se calmer, modérer son exaltation. « A fallu qu'a modère ses transports, parce que lui, y est bête en baptême quand y veut, pis y aurait jamais toléré ça. » (J.-M. Poupart, *Chère Touffe, c'est plein plein…*, p. 23.)

TRAPPE ♦ **S'ouvrir la trappe.** Dévoiler (un secret), se mettre à parler, à déblatérer. « Sanctus est tombé deux fois : "Y a da houle, mon homme !" Et il est tout mouillé et il sacre comme un curé. Hein, s'il avait son ciré ! Il faut parler à Sanctus : "Si on travaille c'est sa faute. Il a ouvert sa trappe sans finir la job." » (J.-J. Richard, *Faites-leur boire le fleuve*, p. 224-225.) ♦ **Se fermer la trappe.** Se taire. Aussi : **Fermer la trappe à qqn.** Faire taire qqn. « On m'avait demandé de ne pas en parler. — Si on te l'avait demandé, t'avais juste à continuer à te fermer la trappe. — Ç'a été plus fort que moi… » (V.-L. Beaulieu, *L'héritage / L'automne*, p. 123.)

TRENTE SOUS ♦ **Avoir les yeux grands comme des trente sous.** Avoir les yeux exorbités, écarquillés. « Quand il veut quelque chose, y a personne pour le faire démordre… Il a deux yeux grands comme des trente sous. Bruns. Il beugle. » (J. Renaud, *Le cassé*, p. 21.) ♦ **Changer quatre trente sous pour une piastre.** Être égal, équivalent, futile, n'être pas plus avantageux. « Ils disaient [nos grand-pères] que ramasser des trente sous avec des mitaines dans la neige, c'était pas payant!… C'est changer quatre trente sous pour une piastre, comme on peut dire en bon canayen.» (P. PERRAULT, *Les voitures d'eau*, p. 25.) «J'vas aller la défendre. J'vas découdre el scandale. — Pauvr' Honoré, vous allez changer quatre trente sous pour une piasse. — Qué cé qu'vous voulez dire? L'aut' histoire est-tu aussi pire?» (M. LABERGE, *C'était avant la guerre…*, p. 112.)

TRENTE-SIX ◆ **Être (Se mettre) sur son trente-six.** S'habiller avec recherche, enfiler ses plus beaux vêtements. «Y'est toujours sur son trente-six, pas un cheveux qui dépasse… Un vrai monsieur! Pis tellement ben élevé! Y m'a vendu deux-trois brosses, toujours, pis y m'a montré son cataloye.» (Michel TREMBLAY, «Les belles-sœurs», dans L. MAILHOT et D.-M. MONTPETIT, *Monologues québécois 1890-1980*, p. 374.)

TROIS X ◆ **…dans les trois X.** Fameux, épatant! «À c't'heur', faudrait êtr' millionnaires / Pour prendre un' bross' dans les trois X. / Le Merchers s'vend pus au grand verre / Pour cinq cenn's ni l'whiskey pour dix.» (É. CODERRE, *J'parle tout seul quand Jean Narrache*, p. 81.)

TROMPE ◆ **Être une trompe.** Être un mensonge, une tromperie. «P'pa, p'pa, tu me crairas p't'êt' pas: mais sais-tu que le foin s'est vendu quinze piastres à Montréal? —Voyons, ça doit être une trompe, Ephrem, dit Euchariste, impressionné cette fois.» (RINGUET, *Trente arpents*, p. 155.)

TROU ◆ **Dans le trou.** Ruiné, sans le sou, à court d'argent, en difficulté. En France, être dans le trou: être enterré [vieilli], mort, être en prison. «Les quatre darniéres années, c'tait un conservateur, pis un anglais en plusse. Toute c'qui savait fére, c'est protéger ceusses de sa sorte, pis ruiner la province. […] — C't'à cause d'la crise. Ben toute c'qui a trouvé d'fin à fére, el conservateur, c'est mettre la province dans l'trou en vidant nos campagnes. » (M. LABERGE, *C'était avant la guerre…*, p. 39.) « Yves prend plaisir à rire des autres quand y sont dans l'trou ou sur le bord du trou, c'est vrai, mais peut-être qu'il invente ça pour se r'venger… » (J. RENAUD, *Le cassé*, p. 32.) « Ils ont tell'ment un' peur bleue / qu'le mond' les pense encor dans l'trou / puis à tirer l'yâbl' par la queue, / qu'ils vont s'fair' voir chez Ruby-Foo. » (É. CODERRE, *J'parle tout seul quand Jean Narrache*, p. 50.) « Ah! je lui ai joué un maudit tour! Je l'ai mis dans le trou. Pis j'te dis qu'il va aller en prison et qu'il va être un bon bout de temps sans me sacrer ane volée. » (G. BESSETTE, *Anthologie d'Albert Laberge*, p. 233.) ◆ **Péter (Chier) plus haut que le trou.** Faire le prétentieux, le vaniteux. « Ton mari pis toé, Françoise Guillemette, vous pétez plus haut que l'trou, O.K.! Ton mari là, à part de d'ça, i' est tellement flashé que quand i' s'ferme les yeux, i' prend des portraits, O.K.! » (L.-M. DANSEREAU, *Chez Paul-ette, bière, vin…*, p. 63.) ◆ **Prendre son trou.** Être mortifié, reprendre sa place, cesser de protester. « C'était dur, mais c'était vrai; nous n'avions pas d'autre chose à faire qu'à prendre notre trou. » (J. FERRON, *Rosaire*, p. 125.)

TROUS D'SUCE ◆ **Avoir les yeux en (comme des) trous d'suce.** Avoir les yeux à demi clos (en raison de la fatigue, notamment), les yeux bridés. « Tu le vois bien ce que je fais : je suis en train de lire! — Les yeux fermés comme des trous de suce, je me demande bien comment tu peux arriver à lire, moi! » (V.-L. BEAULIEU, *L'héritage/L'automne*, p. 46.)

TRUCK ◆ **En avoir plein son *truck*** [*angl.* « truck », camion]. En avoir assez, être exaspéré. « A me l'avait dit : "Après quatre, j'en avais plein mon truck. On est pas des trucks de vidanges après tout! Mais nos mères, c'était des Donalda." » (J. DORÉ, *Si le 9-1-1 est occupé!*, p. 85.)

TUYAU ◆ **Habillé en tuyau.** Habillé proprement, avec recherche. Par allusion au chapeau haut de forme, surnommé *tuyau*, qui accompagnait autrefois ordinairement les beaux vêtements. «Pas pu tard que la semaine qui vient de se tarminer y est venu che nous des hommes habillés en tuyau pour sawoir comment qu'on avait de vaches, de poules, d'enfants pis de cochons.» (Paul COUTLÉE, «Le recensement», dans L. MAILHOT et D.-M. MONTPETIT, *Monologues québécois 1890-1980*, p. 120.)

TUYAU DE L'OREILLE ◆ **Parler (Dire qqch.) à qqn dans le tuyau de l'oreille.** Chapitrer, chicaner qqn, dire une confidence, un secret à l'oreille de qqn. «…J'vous dis ça dans l'tuyau d'l'oreille : / Mon p'tit gars, c'est un bon chréquien ; / J'prierai l'bon Yeu avec ma vieille / Pour qu'lui 'ssi fasse un franciscain.» (É. CODERRE, *J'parle tout seul quand Jean Narrache*, p. 73.) «Ça, c'est un secret pour ma prochaine conférence de presse. — À moé, tu peux ben le glisser dans le tuyau de l'oreille… J'va être muette comme la tombe.» (J. BARBEAU, *La coupe Stainless*, p. 126.)

U

UN ◆ **Un dans l'autre.** Tout compte fait, somme toute. «Des fois on se voyait pris pour donner un bec à des tantes ou à des cousines qui étaient laites comme sept culs pendus sus une corde à linge, mais un dans l'autre on aimait mieux toutes les embrasser que pas en embrasser pantoute!» (R. LÉVESQUE, *Le vieux du Bas-du-Fleuve*, p. 104.)

UNE ◆ **En manger (toute) une.** Essuyer un bon revers, subir une bonne raclée. «Venez dîner, ça fait un' heure qu'on vous cherche. Vous allez vous faire tuer en arrivant, vous allez en manger toute une.» (C. Jasmin, *Pleure pas, Germaine*, p. 172.)

V

VACHE ◆ **Brailler comme une vache (qui pisse).** Pleurer à chaudes larmes. En France, pleuvoir comme vache qui pisse : pleuvoir à verse. «Mais Bouboule quand même, l'hostie! J'ai pas braillé comme une vache pour rien. Chus toujours ben pas pour m'excuser à Bouboule…» (J. Renaud, *Le cassé*, p. 60.)

VARGEUX ◆ **Ne pas être vargeux!** Ne pas être fameux, extraordinaire, emballant! «Tout d'un coup je me vire à haïr cette affaire-là, moi? Se marier rien que pour le plaisir de la chose, c'est pas… c'est pas vargeux.» (P. Perrault, *Les voitures d'eau*, p. 61.) «J'cré ben que sainte Anne, alle est pas ben vargeuse, comme y disent, pour faire des miracles. Hein, père? — […] Pensez-vous que sainte Anne a toujours deux yeux parés à nous fourrer dans la tête en arrivant? Donnez-y donc l'temps!» (Vieux Doc [E. Grignon], *En guettant les ours*, p. 144.)

VELOURS ◆ **Faire un (p'tit) velours.** Flatter, faire plaisir. «Quelqu'un a dû te raconter des histoires. D'ailleurs, tu n'es pas le premier à venir me trouver. Ça me fait un petit velours de vous voir approcher en procession. J'ai toujours la même réponse : c'est vrai, mon commerce est une mine d'or.» (Y. Beauchemin, *Le matou*, p. 23.) «Y savent toute quessé qu'tu vas dire / Mais ça leu' fait un p'tit v'lours / De l'entende encôre, / Ça leu' flatte la bédaine du bon bord /

Pis ça leu' donne de quoi faire des cauchemars.» (Jacqueline BARRETTE, «Poléon le révolté», dans L. MAILHOT et D.-M. MONTPETIT, *Monologues québécois 1890-1980*, p. 278.)

VENT ◆ **Reprendre son (Prendre) vent.** Reprendre son souffle, prendre son temps. «T'as r'pris ton vent, Desrosiers?… — Philias, Philias! ane gigue simple. Montre-nous ça, pour voir si tes jarrets sont aussi bons que ceux du bonhomme?…» (A. NANTEL, *À la hache*, p. 144.)

VERRAT ◆ **…en verrat.** Superlatif: très, à l'extrême. «Ah! Mon Dieu Seigneur! Ti-jésus… Mon Dieu, Réjeanne, que c'est donc beau, Seigneur que c'est beau! — C'est beau en verrat… ben beau… Dépareillé!» (J. BARRETTE, *Oh! Gerry Oh!*, p. 105.)

VIEILLE ◆ **Baiser la vieille.** Échouer, manquer son coup, revenir bredouille. L'énoncé français, ci-dessous, signifie: perdre une partie dans un jeu. «"Ah! on va voir qui va la baiser, la vieille!" Et brassant sa ligne, de ses longs bras, il lança au fond de la chaloupe une truite de cinq livres.» (VIEUX DOC [E. Grignon], *En guettant les ours*, p. 153.)

VIEILLE FILLE ◆ **Rester vieille fille.** Rester célibataire, ne pas trouver à se marier. «C'pas un déshonneur vous savez de pas s'marier. — […] Arrange ça comme tu voudras, le mot l'dit: on resse vieille fille: on se r'trouve pas d'mari pis on s'sent pas appelée par Dieu.» (M. LABERGE, *C'était avant la guerre…*, p. 36.) ◆ **Sentimental comme une vieille fille.** Très sentimental. «Notre inspecteur maboul, Rosarien Roy, complètement saoul, et sentimental comme une vieille fille. Si je ne l'avais pas mis dehors, il serait encore ici à me raconter sa vie.» (Y. BEAUCHEMIN, *Le matou*, p. 243.)

VIEILLES LUNES ◆ **S'en ficher comme des vieilles lunes.** S'en ficher éperdument. «Le bail… la loi… Bah! on se fiche de tout cela comme des vieilles lunes! Il n'y a que le bon Dieu… » (F.-A. Savard, *Menaud maître-draveur*, p. 126.)

VIEUX-GAGNÉ ◆ **Manger le vieux-gagné.** Dépenser ses épargnes, vivre de ses épargnes. Aussi : **Vivre sur le vieux-gagné.** Vivre de ses épargnes. « Y a pas à dire, les années sont dures. — Dures ! Si ça continue de même, on va manger tout le vieux gagné. » (Ringuet, *Trente arpents*, p. 213.)

VIOLON ◆ **Danser plus vite que le violon.** Aussi : **Aller plus vite que le violon.** Anticiper sur les événements, préjuger à tort des événements, faire avant ce qui doit être fait après. « Mais vas-tu cesser de chialer, à la fin ! fit Élise en s'emportant tout à coup. Pensais-tu devenir millionnaire en deux semaines ? […] — Sacré Gaspésienne ! tu as peut-être raison : je veux danser plus vite que le violon. » (Y. Beauchemin, *Le matou*, p. 414.)

VOILE ◆ **Bien de la voile (mais) pas de gouvernail.** Avoir beaucoup de volonté mais aucun jugement. Autrement dit, agir sans réfléchir. Se dit notamment en Gaspésie. « Amable pense qu'un homme vif et toujours sur les nerfs, qui se darde à l'ouvrage de même, c'est pas naturel : il doit avoir quelque passion… — Ben de la voile ! Ben de la voile ! mais pas de gouvernail ! » (G. Guèvremont, *Le Survenant*, p. 106.)

VOLÉE ◆ **Manger la (une) volée.** Recevoir une raclée, se faire supplanter. « Pourtant, y était venu dans notre chambre en pleine nuit. Y voulait m'enlever mes couvertes, p'is monter dans mon lit ! J'ai crié. Y s'est sauvé. M'man est venue, a disait que je rêvais ! — En tous cas, que j't'e reprenne jamais à embarquer comme ça avec un étranger. Tu mangeras la volée. C'est compris ? » (C. Jasmin, *Pleure pas, Germaine*, p. 93-94.)

VRAI ◆ **…p'is c'est vrai.** Superlatif : très, au maximum. « Vous dire comment qu'on en entend des capables de funny, pis c'est vrai, hein, y avait pas pensé en parler, de sa femme, le service avait lieu le lendemain, c'était pas plus important que ça, un oubli…» (J.-M. Poupart, *Chère Touffe, c'est plein plein…*, p. 73.)

VU ◆ **…ni vu ni connu.** Discrètement, en cachette, sans être vu. Se dit en France. «[…] dans l'étable où Fleurette est justement en train de prendre ses aises, se préparant à bouser ni vu ni connu… Tout se passe vraiment comme dans la chanson du vieux Bini à Bino. Les couplets s'enchaînent comme par magie sans qu'il ait à chercher ses mots outre mesure…» (S. Rivière, *La s'maine des quat' jeudis*, p. 126.)

VUES ◆ **Aller aux (p'tites) vues.** Aller au cinéma. «Des fois, elle va passer la nuit chez son amie de fille, Marguerite L'Estienne. Ça se peut qu'a soit rendue là à soir. Des fois, elles vont aux petites vues ensemble, ou ben elles font un bout de marche, je suppose, quand le temps est beau…» (G. Roy, *Bonheur d'occasion*, p. 292.) «On a parlé d'aller aux vues mais on s'est pas rendus. On a été pris dans une bataille entre un groupe de l'Âge d'or pis des fauteuils roulants.» (F. Noël, *Chandeleur*, p. 125.)

W

WACK ◆ **Lâcher un wack (wak, waque).** Lancer un cri. «Elle: tu t'aperçois comment que t'es bâti, maudit grand escogriffe de tata, t'as même pas remarqué! Simon lâche un wack à tout casser: ÇA VA FAIRE!» (J.-M. Poupart, *Chère Touffe, c'est plein plein…*, p. 226.)

WATCH OUT ◆ *...watch out* [*angl.* prenez garde]! Prenez garde! Attention! «Il n'ose parler mais on voit qu'il pense peut-être pour la majorité. Si la petite gang se met à boire, watch out!» (J.-J. RICHARD, *Faites-leur boire le fleuve*, p. 214.)

WILLING ◆ Être *willing* [*angl.*, prêt, d'accord]. Être prêt, d'accord, enthousiaste. «C'est en ressortant, vers quatre heures, que j'ai commencé à jouer à la cachette avec Antoinette Beaugrand de nouveau seule (elle doit attacher sa benjamine au pied de son lit) et sûrement willing pour entamer une discussion passionnée sur le chapitre 24 de Mont-Cinère.» (M. TREMBLAY, *Des nouvelles d'Édouard*, p. 87.) «Ça m'fait d'la peine, pis en même temps, ça me r'place: j'aurais très bien pu jusse me souvenir de l'homme amoureux, dans l'temps qu'y était willing.» (M. LABERGE, *Aurélie, ma sœur*, p. 122.)

Y

YEUX ◆ **Avoir les yeux plus grands que la panse.** Désirer davantage qu'on ne peut en prendre. «Y'ont tous les yeux plus grands qu'la panse; / ils s'pass'nt mêm' des nécessités / pour s'ach'ter du luxe et de l'aisance: / j'vous l'dis, c'est la prospérité.» (É. CODERRE, *J'parle tout seul quand Jean Narrache*, p. 50.)

BIBLIOGRAPHIE

Ouvrages de référence

ASSELIN, Carole, et Yves LACASSE, *Corpus des faits ethnographiques québécois: Saguenay-Lac-Saint-Jean*, sous la direction de Jean-Claude Dupont en collaboration avec Bertrand Bergeron, Québec, ministère du Loisir, de la Chasse et de la Pêche, 1982.

ASSELIN, Carole, et Yves LACASSE, *Corpus des faits ethnographiques québécois: Région de la Mauricie*, sous la direction de Jean-Claude Dupont, Québec, ministère du Loisir, de la Chasse et de la Pêche, 1982.

BARBEAU, Marius, *L'arbre des rêves*, Montréal, Éditions Lumen, 1948.

BARBEAU, Victor, *Le français du Canada*, Québec, Garneau, 1970 [1963].

BARBEAU, Victor, *Le ramage de mon pays*, Montréal, Éditions Bernard Valiquette, 1939.

BEAUCHEMIN, Normand, *Dictionnaire d'expressions figurées en français parlé du Québec*, Sherbrooke, document de travail numéro 18, Université de Sherbrooke, 1982.

BERNARD, Antoine, *La Gaspésie au soleil*, Montréal, Les Clercs de Saint-Viateur, 1925.

BERTHELOT, Hector, *Le bon vieux temps*, compilé, revu et annoté par É.-Z. Massicotte, Montréal, Beauchemin, 1924, 2 tomes.

CLAPIN, Sylva, *Dictionnaire canadien-français* ou lexique-glossaire des mots, expressions et locutions ne se trouvant pas dans les dictionnaires courants et dont l'usage appartient surtout aux Canadiens français, Montréal, Beauchemin, 1894.

CLAS, André, et Émile SEUTIN, *J'parle en tarmes*: dictionnaire de locutions et d'expressions figurées au Québec, Montréal, Sodilis, 1989.

DESRUISSEAUX, Pierre, *Dictionnaire des expressions québécoises*, Montréal, Bibliothèque québécoise, 1990.

DIONNE, Narcisse-Eutrope, *Le parler populaire des Canadiens français* ou lexique des canadianismes, acadianismes, anglicismes, américanismes, mots anglais les plus en usage au sein des familles canadiennes et acadiennes, Québec, Laflamme et Proulx, 1909.

DUPONT, Jean-Claude, *Le monde fantastique de la Beauce québécoise*, collection Mercure, dossier numéro 2, Ottawa, Centre canadien d'études sur la culture traditionnelle, Musée national de l'Homme, 1972.

GEOFFRION, Louis-Philippe, *Zigzags autour de nos parlers*, Québec, chez l'auteur, 1925-1927, 3 tomes (2e édition).

GERMA, Pierre, *Dictionnaire des expressions toutes faites*, Montréal, Libre Expression, 1987.

LAFLEUR, Normand, *La vie traditionnelle du coureur de bois aux XIXe et XXe siècles*, Montréal, Leméac, 1973.

LAROSE, Wilfrid, *Variétés canadiennes*, Montréal, Imprimerie de l'Institution des sourds-muets, 1898.

LITTRÉ, Émile, *Dictionnaire de la langue française*, Paris, Gallimard/Hachette, 1967, 7 tomes (1863-1872).

MARIE-URSULE (Sœur), «Civilisation traditionnelle des Lavalois», *Archives de folklore*, nos 5-6, Québec, Presses universitaires Laval, 1951.

MASSICOTTE, Édouard-Zotique. «La vie des chantiers», *Mémoires et comptes rendus de la Société royale du Canada*, série V, 1922, p. 1-25.

MILLER, Willard M., «Les canadianismes dans le roman canadien-français contemporain», mémoire de maîtrise ès arts, Département de français, Université McGill, août 1962.

MONTIGNY, Louvigny de, *Au pays du Québec*, Montréal, Pascal, 1945.

RAT, Maurice, *Dictionnaire des locutions françaises*, Paris, Larousse, 1957.

Rey, Alain, et Sophie Chantreau, *Dictionnaire des expressions et locutions*, Les usuels du Robert, Paris, Dictionnaires Le Robert, 1989.

Rioux, Marcel, *Description de la culture de l'Île Verte*, Bulletin n° 133, n° 35 de la série anthropologique, Ottawa, Musée national du Canada, 1954.

Rogers, David, *Dictionnaire de la langue québécoise rurale*, Montréal, VLB éditeur, 1977.

Roy, Pierre-Georges. «Nos coutumes et traditions françaises», *Les Cahiers des Dix*, numéro 4, 1939, p. 59-118.

Société du parler français au Canada, *Glossaire du parler français au Canada*, Québec, Les Presses de l'Université Laval, 1968 [1930].

Turcot, Marie-Rose, *Le carrousel*, Montréal, Beauchemin, 1928.

Vachon, Herman, *Corpus des faits ethnographiques québécois: Région de Beauce-Dorchester*, sous la direction de Jean-Claude Dupont, Québec, ministère du Loisir, de la Chasse et de la Pêche, 1982.

Sources textuelles

Baillie, Robert, *Des filles de beauté*, Montréal, Éditions Quinze, 1983.

Barbeau, Jean, *La coupe Stainless* suivi de *Solange*, Montréal, Leméac, 1987.

Barrette, Jacqueline, *Oh! Gerry Oh!*, Montréal, Théâtre/Leméac, 1982.

Barry, Robertine, *Chroniques du lundi de Françoise*, Montréal, s.é., 1891-1895.

Barry, Robertine, *Fleurs champêtres*, Montréal, Desaulniers, 1895.

Beauchemin, Yves, *Le matou*, coll. «Littérature d'Amérique», Montréal, Québec/Amérique, 1981.

Beaulieu, Victor-Lévy, *L'héritage/L'automne*, Montréal, Les entreprises Radio-Canada, Stanké, 1987.

Beaulieu, Victor-Lévy, *Manuel de la petite littérature du Québec*, Montréal, L'Aurore, 1974.

BENOÎT, Jacques, *Les voleurs*, Montréal, Éditions des Quinze, 1977.

BERNARD, Harry, *Les jours sont longs*, Montréal, Le Cercle du livre de France, 1951.

BESSETTE, Arsène, *Le débutant*, Montréal, Cahiers du Québec/ Hurtubise HMH, 1977 [1914].

BESSETTE, Gérard, *Anthologie d'Albert Laberge*, Montréal, Le Cercle du livre de France, 1962.

BOULANGER, André, et Sylvie PRÉGENT, *Eh! qu'mon chum est platte*, Montréal, Théâtre/Leméac, 1979.

BOURGEOIS, Aldéric. «Ladébauche en Turquie», *Les voyages de Ladébauche autour du monde*, Montréal, imprimé par M. Pelletier, chez l'auteur, s.d., s.p.

CARON, Louis, *Le bonhomme Sept-heures*, Paris, Seuil, 1983 [1978].

CARRIER, Roch, *De l'amour dans la ferraille*, Montréal, Stanké, 1984.

CLICHE, Robert, et Madeleine FERRON, *Quand le peuple fait la loi: la loi populaire à Saint-Joseph de Beauce*, Montréal, Hurtubise HMH, 1972.

CODERRE, Émile, *J'parle tout seul quand Jean Narrache*, Montréal, Les Éditions de l'Homme, 1961.

COLLECTIF, *Soirées canadiennes*, recueil de littérature nationale, Québec, Brousseau, 1861-1865, 5 tomes.

COLLECTIF, *Veillées du bon vieux temps à la bibliothèque Saint-Sulpice, à Montréal, les 18 mars et 24 avril 1919*, Montréal, Ducharme, 1920.

DANSEREAU, Louis-Marie, *Chez Paul-ette, bière, vin, liqueur et nouveautés*, Montréal, Théâtre/Leméac, 1981.

DE L'ORME, Jean-Claude, et Oliva LEBLANC, *Histoire populaire des Îles de la Madeleine*, Montréal, l'Aurore/Univers, 1980.

DESCHAMPS, Yvon, *Monologues*, coll. «Mon pays mes chansons», Montréal, Leméac, 1973.

DESROCHERS, Clémence, *La grosse tête*, coll. «Mon pays mes chansons», Montréal, Leméac, 1973.

DESROSIERS, Sylvie, *T'as rien compris, Jacinthe...*, Montréal, Leméac, 1982.

DORÉ, Johanne, *Si le 9-1-1 est occupé!* Montréal, Les Éditions du Remue-Ménage, 1990.

DUPONT, Jean-Claude, *L'artisan forgeron*, Québec, L'Éditeur officiel du Québec / Les Presses de l'Université Laval, 1979.

DUPUIS, Gilbert, « Les poètes », revue *Estuaire*, n° 2, octobre 1976, p. 36.

FERRON, Jacques, *La chaise du maréchal ferrant*, Montréal, Éditions du Jour, 1972.

FERRON, Jacques, *Rosaire* précédé de *L'exécution de Maski*, Montréal, VLB éditeur, 1981.

FERRON, Madeleine, *La fin des loups-garous*, coll. « Bibliothèque québécoise », Montréal, Fides, 1982.

FORCIER, André, et Jacques MARCOTTE, *Une histoire inventée*, Montréal, Du Roseau, 1990.

FRÉCHETTE, Louis, *Contes de Jos Violon*, Montréal, l'Aurore, 1974.

FRÉCHETTE, Louis, *La Noël au Canada*, Toronto, George N. Morang & Cie éditeurs, 1900.

FRÉCHETTE, Louis, *Originaux et détraqués*, Montréal, Éditions du Jour, 1972 [1892].

GERMAIN, Jean-Claude, *Les hauts et les bas dla vie d'une diva : Sarah Ménard par eux-mêmes, une monologuerie bouffe*, Montréal, VLB éditeur, 1976.

GERMAIN, Jean-Claude, *Les nuits de l'Indiva : une mascapade*, Montréal, VLB éditeur, 1983.

GERMAIN, Jean-Claude, *Mamours et conjugat : scènes de la vie amoureuse québécoise*, Montréal, VLB éditeur, 1979.

GIRARD, Rodolphe, *Marie Calumet*, Montréal, Éditions Serge Brousseau, 1946 [1904].

GIRARD, Rodolphe, *Rédemption*, Montréal, Imprimerie Guertin, 1906.

GODIN, Gérald, *Cantouques et Cie*, Montréal, coll. « Typo », L'Hexagone, 1991.

GRIGNON, Claude-Henri, *Un homme et son péché*, Montréal, Les Éditions du Vieux Chêne, 1941.

GROSBOIS, Paul de, *Les initiés de la Pointe aux Cageux*, Montréal, Hurtubise HMH, 1986.

GUÈVREMONT, Germaine, *En pleine terre*, coll. du «Goéland», Montréal, Fides, 1976.

GUÈVREMONT, Germaine, *Marie-Didace*, coll. du «Nénuphar», Montréal, Fides, 1947.

GUÈVREMONT, Germaine, *Le Survenant*, Montréal, Les Presses de l'Université de Montréal, 1989 [1945].

HARVEY, Gérard, *Marins du Saint-Laurent*, Montréal, Éditions du Jour, 1974.

HOGUE, Marthe, *Un trésor dans la montagne*, Québec, Caritas, 1954.

JASMIN, Claude, *La sablière*, Montréal, Leméac, 1979.

JASMIN, Claude, *Pleure pas, Germaine*, Montréal, Typo, 1989 [1965].

JASMIN, Claude, *Pointe-Calumet boogie-woogie*, Montréal, Les Éditions internationales Alain Stanké, 1973.

LABERGE, Albert, *La scouine*, Montréal, Imprimerie Modèle, 1918.

LABERGE, Marie, *Aurélie, ma sœur*, théâtre, Montréal, VLB éditeur, 1988.

LABERGE, Marie, *C'était avant la guerre à l'Anse à Gilles*, théâtre, Montréal, VLB éditeur, 1981.

LACROIX, Benoît, *Les cloches*, Saint-Lambert, Éditions du Noroît, 1974.

LALONDE, Robert, *Contes de la Lièvre*, Montréal, Les Éditions de l'Aurore, 1974.

LANGEVIN, Gilbert, *Les écrits de zéro Legel*, Montréal, Éditions du Jour, 1972.

LE MAY, Pamphile. «La dernière nuit du Père Rasoy», *Le Monde illustré*, volume 18, numéro 932, mars 1902, p. 754-755.

LEMELIN, Roger, *Au pied de la pente douce*, coll. «roman 10/10», Montréal, Stanké, 1988 [1944].

LETELLIER, Marie, *On n'est pas des trous-de-cul*, Montréal, Éditions Parti Pris, 1971.

LÉVESQUE, Richard, *Le vieux du Bas-du-Fleuve*, s.l., Castelriand, 1979.

MAILHOT, Laurent, et Doris-Michel MONTPETIT, *Monologues québécois 1890-1980*, Montréal, Leméac, 1980.

MORENCY, Pierre, «Naaaiiiaaah!», *Estuaire*, n° 3, février 1977, p. 31.

NANTEL, Adolphe, *À la hache*, Montréal, Éditions Albert Lévesque, 1932.

NOËL, Bernard, *Les fleurs noires*, Montréal, Pierre Tisseyre, 1977.

NOËL, Francine, *Chandeleur : cantate parlée pour cinq voix et un mort*, Montréal, VLB éditeur, 1985.

ORSONNENS, Éraste d'Odet d', *Une apparition : épisode de l'émigration irlandaise au Canada*, Montréal, Imprimé par Cérat et Bourguignon, 1860.

PELLETIER, Maryse, *Du poil aux pattes comme les CWAC's*, théâtre, Montréal, VLB éditeur, 1983.

PÉLOQUIN, Claude, *Mets tes raquettes*, Montréal, Éditions La Presse, 1972.

PERRAULT, Pierre *et al.*, *Un pays sans bon sens*, Montréal, Lidec, 1970.

PERRAULT, Pierre, *Le règne du jour*, Montréal, Lidec, 1968.

PERRAULT, Pierre, *Les voitures d'eau*, Montréal, Lidec, 1969.

POUPART, Jean-Marie, *Chère Touffe, c'est plein plein de fautes dans ta lettre d'amour*, Montréal, Éditions du Jour, 1973.

RAYMOND, Gilles, *Pour sortir de nos cages*, Montréal, Les Gens d'en bas, 1979.

RENAUD, Jacques, *Le cassé et autres nouvelles*, nouvelle édition revue et augmentée de quatre nouvelles inédites suivi du *Journal du Cassé*, Montréal, Parti Pris, 1977.

RICARD, François, «À suivre», *Liberté*, n° 126, novembre-décembre 1979, p. 138.

RICARD, André, *La gloire des filles à Magloire*, Montréal, Théâtre/Leméac, 1975.

RICHARD, Jean-Jules, *Faites-leur boire le fleuve*, Montréal, Le Cercle du livre de France, 1970.

RICHLER, Mordecai, *Rue Saint-Urbain*, traduit par René Chicoine, Montréal, Hurtubise HMH, 1969.

RIDDEZ, Mia, et Louis MORISSET, *Rue des pignons*, Montréal, Québecor, 1978.

RINGUET, *Trente arpents*, Paris, Éditions J'ai Lu, 1980 [1938].

Rivière, Sylvain, *La s'maine des quat' jeudis*, coll. «Roman», Montréal, Guérin littérature, 1989.

Rivière, Sylvain, *La saison des quêteux*, Montréal, Leméac, 1986.

Roy, Gabrielle, *Bonheur d'occasion*, coll. «Québec 10/10», Montréal, Stanké, 1978.

Savard, Félix-Antoine, *Menaud maître-draveur*, coll. «Bibliothèque canadienne-française», Montréal, Fides, 1965 [1937].

Taché, Joseph-Charles, *Forestiers et voyageurs*, Montréal, Fides, 1946 [1884].

Thério, Adrien, «Gens de mots qui ont peur des mots», *Lettres québécoises*, n° 4, novembre 1976.

Thério, Adrien, «Et deux affaires à dénoncer», *Lettres québécoises*, n° 7, août-septembre 1977.

Thériault, Yves, *Les vendeurs du temple*, Montréal, Les Éditions de l'Homme, 1964.

Thériault, Yves, *Moi, Pierre Huneau*, coll. «L'Arbre», Montréal, Hurtubise HMH, 1976.

Tremblay, Michel, *Des nouvelles d'Édouard*, Montréal, Leméac, 1988.

Tremblay, Michel, *Le premier quartier de la lune*, Montréal, Leméac, 1989.

Tremblay, Michel, *Sainte Carmen de la Main*, Montréal, Théâtre/Leméac, 1976.

Vieux Doc (docteur Edmond Grignon), *En guettant les ours: mémoires d'un médecin des Laurentides,* Montréal, Éditions Édouard Garand, 1930.

INDEX

Index des auteurs et œuvres cités

* Dorénavant, *Monologues québécois…*

Index des mots clés

DU MÊME AUTEUR

Croyances et pratiques populaires au Canada français, essai, Montréal, Éditions du Jour, 1973.

Le livre des proverbes québécois, essai, Montréal, Éditions de l'Aurore, 1974.

Le p'tit almanach illustré de l'habitant, Montréal, Éditions de l'Aurore, 1974.

Le noyau, roman, Montréal, Éditions de l'Aurore, 1975.

Dictionnaire de la météorologie populaire au Québec, Montréal, Éditions de l'Aurore, 1976.

Magie et sorcellerie populaires au Québec, essai, Montréal, Éditions Triptyque, 1976.

Le livre des proverbes québécois, deuxième édition revue et augmentée, Montréal, Hurtubise HMH, 1978.

Le livre des expressions québécoises, Montréal et Paris, Éditions Hurtubise HMH et Éditions Hatier, 1979.

Lettres, poésie, Montréal, Éditions de l'Hexagone, 1979.

Ici la parole jusqu'à mes yeux, poésie, Trois-Rivières, Écrits des Forges, 1980.

Soliloques, aphorismes, Montréal, Éditions Triptyque/Moebius, 1981.

Le livre des pronostics, essai, Montréal, Éditions Hurtubise HMH, 1982.

Travaux ralentis, poésie, Montréal, Éditions de l'Hexagone, 1983.

Présence empourprée, poésie, Montréal, Éditions Parti Pris, 1984.

Storyboard, poésie, Montréal, Éditions de l'Hexagone, 1986.

Monème, poésie, Montréal, Éditions de l'Hexagone, 1989. Prix du Gouverneur général 1989.

Dictionnaire des croyances et des superstitions, Montréal, Éditions Triptyque, 1989.

Dictionnaire des expressions québécoises, Montréal, BQ, 1990 (nouv. éd. 2003).

Dictionnaire des proverbes québécois, Montréal, Typo, 1991 (nouv. éd. 2005).

Lisières, poésie, Montréal, Éditions de l'Hexagone, 1994.

Noms composés, poésie, Montréal, Éditions Triptyque, 1995.

Contre-taille: poèmes choisis de vingt-cinq auteurs canadiens-anglais, choix, présentation et traduction des textes: Pierre DesRuisseaux, préface de Louis Dudek, édition bilingue, Montréal, Éditions Triptyque, 1996 (ouvrage mis en nomination pour le Prix du Gouverneur général 1996, catégorie traduction).

Hymnes à la Grande Terre: rythmes, chants et poèmes des Indiens d'Amérique du Nord-Est, textes choisis, présentés et traduits par Pierre DesRuisseaux, Montréal et Paris, Éditions Triptyque et Le Castor Astral, 1997.

Le petit proverbier, proverbes français, québécois et anglais, recueillis et présentés par Pierre DesRuisseaux, Montréal, BQ, 1997.

Dudek, l'essentiel: anthologie de textes de Louis Dudek, choisis et traduits de l'anglais par Pierre DesRuisseaux, présentation de Michael Gnarowski, Montréal, Éditions Triptyque, 1997.

Mots de passe, poésie, Montréal, Éditions du Noroît, 1998.

Graffites ou le rasoir d'Occam, Montréal, Éditions de l'Hexagone, 1999.

Co-incidences: poètes anglophones du Québec, 31 poètes anglo-québécois, textes choisis, présentés et traduits par Pierre Des-Ruisseaux, préface de Ken Norris, Montréal, Triptyque, 2000.

Journal du dedans, poésie, Montréal, Éditions de l'Hexagone, 2002 (ouvrage mis en nomination pour le Prix France-Québec/Jean-Hamelin 2002).

Personne du plus grand nombre, poésie, Montréal, Éditions de l'Hexagone, 2003.

Marquis imprimeur inc.

Québec, Canada
2008